Karl Polanyi

Market Society Democtacy Human Freedom

Midori Wakamori

若森みどり

カール・ポランニー

市場社会・民主主義・人間の自由

NTT出版

カール・ポランニー——市場社会・民主主義・人間の自由　目次

第2章

第6章 産業文明と人間存在――最晩年のポランニーの自由論

［カバー・扉写真］一九五三年、コロンビア大学客員教授時代のポランニー。
コンコーディア大学カール・ポランニー政治経済研究所所蔵。

カール・ポランニー——市場社会・民主主義・人間の自由

序章　ポランニーへのアプローチ

1　目的と方法

本書の目的は、二〇世紀の激動の時代に生きた社会科学者、カール・ポランニー（Karl Polanyi：一八八六〜一九六四）の歩んだ軌跡を一九二〇年代から最晩年に至るまで追跡し、彼が追究した社会科学の全体像を描くことである。ポランニーの社会科学は、社会哲学・政治学・経済学という三領域から構成される。社会科学者ポランニーは、一九二〇年代に、人間の自由と共同体について研究する社会哲学者として誕生したが、不安定化する市場システムと政治的危機が相次ぐ戦間期に、国際政治の動向と経済史に関心を持つようになる。ポランニーの経済学——経済史、経済人類学、経済社会学を中核とする——は、社会哲学と政治学から「切り離された」経済学的思考に対峙するなかで形成されたものである。本書は、ポランニーが一九二〇年代、三〇年代、四〇年代、五〇年代、そして最晩年のそれぞれの時期において①社会科学の課題をどのように認識していたのか、②倫理学と政治学に「埋め込まれた」経済学のあり方をどのように探っていたのか、描写するよう努める。

ポランニーは誤解されることが多い思想家である。彼は社会主義者であったが、自由のない計画経済の樹立を擁護したことはない。また、ソヴィエト・ロシアや中国の体制を、彼自身の社会主義の具体化をそれに重ねて賛美したわけでもないし、『大転換』（初版一九四四）の執筆後、現代社会から逃避して古代社会の研究に没頭したわけでもない。ポランニーの自由観や社会観は、『大転換』や共編著の『初期帝国における交易と市場』（一九五七）、そして遺稿集である『ダホメと奴隷交易』（一九六六）および『人間の経済』（一九七七）などの公刊されたテキストを個別に検討するだけでは把握するのが困難であり、一九二〇年代から最晩年までの多数の草稿や講演原稿、手紙やメモで表現されている思想展開をていねいに辿ってはじめて見えてくる。本書は、『大転換』の知的・思想的起源を一九二〇年代まで辿って検討し、そのうえで『大転換』を読み解いていく。そして、ポランニー経済学を最終的に完成させることになった『大転換』後の経済社会学の試みが、マックス・ウェーバー（Max Weber：一八六四～一九二〇）の批判的継承を通じて「経済の究極にあるもの」を明らかにするための学問領域であった、ということを示す。本書の目的は、ポランニーの社会科学の二つの重心である社会哲学と経済学を軸にしながら、彼の思想展開に貫流する一貫性を明らかにすることである。

ポランニーにとって経済学は社会科学の一つの領域にすぎないが、にもかかわらず本書は経済学史・経済思想史研究のスタイルを用いている。なぜなら、経済学史・経済思想史研究にはポランニー研究の前進にとって次のようなメリットがある、と考えるからである。第一に、ポランニーの仕事の意図や狙いは、当時の経済学史・思想史的な知識や論争的な文脈を補ってはじめて理解することができる。例えば『大転換』を読んでいて、ポランニーがあれだけ多くの紙面を割いて救貧法論争に関する議論を扱っているのはなぜかといった疑問や、どうしてオーウェン（Robert Owen：一七七一～一八五八）が重要な位置を占めているのか、といった疑問が生じてくる。また、『初期帝国における交易と市場』や『人間の経済』では、ウェーバーの著作に重要な位置づけが与えられているが、それはどうしてか。ポランニーにおけるマルサス（Thomas Robert Malthus：一七六六～一八三四）対オーウェンの構図は何を意味しているのか。マルクス（Karl Heinrich Marx：一八一八～一八八三）、ミーゼス（Ludwig von Mises：一八八一～一九七三）、ロビンズ（Lionel C. Robbins：一八九八～一九八四）、アリストテレス（Aristotle：紀元前三八四～三二二）、ガルブレイス（John Kenneth Galbraith：一九〇八～二〇〇六）をポランニーがどのように理解し、彼の著作において彼らを何のためにどう登場させているのか。経済学史・経済思想史研究の方法は、ポランニーの論敵や彼が批判的に継承したかった思想家などについて、従来のポランニー研究では欠けていた諸論点を解明するうえで不可欠である。ポランニーにおける思想地図やその変化を明らかにするという課題に対しても、経済学史・経済思想史研究の手法は有効であり、思想史的構図を補ってはじめて、ポランニーのテーマや研究の狙いを明確にすることができる。第二に、経済学史・思想史研究の方法には、予断することなく、資料と文献と草稿の解釈を積み重ねていくことによって徐々にポランニーの全体像を解明していくことができる、というメリットがある。以上の理由から、本書は、アーカイブを参照し引用や解釈に基づいて再構成するという、経済学史・思想史研究の方法を用いる。

ポランニーが生前に完成させて刊行した書物は少なく、主著『大転換』と小冊子『今日のヨーロッパ』（一九三七）にとどまっている。彼は、その未完成な理論や思想を、膨大な未刊行の著作——多くの論説、草稿やメモ、研究計画書、講演用の原稿や講義のレジュメ、読書ノート、私的な手紙——として残していた。本書は、一九二〇年代、一九三〇年代、一九四〇年代、そして晩年の一九五〇年から六〇年代初頭に至るポランニーの論説や草稿を用いて、彼がそれぞれの時期に取り組み切り拓いた、社会哲学と経済学の新展開を明らかにしようとするものである。ポランニーの社会科学者としての人生を追跡するこうした作業を通して、彼が「危機的な転換期」と名づけた、第一次世界大戦から冷戦に至る時代状況の一端を探ることも、本書の目的である。

2　変容するポランニー像

父は生涯を通して社会主義者であったが、特定の政党と関連があるわけではなかったし、特定の政治活動に参加したわけでもなかった。教条主義とは対照的に、ヨーロッパの主要な社会主義の運動のいくつかと横断的に係わることが多く、マルクス主義者であったとも社会民主主義者であったとも断定することはできない。父はヒューマニストであったし、卓越したリアリストでもあった。逃れようもない社会において生きている私たちの誰もが、その行為や価値や思考を制約されているというこの現実、つまり社会の現実と制約を、父は認識していた。しかし父の生涯は、決定論や宿命論にけっして屈服することがなく、行為と思考の自由を実践する内的必然性によって導かれていた。

（Polanyi-Levitt 1964:113）

ポランニーが亡くなった一九六四年に、娘のカリ・ポランニー＝レヴィット（Kari Polanyi-Levitt：一九二三〜）は父の生涯をこう表現している。だが、こうしたポランニー像が明らかにされるためには、それから数十年の時を経なければならなかった。というのも、第二次世界大戦後の英語圏のアカデミックな世界におけるポランニーへの評価は、初期社会における経済制度（貨幣、外部交易、市場、取引形態の性格や統合形態）に関する研究成果に基づくものであり、ポランニーを経済人類学者として紹介するのが一般的だったからである（Humphrey 1969）。

戦後ポランニーが籍を置いたコロンビア大学での領域横断的研究プロジェクト（Interdisciplinary Project）は、多くの若手人類学者や歴史学者に影響を与え、やがて「ポランニー学派」と呼ばれる有力な学派を生み出した（栗本 1977, ピィヨン 1984）。そのプロジェクトの主要な成果が、アーレンスバーク、ピアソンと共にポランニーが編集執筆した『初期帝国における交易と市場――歴史と理論における諸経済』（Polanyi, Arensberg and Pearson 1957）である。彼の死後、『ダホメと奴隷交易――古代経済の分析』（Polanyi 1966〔邦訳『経済と文明――ダホメの経済人類学的分析』〕）、『初期、古代、近代の諸経済――カール・ポランニー論文集』（Polanyi 1968）、『人間の経済』（Polanyi 1977）が出版されたが、一九七〇年代までは『大転換』ではなく、これらの著作によってポランニーが紹介されてきた［★1］。また、経営学者のドラッカー（Peter Drucker：一九〇九〜二〇〇五）による「ポランニー家と『社会の時代』の終焉」の伝記が出版されて以降、戦後のポランニーが現代社会への分析をしなくなり、「埋め込まれた経済（embedded economy）」の理想を未開社会の理想郷に求めた、という虚像が流布する事態が生じた影響も考慮されるべきであろう［★2］。

冷戦の時代、『大転換』の現代的意義に照明が当てられることはなかった［★3］。ポランニーの現代世界への関心――とりわけ冷戦に対する批判的内容を構成する研究テーマ――とその飽くなき取り組みは、（実現しなかった）研究計画書として、（実現しなかった）本の企画や構想として、あるいはまた小さな研究会や講演用の草稿として、そして日々の講義のための膨大なノートやメモとして残された。本書は、こうしたポランニーのさまざまな草稿を利用することができたが、それは、ポランニーの資料が一般の研究者に公開される決定的な契機となった、カール・ポランニー政治経済研究所の設立によるところが大きい。マギル大学の教授となったポランニーの娘のカリ・ポランニー＝レヴィットと彼女の弟子でハンガリー出身の女性研究者メンデル（Marguerite Mendell）らの尽力によって、一九八七年にモントリオールのコンコーディア大学に設立されたカール・ポランニー政治経済研究所は、各種草稿や研究計画、書簡、講義録など未公刊資料に基づくポランニーの思想的理論的研究の活性化を図ると共に、二年に一度定期開催されるポランニー国際会議の企画とその成果の公表を担ってきた。多くの市民講座や小さな研究サークルで講演を重ね、自分の志す社会科学者としての精神を余すところなく自由に表現したポランニー像――とりわけ、アカデミックな研究生活の成功という面では恵

★1　一九七〇年代にポランニーの業績を日本に紹介した研究者の一人である野口建彦氏は、二〇〇九年に『［新訳］大転換』を訳出している（本書第4章の注1を参照）。彼は、ポランニーの経済人類学の研究と『大転換』との有機的な関連を研究する重要性を、一貫して指摘してきた（野口 1995; 2011）。

★2　日本ではベストセラーの経営学者と知られているドラッカーがポランニー夫妻の死後に出版した『傍観者の時代』（一九七九）に収められた「ポランニー家と『社会の時代』の終焉」は、英語圏でもっとも普及している、ポランニーに関する伝記的著作である。そこでは、『大転換』を書いた後のポランニーの関心が現代世界の問題から遠ざかる様子が描写され、（自称）親友の目にもポランニーが時代遅れの人に映ったことが回想的に書かれている。不思議なことに、このポランニーの伝記には三〇箇所以上に及ぶ重要な事実誤認が含まれている。ポランニーの親族が生前のドラッカーと出版社に何度もそれらの訂正を求めたが、無視された。このような出版に踏み切ったドラッカーの真意を、当時のネオリベラリズム的な政治的文脈と関連づけて探った研究もある（McRobbie 2006b）。

★3　ポランニー政治経済研究所の運営に深く係わってきたフレッド・ブロックは、新装版『大転換』を紹介した文章のなかで、資本主義と社会主義が対抗する冷戦時代には、『大転換』の核心的命題はあまり重要性を持たないように思われた、と述べている（Block 2001）。

まれなかったが、その分、彼の思索や主張はイデオロギーや政治的制約の犠牲にならなかったという側面も含めて――が、それらの努力を通じて徐々に明らかにされてきたのである。

『カール・ポランニーの社会哲学』というポランニー論文集を出版する企画[★4]がポランニー夫人イロナ（Ilona Duczynska Polanyi：一八九七〜一九七八）と娘カリによって立ち上げられたことで、『民主主義、ファシズム、産業文明――ポランニー選集』（一九八六）[★5]がハンガリーで、『複雑な社会における自由』（一九八七）がイタリアで刊行された。英語で書かれた原文の草稿が含まれているにもかかわらず、英語圏での出版企画はいまだに実現されていない。だが、ポランニー政治経済研究所のアーカイブ公開と国際的なポランニー研究者の協力により、二〇〇二〜二〇〇五年にかけて『大転換の年代記』がドイツで、二〇〇八年に『ポランニー論文集』がフランスで相次いで刊行されたことを通して、今、ポランニー像は新しく生まれ変わろうとしている。このように大きく前進したポランニー研究を可能な限り吸収して新しいポランニー像を提供することは、本書の重要な課題である。

3 研究史

「社会の自己防衛」というポランニーの『大転換』の中心的テーゼが注目されたのは、冷戦の末期、サッチャーリズムやレーガノミックスなどの新自由主義（ネオリベラリズム）的路線転換によって福祉国家批判が高まった一九八〇年代後半である。『大転換』の本格的な研究を促したスタンフィールドの『カール・ポランニーの経済思想』（Stanfield 1986）は、ポランニーの経済思想をヴェブレン（Thorstein Veblen：一八五七〜一九二九）やコモンズ（J. R. Commons：一八六二〜一九四五）といったアメリカ制度学派の伝統を引き継ぐものと特徴づけ、経済人類学の研究と『大転換』をアメリカ制度経済学の観点から統合する画期的な研究である。スタンフィールドの試みによって、マルクス主義に代わる新自由主義への新しい対抗軸として、ポランニーの著作が英語圏で読まれるようになった。ホジソン（2004[1999]）のような現代の制度学派の分析に通じるポランニー像が浮かび上がりつつある、ともいえよう。

『大転換』の思想史的研究を最初に推し進めたのは、『大転換』の思想的起源の多くがハンガリー時代（一八八六〜一九一九）とウィーン時代（一九一九〜一九三三）にあるという事実を未公表の草稿や書簡に基づいて論証した、ポランニー＝レヴィット（Polanyi=Levitt 1990a; 1994）である。一九二〇年代初頭に書かれた未完の草稿「ビヒモス」にまで遡った彼女の伝記的研究の成果は、『大転換』の執筆の動機が第一次世界大戦に対するポランニーの猛烈な反省に由来することを明らかにした。そして、この伝記的研究に協力しポランニー政治経済研究所の設立にも貢献したハンガリー出身の教育学研究者メンデルによって、ハンガリー時代のポランニー像やポランニーの労働者教育の仕事の内容が提示されることになった（Mendell 1990; 1994）。

二一世紀を迎えてから、ポランニーの未刊行著作集がドイツとフランスにおいて相次いで刊行された（Polanyi 2002; 2003; 2005; 2008）。ドイツ語版とフランス語版の編者を務めたカンジャーニは、戦間期のポランニーがリアルタイムで考察した、市場社会の変質とファシズムに関する透徹した分析の重要性を、ポランニー研究の前面に押し出した（Cangiani 1994）。ドイツ語版の編者の一人であるトマスベルガー（Thomasberger 2005a; 2005b）は、『大転換』で頻繁に登場する「市場の自己調整」という用語が一九二〇年代においては人間の自由の対極を意味する「客体化」であったことを突きとめ、さらに、イギリス時代（一九三三〜一九四七）のポランニーがキリスト教左派サークルで神学的トレーニングを受けて「共同体と社会」の概念的区別を深く自覚するようになった経緯について、はじめて明らかにした。この二人の研究者の貢献は、ポランニー研究が著しく飛躍する可能性をもたらすことになった。

★4　45-1（1972-1974）Kari Polanyi-Levitt and Ilona Duczynska Polanyi, "The Social Philosophy of Karl Polanyi: Socialist, Humanist."

★5　この論文集に寄せられたポランニーの伝記の邦訳がある。ポランニー＝レヴィット・メンデレ 1986を参照。

キリスト教社会学と一九三〇年代初頭に公表されたマルクス『経済学・哲学草稿』（一八四三〜四五）との出会いがポランニーに与えた影響は、ビショップ（Bishop 1994）、バウム（Baum 1996）、ホング（Hong 2002）によっても部分的に検討されてきた。しかし、「共同体は規範的カテゴリーに、社会は現実のカテゴリーに属しているのであり、両者を同一視する誤謬に陥ってはならない」という、一九三六年頃ポランニーがはじめて自覚した共同体と社会の概念的区別が、ポランニーの制度主義的な思考の出発点として重要であることは、トマスベルガーによって明確にされたばかりである。ただし、トマスベルガーの研究は『大転換』最終章で終わっているので、ポランニーにおける共同体と社会の区別という方法論的重要性を『大転換』後のポランニーの著作についても発見していくことは、課題として残されている。『大転換』執筆時期（一九四一〜一九四三）におけるポランニーの思想形成と知的交流を検討した研究（Fleming 2001）や、『大転換』最終章の「死の認識、自由の認識、社会の認識」に関する社会哲学的命題の解明に取り組んだ研究（Ozël 1997; 2001）も出てきているが、思想史的な研究はまだまだ蓄積が少ない。

『大転換』の主題と基本概念に関する理論的研究も推し進められている。ポランニーとグラノヴェターらの経済社会学の埋め込み（embeddedness）アプローチとはどこが異なるのか。市場経済と社会の自己防衛との緊張状態を説明する「二重運動」というマルクス的な破局の論理と「埋め込み」の論理は、『大転換』における論理的不連続を示す別の二つの論理なのか。これについては、「市場経済ですら社会に埋め込まれている」という論点を強調するブロックの解釈（Block 2003）のほか、市場社会崩壊後における自由の制度化と埋め込みの論理とのつながりを重視したティラン（Tiran 1994）、経済を社会に埋め込む制度としての貨幣の観点から『大転換』を読み直したモクラン（Maucourant 2005）などの研究がある。埋め込み概念と二重運動概念の関係をめぐっては、ポランニーの現代的意義をどう理解し引き出すのかという問題とも結びついて、活発な議論が続いている［★6］。また、国際通貨システム史の研究者であるアイケングリーンが、通貨の領域において「市場経済と民主主義の対立局面が顕在化する」という『大転換』の重要な命題を引き出して以来、ポランニーに対する現代的な関心が高まっている（Eichengreen 1996; 雨宮 2010a; b）。

晩年のポランニーの構想についても研究が進められている。第二次世界大戦後のアメリカ時代（一九四七〜一九六四）のポランニーが、パーソンズ（Talcott Parsons：一九〇二〜一九七九）やウェーバーの経済社会学の批判的な継承を介して「制度化された過程としての経済」というポランニー固有の経済社会学を形成していった過程にも、照明が当てられ始めた（Cangiani 2007; 小林 2010; 若森 2009; 2010b）。また、一九五〇年代中頃のポランニーが、『大転換』最終章の自由論から発展させた新しい著作『自由と技術』の構想をあたためていた、という事実も検討されている（Rotstein 1990; 若森 1999; 佐藤 2006）。『大転換』後のポランニーが前市場経済だけに分析の対象を限っていたわけではないことが確認されたばかりか、「経済を社会に埋め込むことを通じて権力と技術と自由を和解させる」という晩年のポランニーのヴィジョンも徐々に明らかにされている（Somers 1990; Rotstein 1994）[★7]。

個別のポランニーの論点について掘り下げた論文が蓄積されてきているのとは対照的に、ポランニーの全体像を示した著書はきわめて少ない[★8]。昨年、スタンフィールド以来の研究蓄積を踏まえた著書が、イギリス人の研究者デールによって著わされた（Dale 2010）。デールの『カール・ポランニー』は、カール・ポランニー政治経済研究所のアーカイブを駆使した本格的なポランニーの研究書である。デールの著書はポランニーの全業績を英語で要領よくまとめており、ハイエク（Friedrich August von Hayek：一八九九〜一九九二）やポパー（Karl Popper：一九〇二〜一九九四）や弟のマイケル・

★6　筆者が参加した、二〇〇九年にモントリオールで開催された第10回ポランニー国際会議では、ブロックの解釈に対する批判が一つのセッションとして組まれていた。埋め込みと再埋め込みとの違いが問われ、市場社会批判と制度論あるいはシステム論としての市場社会分析という二つの意義について、活発な意見が出された。

★7　「経済を社会に埋め込むことを通じて権力と技術と自由を和解させる」、というポランニーのヴィジョンは、『人間の経済』の翻訳者でポランニー論文集『経済の文明史』を編纂した玉野井芳郎氏が提唱した、「広義の経済学」の系列に連なっているように思われる。丸山 2006 を参照。

★8　バウムの『カール・ポランニーの社会思想と倫理』は、ポランニーの自由や社会についての考え方を明らかにしようとした先駆的な試みではあるが、アーカイブの利用は限定的なものにとどまっていた（Baum 1996）。

ポランニー（Michael Polanyi：一八九一〜一九七六）など、同時代の論者との比較を通してポランニーの思想を位置づけている、という長所がある。しかし、デールの著書では、経済的自由主義についての批判的分析、市場経済と民主主義の対立局面および市場社会のファシズム的変容に関する国際的な視座、自由の限界と社会の限界に迫る社会哲学的考察、そしてポランニー的思考における制度主義的展開が、掘り下げて論じられていない。

ポランニーのさまざまな仕事が個別的に検討されることが多く、その広範な貢献を見渡すような研究書の蓄積が少ないのは、いったいなぜなのだろう。その理由として、ポランニーの仕事は幅が広くスケールがあまりにも壮大で、その結果、一つの学派や専門的な学問領域に分類することができない、というポランニー研究の直面してきた事情を指摘できよう。『大転換』をとってみても、イギリスの産業革命や救貧法史だけでなく、古典派経済学や功利主義、人類学的研究から国際通貨システム、そして同時代の国際政治力学に至る幅広い領域が扱われており、また、保守主義から経済的自由主義、社会主義といったさまざまな思想的立場を複雑に組み合わせることで固有の物語が編まれていることは明白である。このようにポランニーには、実に多様な「顔」と多彩な側面があったのである。

彼は、現代世界への関心をリアルタイムで考察するジャーナリストであると同時に、古代社会の経済や政治を読み解く歴史家でもあった。また、人間と社会と歴史についての冷徹な分析を行う社会科学者であると同時に、人間の自由や共同体の可能性を追究するモラリストでもあった。ポランニーは社会主義者であったが、特定の政治的党派性とも社会運動とも係わりを持たず、マルクス主義についての批判も行っていた。また彼は、敬虔なキリスト教徒ではあったが特定の教会に属することはなく、社会変革に取り組むことをキリスト教徒の使命と心得ていた。ポランニーの多様な研究の諸関連やその思想的特徴は、まだ十分に解き明かされてはいない。ポランニーの著作の全貌を明らかにする作業は始まったばかりであり、本書は、以上の研究史を踏まえて書かれている。

4　本書の構成

本書は、この序章を含めて八つの章から成る。各章の概要は以下のとおりである。

第1章では、波乱に満ちたポランニーの生涯や人となりについて、後の議論と結びつく程度に紹介する。第一次世界大戦がどれだけポランニーの人生に決定的な影響を与えることになったかという点は読者にとって興味深いだろうし、ポランニーの個性や死生観がよく表現されているハムレット論は、彼の市場社会に対する批判的考察の理解を深めるはずである。

第2章では、一九二〇年代のポランニー像を提示する。ここでは、ポランニーの社会主義とはどういうものだったのかを、当時のウィーンにおけるミーゼスの社会主義批判に触発された知的背景から明らかにすると共に、社会的自由についてのポランニーの考え方を描き出す。この章を通して読者は、『大転換』の市場社会批判の社会哲学的命題が、一九二〇年代のポランニーの社会的自由についての考え方に由来していること（Cangiani und Thomasberger 2002:26）を確認するだろう。

第3章では、一九三〇年代のポランニー像を提示する。ここで描かれるのは、市場社会の危機のなかでさまざまな協調組合主義的形態が生まれる状況を国際的な観点から分析し続けたリアリストとしてのポランニー像であり、市場社会の危機をキリスト教徒の立場から分析したモラリストとしてのポランニー像である。ポランニー固有の共同体と社会の概念的区別や制度主義的方法が誕生する過程を、読者は体験するだろう。

第4章では、ポランニーの主著『大転換』の世界を読み解く。市場社会が新たな貧困観をともなって人為的に創出されたこと、市場社会に対するさまざまな抵抗や取り組み、民主主義と自由の危機をもたらす市場社会の構造的弱点や不安定なダイナミズム、そして、市場社会の通貨と財政の領域に顕在化する国際的な政治力学についてのポランニーの中心的諸命題、について明らかにする。一九二〇年代と三〇年代のポランニーの軌跡（第2～3章の内容）を踏まえて第4章を読むならば、市場による自己調整とそれに介入する社会の自己防衛との絶えざる衝突と緊張のダイナミズムである二重運動のロジック（第4章）が、市場社会における不自由の命題（第2章）、および、市場経済と民主主義との衝突というポランニーの思考軸（第3章）のうえに築かれている、ということを読者は確認するだろう。

第5章では、『大転換』を執筆した後のポランニーが立ち上げた「社会における経済の位置とその変化」という研究テーマとそのプロジェクト（一九四七～一九五七）を、ポランニーがどのような「戦後」を迎えたのかという観点から意味づける。イギリス、アメリカ、カナダといった英語圏のアカデミズムのなかで彼が直面した知的な闘いとは何であったのか。このような視座からポランニーの戦後の研究を眺めることで、彼の古代社会の研究が、英語圏におけるウェーバー経済社会学の受容をめぐって繰り広げられた経済的自由主義との闘いの一環であった、ということが見えてくるだろう。本章では、こうした位置づけからポランニーの古代ギリシア論をとりあげている。アテネの、民主主義制度を維持するという目的に奉仕するように制度化された経済制度のあり方――穀物の再分配という統合形態での市場・貨幣・交易――に照明を当てていた、ポランニーの姿が見出されるだろう。

第6章では、ウィークエンド・ノートや各種の未完の草稿を大いに利用しながら、最晩年（一九五四～一九六四）のポランニーが追究した「産業社会における自由の問題」や「産業文明の人間化」といったテーマを追跡し、未完のプロジェクトとなった共著『自由と技術』の構想を再構成する。この章では、最晩年に彼が取り組んだ社会哲学的考察が、一九二〇年代の社会的自由（第2章参照）、一九三〇年代の共同体と社会概念の区別（第3章参照）、『大転換』最終章（第4章参照）でそれぞれ考察された、ポランニーの自由論の四度目の展開であったことを、明らかにしたい。また、ルソー（Jean-Jacques Rousseau：一七一二～一七七八）、アリストテレス、ガルブレイスの三者が晩年のポランニーの思索にとってどれほど重要であったかも示されるだろう。

終章では、ポランニーが取り組んだ課題は何であったのかを確認したうえで、彼の社会哲学と経済学の中心命題を総括する。次に、ポランニーの最後の仕事となった『共存――変化する世界における経済学・社会学・政治学の比較研究誌』（一九六四）刊行への取り組みを紹介する。ここで読者は、東西冷戦期の社会科学者が果たすべき役割について、ポランニーがどのように認識していたかを知るだろう。そして最後に各章を振り返り、本書が提起したポランニー像を総括する。

第1章　ポランニーの思想と人生——曲がりくねった一筋の道

カール・ポランニーは、二つの世界大戦、ロシア革命とハンガリー革命、「赤いウィーン」と呼ばれる社会民主党市政によるウィーンの福祉・教育改革、世界経済恐慌とファシズムの出現、原子力や大量伝達手段を持つ技術的社会と新しい全体主義的傾向の出現といった出来事について思索し、執筆と教育活動を続けた。研究環境には恵まれなかったが、『大転換』（一九四四）や『初期帝国における交易と市場』（一九五七）など、経済の「究極にあるもの」を根底から世に問う著作を残している。

ポランニーは生涯にわたり、二度の亡命を含む三回の移住を経験している。第一次世界大戦にハンガリーの騎兵将校として従軍し、重傷を負って死の淵をさまよった彼は、大戦の敗北とハンガリー革命（一九一八～一九一九）の挫折による政治的混乱のなかでウィーンに亡命したが、これが一度目の移住である。二度目は、ウィーンで勤めていた『オーストリア・エコノミスト』副編集長の職を失った一九三三年の、ウィーンからイギリスへの亡命である。三度目は、コロンビア大学に職を得たことによるイギリスからアメリカへの移住（一九四七）である。緊迫した冷戦期のアメリカでは長期滞在が認可されず、彼はカナダのピッカリングの自宅から約一二時間にも及ぶ通勤を余儀なくされたのだった。

このようなポランニーの生涯を、ハンガリー時代（一八八六～一九一九）、ウィーン時代（一九一九～一九三三）、イギリス時代（一九三三～一九四七）、北アメリカ時代（一九四七～一九六四）の四つの時期に区分することができる。イギリス時代には、ポランニーが客員講師として滞在したアメリカのベニントン大学で『大転換』を執筆した三年間（一九四〇～

一九四三）が含まれている。イギリスでは、労働者教育協会とキリスト教左派のネットワークを頼りに夜間の労働者教育を各地で行い、細々とした生計を営んだ。また、北アメリカ時代には、コロンビア大学で客員教授として一般経済史を講義したコロンビア大学時代（一九四七～一九五三）と退職後のカナダ・ピッカリング時代（一九五四～一九六四）が含まれている。しかし、退職後も『初期帝国における交易と市場』の刊行に向けた研究プロジェクトが継続したために、彼の最晩年の研究拠点がコロンビア大学からカナダの自宅ピッカリングへと完全に移行するのは、癌を患った一九五七年以降である。

ポランニーの長い紆余曲折した研究の道のりは、数千万人もの死傷者を出した第一次世界大戦の原因と責任を問うた「われわれの世代の使命」（一九一八）に始まる。大陸ヨーロッパ出身の知識人として激動の時代を生きたポランニーの生涯と世代的使命を理解することなしには、市場社会に対する彼の批判的な洞察の根源も、第二次世界大戦後の彼を非市場経済の研究に導いた動機も、産業社会における人間の自由という最晩年の研究の意義も理解することができない。本章では、四つの時代に分けた彼の人生を順に辿ることにしよう。

1 ハンガリー時代（一八八六～一九一九）——ブダペストにおける思想形成

生い立ち

オーストリア＝ハンガリー二重帝国時代の首都ウィーンで一八八六年一〇月二五日に生まれたポランニー［★1］は、一八九〇年代のはじめに帝国のもう一つの中心都市ブダペストに移り、幼少期と青年期をそこで過ごした。両親はユダヤ系ハンガリー人の父ポラチェク・ミハーイ（Pollacsek Mihály）と母セシリア・ヴォール（Cecilia Wohl）で、一八八一年に結婚し六人の子供をもうけたが、そのうちの一人は夭折している。「暗黙知」の概念の生みの親として著名なマイケル・ポランニー（Michael Polanyi：一八九一〜一九七六）は、カール・ポランニーの弟である。

父のミハーイは、スイス鉄道に鉄道技師として勤務していたが、イギリスで研修を受けて帰国後、ウィーンとブダペストの鉄道発展の波に乗って企業家として大成功を収めた。事業が傾く一九〇〇年までポランニー家の暮らしは裕福であり、その教育方針は、一八九〇年代ハンガリーにおけるユダヤ人のマジャール化（同化の流れを含む）に適応したものであった。カールもマイケルも、当時ハンガリーにおける唯一のキリスト教であったカルバン主義プロテスタントに改宗し、姓をハンガリー式にポラーニと名乗っているが、それは父の方針に従ったことによる（Cangiani et Maucourant 2008）。一二、三歳になるまでポランニー家の子供たち（長女ラウラ、長男アドルフ、次男カール、次女ソフィア、三男マイケル）は家庭で教育を受け、英語、ドイツ語、ラテン語、ギリシャ語、ハンガリー語を習得した。自らのイギリス滞在の経験を重視していたミハーイは、とりわけ英語教育に力を入れた。アドルフ、カール、マイケルは、家庭教育の後、カルドア（Nicholas Kaldor：一九〇八〜一九八六）やルカーチ（Lukács György：一八八五〜一九七一）たちが通っていた評判のリセーに入学している。エリート職（企業家、弁護士、医者）に就くことを期待されたポランニーは、弁護士資格を取得している。

母のセシリアは、ボヘミアン的で混沌とした文化を体現しており、その関心は芸術や心理学に向けられていた。彼女はロシアの社会主義者とのネットワークを尊重し、サミュエル・クラチュコ（Samuel Klatschko：一八五一〜一九一四）[★2]をしばしば自宅に招待した。ポランニー家の子供たちにとってロシアは、ドストエフスキーやトルストイといった偉大な文化を輩出した国であり、自己犠牲的な革命精神と資本主義批判の精神に富んだ魅力的な国だった（Dale 2010）。社会主義に対するポランニーの共感は、母の影響によるところが大きい（Polanyi-Levitt and Mendell 1987:16）。ユダヤ人のマジャール化の流れに適応するために封印されたユダヤ的なるものと、実践的なキリスト教的素養の受容。

★1　カール・ポランニーは英語読みであり、ハンガリー語ではポラーニ・カーロイ（Polányi Károly）となるが、本書では英語読みで統一した。

★2　旧ナロードニキ出身のサミュエル・クラチュコは、アメリカにユートピア的なコミュニティをつくった。

父の成功体験からポランニー家の子供たちに注入されたイギリス的な資本主義の精神と貧しさを知らない中産階級の暮らし。母を介して取り込まれたロシア的な革命精神――これらが混在するポランニー家の知的風土によって、幼少期・青年期のポランニーの人格や思想の土台が形成されたことは確かだろう。

ミハーイの事業の倒産（一八九九）によってポランニー家の裕福な時代は終わる。一九〇五年一月にミハーイが急死してからはアルバイトをして弟の学費の面倒をみるなど、ポランニーは経済的に苦労している。また、父の死を契機にポランニーは進行性の鬱病を患い一〇年近く病状に苦しめられるのであるが［★3］、彼は不安定な精神状態を押して、ハンガリー革命前夜のブダペストの学生運動に情熱的に身を投じていく。

ガリレイ・サークル

ポランニーがブダペスト大学の法律・政治学部に入学したのは、一九〇四年の秋である。しかし、彼は最終学年に、キリスト教の教義を否定する嫌疑で告発されたスペンサー派の法学部教授ピクレル（Pikler Gyula：一八六三～一九三七）を擁護する学生運動に係わったことで放校処分を受け、学位取得のためにトラシルヴァニア（現在はルーマニア領のクルージュ＝ナポカ）にあるコロスヴァール大学への転籍を余儀なくされた（ポランニーは一九〇九年に法学博士〔コロスヴァール大学〕となっている）。ピクレルはハンガリーの進歩的知識人の民主化運動が一つの思想的支柱にしていたスペンサー哲学の提唱者であり（三苫 2000:373-374）、大学当局と富裕層の学生が彼の講義内容を執拗に攻撃したのだが、この事件はポランニーから見れば、ハプスブルク特権階級の保守的価値観に立脚する大学の後退的性格を象徴していた。ピクレル事件以降、第一次世界大戦が勃発するまでポランニーは、ハプスブルク特権階級の保守的価値観への対抗文化（カウンター・カルチャー）の拠点を形成しながら、ハンガリー革命に向けた社会的・政治的運動に深く係わっていく。

当時二二歳のポランニーが初代委員長となったガリレイ・サークルは、一九〇八年に創設された。創設の目的は、（ポランニーが処分を受けるきっかけとなった）ブダペスト大学のピクレル教授の法哲学講義妨害事件に抗議することだったが、当初の目的を達成した後も、緩やかな知的サークルとして継続した。中心メンバーの多くがブダペスト大学出身の比較的貧しいユダヤ人学生であったことから、ガリレイ・サークルはフリーメーソンから財政的な援助を受けていた。

学び教育することを活動目的に掲げたガリレイ・サークルは、読み書きのできない民衆の文化水準を高めて進歩思想を普及させるために、約二〇〇〇人を超えるサークルのメンバーが何千もの講義やセミナーを組織した（Gábor 2006）。また、機関紙『自由思想（サバドゴンドラ）』の発刊を通じて、アインシュタイン（Albert Einstein：一八七九～一九五五）の科学論、エルンスト・マッハ（Ernst Mach：一八三八～一九一六）やフロイト（Sigmund Freud：一八五六～一九三九）の思想、そしてスペンサー（Herbert Spencer：一八二〇～一九〇三）やマルクス主義の社会理論など、当時の最先端の科学的・文化的・社会科学的な思潮を普及させることも重視していた。歴史経済学者のゾンバルト（Werner Sombart：一八六三～一九四一）やマルクス主義者のベルンシュタイン（Eduard Bernstein：一八五〇～一九三二）、社会学者ミヘルス（Robert Michels：一八七六～一九三六）、オーストロ・マルクス主義者のマックス・アドラー（Max Adler：一八七三～一九三七）、心理学者のフェレンツィ（Sandor Ferenczi：一八七三～一九三三）などの著名な思想家が講師としてドイツから招聘された（Maucourant 2005）。ガリレイ・サークルは、第一次世界大戦下の翼賛体制によって活動を禁止される一九一七年までの間に、数十の成人教育クラスを組織し、数万人の労働者がそれに参加した（Dale 2009:117）。

世紀転換期のブダペストでは、「一方で、厳然と存在するハプスブルクの権威を内部支配に利用していくマジャール人貴族層、他方ではそれに対抗し、本来の民族的志向を生かし切ろうとする『左派』青年、文化人層がつくり出されることになった」（栗本 1982:89-90）。中産階級の暮らしができなくなったユダヤ系知識人が、マジャール民衆文化・芸術の擁護や労働者の啓蒙を主張する「急進的な対抗文化」（Dale 2009）の興隆を担うことが多かったが、ポランニーもその例外ではなかった。

★3　ポランニーは一九二五年に親しい友人、リチャード・ワンクに宛てた手紙のなかで、彼が一九〇五年の父の死から一九一七年まで進行性の鬱病に苦しんでいたことを告白している（Polanyi 2000[1925]:316; Polanyi-Levitt and Mendell 1987:2）。

青年ポランニーの知的形成

ルカーチ、サボー・エルヴィン（Szabó Elvin：一八七七～一九一八）、ヤーシ・オスカール（Jászi Oscar：一八七五～一九五七）の三人の活動家たちが、青年ポランニーの知的形成に大きな影響を与えることになった。

三人のなかでもっとも富裕な家庭に生まれたルカーチは、評論集『魂と形式』（一九一〇）のデビューによってハンガリーを代表する知識人となった。ルカーチが一九一五年に結成した「日曜サークル」は、西欧の哲学や芸術を研究する若手のサークルで、マンハイム（Karl Mannheim：一八九三～一九四七）やバラージュ（Balázs Béla：一八八四～一九四九）が参加していた。先進性に富んだ西欧知識の普及を通じて後進的なブダペスト社会を変革しよう、というのがルカーチの立場であった。

サボーもまたユダヤ人で、ポランニーの少し年上の従兄弟であった。ブダペスト大学を卒業して国会図書館の司書を勤めながら、社会民主党左派を代表する急進的労働運動の指導者になった彼は、『サンディカリズムと社会民主主義』（一九〇八）を公刊した。社会民主党が官僚主義と議会主義によって支配されていることを厳しく批判するサンディカリストの立場から、サボーは社会民主党の綱領と実践を批判した［★4］。

青年ポランニーを知的・精神的に支え導いた年上の親友で、生涯にわたってポランニーとの交流を継続したヤーシは、リベラルな社会主義をめざす、ハンガリーを代表する反封建的運動の指導者であった［★5］。彼は、古典的なリベラリズムの中心的要素として、市民的自由、議会制民主主義、寛容、自由放任ではない自由貿易を主張し、生産手段の私的所有を必要に応じて導入する見解を表明した［★6］。ヤーシはまた、ハンガリーの現状の社会科学的分析が重要であると自覚したことから、イギリスのフェビアン協会をモデルにした社会科学協会を一九〇〇年に設立する［★7］。社会科学協会が発刊した雑誌『二〇世紀（フサディク・サーザド）』は、ブダペストの進歩派知識人の一大拠点となった［★8］。ちなみに、若きポランニーの論考「われわれのイデオロギーの危機」（一九〇九）は、この雑誌に掲載されている。

ルカーチの西欧知識人を代表する立場、サボーのサンディカリズム、そしてヤーシのイギリス的なフェビアン社会主義——この三つの潮流が青年期のポランニーに影響を与えたのだった。三者のなかでポランニーにもっとも近かったのはヤーシだが、ポランニーの初期の作品のなかには、ロマン主義的なルカーチとサンディカリズム的なサボーの影響のいずれもが見出される。一九一〇年代に入ると、ポランニーは独自の見解を形成し始める。フェビアン主義でもサンディカリズムでもない、第三の立場であるギルド社会主義［★9］の著作を夢中になって読むようになったポランニーは、フェビアン主義的なヤーシの改革主義に染まりきることがなかった（Dale 2009）。

ポランニーは、一九〇八年から一四年までガリレイ・サークルの活動に全力を注いだ。また、彼は社会民主党との緩やかな連携を保っており、ヤーシが一九一四年に急進市民党を結成した際には、書記長として名を連ねている。普通選挙権の拡大・土地の再分配・自由貿易・教育改革・連邦制を目標とする急進市民党は、ガリレイ・サークル出身の市民や知識人を中心に緩やかに組織された民主化運動であった。

★4　サボーはハンガリー革命前夜の社会主義運動において大衆の絶大な信頼と人気を集めたが、一九一八年に病死してしまう。その長い葬列は、「ヒナギク革命」の布石となったという（Dale 2009; 栗本 1982）。

★5　ヤーシは、ハンガリーにおける急進主義の使命は大土地所有と教会によって支配された封建制の打破にある、と考えた（Dale 2009）。

★6　この点において、ヤーシはサボーのサンディカリズムと対立する。また、ヤーシは自然科学と実証主義的な社会科学に忠実で、スペンサーの社会学を導きの糸として重視したが、この点ではルカーチの西欧主義的志向と異なっていた（Dale 2009）。

★7　イギリスのフェビアン社会主義、とりわけウェッブ夫妻の思想については、江里口 2008 を参照のこと。

★8　当時のブダペストの知識人を代表する三つの雑誌は、文芸誌『西欧（ニュガット）』、社会科学協会の定期刊行誌『二〇世紀』、そしてポランニーが初代編集長となったガリレイ・サークルの雑誌『自由思想（サバドゴンドラ）』であったが、これらの雑誌は、ハンガリー革命前夜の対抗文化の重要な拠点の役割を果たしていた。

★9　ギルド社会主義は、「フェビアン社会主義・中世的な美学・サンディカリズムのありえない混合物」として、当時のブダペストの知識人に敬遠された。しかし、ポランニーにとってギルド社会主義はそうではなく、「イギリスとロシアとの、改革主義とロマン主義的な反資本主義との、議会制民主主義と労働者自治との、父と母との合流点を体現していた」（Dale 2009）。

世界大戦への従軍と悲劇『ハムレット』の追体験

第一次世界大戦の勃発を受けてポランニーは、ハンガリーの民主化運動への情熱的な係わりを断ち、翌年の一九一五年にハプスブルク帝国下の旧オーストリア＝ハンガリー軍の騎兵将校として従軍した。負傷して一九一七年に除隊するまでの間、ポランニーはシェークスピアの悲劇『ハムレット』を何度も繰り返して読み、主人公ハムレットの苦悩に満ちた人生とその死の意味について、自らの人生と重ね合わせて考察した。ポランニーはほぼ四〇年後に書いた小論「ハムレット」（Polanyi 1954）のなかで、自分の人生の使命が、心身の極限状態で読んだ『ハムレット』を通して啓示された、と告白している。

> 寒々とした孤独のなかで、自分が繰り返し『ハムレット、デンマークの王子の悲劇』を読んでいるのに気づいた。［中略］私は、私の『ハムレット』を読んだ。主人公の叫ぶあらゆる言葉、言い回し、抑揚は、いともたやすく、そしてはっきりと私の奥に届いたのである。（Polanyi 1954:336）

父を殺害し母を奪ったクローディアス王への復讐をハムレットがただちに「実行することをためらい（inaction）」、憂鬱に耐えながら死の直前まで先延ばしにしたのはなぜなのか［★10］。ポランニーの解釈によれば、物語に埋め込まれたハムレットの憂鬱の「秘密」は、自らの願望や意志のままに生きられない社会的存在としての人間の条件を示している（*ibid*.:336-338）。

ハムレットの憂鬱について考えることを通じて、精神的な病に長年苦しんできたポランニーは、二〇世紀最初の世界大戦を避けられないものにした時代の苦悩とハンガリーが経験してきた政治的受難が彼の人生と分かちがたく結びついている、という事実を受容する。ハムレットのためらいについて、ポランニーは次のように解釈している。

ハムレットのためらいは、彼の人生に課された制限に対する戸惑いと拒絶を表現している。叔父のクローディアスによる父の殺害と王位の乗っ取り、母と叔父のおぞましい再婚、そして父の亡霊が命じる復讐という行為は、いずれもハムレットの意志から生じた事柄ではない。父の亡霊の命じるままにクローディアス王の殺害を実行すれば、愛するオフィーリアや友、自分の王位、母、そして自らの命など、彼が大事にしてきたすべてを喪失するかもしれない。ハムレットの人生は嫌悪と不安が生じる状況に否応なしに組み込まれており、彼はそこから自由になれない。

ハムレットは、どのように生きるか決断することができなかった。行為の決断を強いられない限り、彼は人間として存在することができる。人生を熟慮に基づいて選び取ることができないのであるから、生きるか死ぬかを即座に選ぼうとしたら彼は破滅してしまうだろう。これが、人間存在という点から見たハムレットの憂鬱の意味である。

(*ibid.*:339)

ポランニーが強調するのは、復讐の時を待たずに叔父の殺害を即座に決行したらハムレットの精神生活は破滅していただろう、という点である(*ibid.*:339-341)。ハムレットは復讐を遅らせた代償として憂鬱に苛まれる。ハムレットが、時に狂人のように振舞いながら「ただ歳月を数えるようにして」生き続けて復讐を「延期」したのは、自分自身の人生を否定するような憂鬱、つまり「混乱した心的状態」が続いた「間」だった。『ハムレット』を読むことを通して彼は、社会的存在としての人間の条件について考察を深め、ポランニー社会哲学の根元となるような着想を得てゆく。

ポランニーによれば、復讐という行為が「強いられた」行為となる間は、ハムレットは精神生活の破滅を避けるため

★10　ポランニーのハムレット論における“inaction”について、文化接触と適応への「遅れ」という経済人類学の観点から検討しているものに春日 1998 がある。

になんとしても「決断」を遅らせなければならなかった。とはいえ、そもそも精神生活を破滅させないで復讐を成し遂げることは、果たして可能だろうか。ハムレットは、できるなら決断を永遠に遅らせたかったのではなかろうか。ほとんどの人間は、自らの意志や望んだ結果ではない人生の選択肢から逃げ続け、決断すべき決定的な瞬間を意識的に取り逃がして、空虚な人生に甘んじる（*ibid.*:348）。

では、復讐を実行したハムレットは、決断すべき瞬間をどのようにして捉えたのだろうか。ポランニーによれば、悲劇の進行が示すように、愛しいオフィーリアの父をハムレットが誤って殺害する事件がその発端となる。その事件からオフィーリアは狂い死してしまうのであるが、ハムレットは、自らの過失が彼女を死に至らしめた罪深さを受容する過程で人生の「本源的意味」を知り、再生する（*ibid.*:342-343）。このとき、復讐という行為はハムレットにとって強いられた選択肢ではなくなり、彼はとうとう「決断」の時を迎えるのである。この展開について、ポランニーは次のように解釈する。

> ハムレットは喜んで人生を手放す。彼は人生の絶望からではなく、その充実においてクローディアス王の殺害を実行する。彼の死に対する準備（readiness）は、彼が真の意味において人生を受容したことと同じである。（*ibid.*:349）

ハムレットが「喜んで人生を手放した」のは、彼が死を望んでいたからでも、死を怖れぬほど勇敢な性格だったからでもない。それは、叔父や母だけでなく自分自身も他者を傷つけてしまう社会的存在である、という事実を受容できたからだ、とポランニーは説明する［★11］。そのときからハムレットの人生は充たされ、長い憂鬱から解放された。ポランニーはここに、ハムレットの人生における再生の局面を見出している。そして再生を経たハムレットだからこそ、神聖な復讐の「決定的な瞬間」を捉えられたのである。死は間近に来ていたが、人生の決定的な瞬間に「乗り遅れ」なかったハムレットは、人間存在として幸福な状態を最期に手に入れたのだった。

人生とは、人間が決定的な瞬間に乗り遅れることである。しかし最期に、われわれの愛すべき主人公は、人生の充足の幾分かを取り戻した。閉幕後にわれわれは充足の状態に置かれるだけでなく、ハムレットに対して感無量の賞賛を抱く。それはあたかも、彼の苦しみが空虚なものでは決してなかった、とでもいうように。（*ibid*.:350）

第一次世界大戦中のガルシアの大地で『ハムレット』を通してポランニーに啓示された使命とは、多くの人びとを戦争で傷つけ殺害した大変動の起源を冷静に追跡する仕事である。社会的存在である人間は、時代の過ちや社会の苦しみと分かちがたく結びつけられている。死の淵にあって、自らの人生をこのように捉え直したポランニーは帰還後、人生の伴侶に出会い、鬱病からも回復する。そして、二〇世紀の生き証人として社会科学者の道を志してゆくのである。

2　ウィーン時代（一九一九〜一九三三）——社会科学者となる

イロナとの出会い

戦争で負った傷が癒えぬまま一九一九年六月にウィーンに亡命したポランニーは、すぐに手術を受ける。そして一九二〇年の秋まで、ロシアや中・東欧の各地から流れてきた社会運動家が多く集う、ウィーン郊外の療養所で静養した。彼はここで、ハンガリーの民主化運動に寄与した女性革命家として著名なイロナ・ドゥチンスカに出会う（Konrád

★11　ポランニーのハムレット論を解釈した佐藤 2006 は、「死への覚悟が生の充足の条件である」という点を強調している。これに対して筆者は、社会的存在としての人間の生をハムレットが受容したことが死への準備につながった、と解釈する。

2006; Czizek, Vezéz, and Litván 2006)。一九二〇年の一一月のことである。

反戦の罪で逮捕（一九一七年）され拘置所に入れられた経歴を持つイロナは、第一次世界大戦後、共産党から除名される一九二二年まで、共産党員としてハンガリーの革命運動に係わった［★12］。ポランニーに出会ったとき、彼女は、共産党からウィーンに派遣された看護師として保養所で病人や怪我人の世話をしながら、ウィーン工科大学に籍を置いて機械学や電気工学の研究に従事していた。

イロナの印象によれば、療養所に来て間もない頃のポランニーは、心身をひどく消耗させた孤独な男性で、「人生を前向きではなく、後ろ向き」に見る人のようであった。しかし、「生きとし生けるすべての存在」に対する優しい敬愛がポランニーに芽生えて彼の魂は明るくなり、鬱病から回復していった（Ilona 2006[1971]:309）。生きる活力を取り戻した一九一九〜二一年の間に、ポランニーは「ビヒモス」［★13］と名づけた膨大な草稿を書き綴っている。人間の意志や願望に疎遠な社会関係と人間の自由との対立について思索した「ビヒモス」は、彼にとって最初の本格的な社会科学的考察である（第2章参照）。そこには、母国ハンガリーの行く末を憂えながら第一次世界大戦のもたらした苦しみの起源を冷静に分析しようとするポランニーの姿があった。ハンガリー革命の挫折によってウィーンに逃れたことの後ろめたさや第一次世界大戦に従軍した自分への嫌悪感に苦しみながらも、精神的・肉体的健康を一歩一歩取り戻していくポランニーの様子を、イロナは静かに見守っていた。急速に打ち解けた二人は一九二三年に結婚し、一人娘カリ［★14］をもうける。

共産党から除名処分を受けてからも、そしてポランニーと結婚してからも、イロナは革命家として活動を継続し、一九三四年のオーストリア労働者の暴動にも参加している［★15］。一九三三年にイギリスに亡命したポランニーが成人教育の職を見つけ、翌年カリを呼び寄せた後も、イロナは一人でウィーンに残り、疲労と病で倒れる一九三六年までの約二年間、革命のための非合法のラジオ放送番組を組織するなど、オーストリア・ファシズムと闘った（Striker 2006; Pfabigan 2006）。ポランニーと一緒にイギリスやカナダに移住した後も、彼女は反戦運動とハンガリーの民主化運動に係わる仕事を継続した（McRobbie 2006a）。生涯を通して反戦の立場を貫きハンガリーの民主化を支持し続けたイロナは、ポランニーの思索の良き理解者でもあった。

社会主義経済計算論争への参加

第一次世界大戦後の社会民主党による福祉・保険改革と教育改革は「赤いウィーン」と呼ばれる。というのも、一九一八年の選挙で勝利した社会民主主義労働者党が、前例にない規模で労働者のための社会的住宅の建設や市民大学の設立、労働条件の改善、労働者教育に力を入れて、抜本的な地方自治改革に着手していたからである。経済的自由主義者ミーゼスが「社会主義の時代」[★16]（Mises 1981[1922]:15）と表現した赤いウィーンで、ポランニーは、メンガー（Carl Menger：一八四〇〜一九二一）、ヴィーザー（Friedrich Wiser：一八五一〜一九二六）、ベーム＝バヴェルク（Eugen Böhem-Bawerk：一八五一〜一九一四）、シュンペーター（Joseph Alois Schumpeter：一八八三〜一九五〇）といったオーストリア経済学者たちの著作や、オットー・バウアー（Otto Bauer：一八八一〜一九三八）やマックス・アドラーといったオーストロ・マルクス主義者

★12　イロナは、共産党の組織や社会運動を通じて知り合った知識人が、普通の人びとに対して向ける尊大な態度を目撃して、よく激高したという。良心に従って行動し、権力に対してより弱い側を全力で支持することが彼女の原則であった（Konrád 2006; Czjzek, Vezéz, and Litván 2006）。

★13　ビヒモスとは、リヴァイアサンと並ぶ、ユダヤの終末論（バビロニアに起源を持つ説）に登場する混沌（カオス）の怪物のことである。『黙示録』によれば、ビヒモスとリヴァイアサンは、世界の終末直前に現われ恐怖の支配を確立するが、神によって滅ぼされる。

★14　カリはカナダのマギル大学で、ジャマイカをフィールドとする開発経済学を研究した。彼女は、カール・ポランニー政治経済研究所の設立（一九八七）やポランニー国際会議の組織に尽力し、ポランニー研究の本格的な進展のために寄与してきた。

★15　Striker 2006 によれば、活動家としてのイロナの名前は Anna Novotny である。

★16　ミーゼスは一九二二年に刊行された『共同経済――社会主義に関する研究』の冒頭で、「社会主義の時代」について次のように述べている。「社会主義はわれわれの時代の合言葉であり標語である。社会主義思想は現代の精神を支配している。大衆は社会主義を支持している。社会主義はすべての人の考えと感情を表わしているのである」（Mises 1981[1922]:15）。

の著述、さらにマルクスの『資本論』や初期著作を集中的に研究した。また、ガリレイ・サークルのときに出会ったコールの『労働の世界』（一九一五）と『ギルド社会主義再論』（一九二〇）についての理解を深め、中央集権的ではない新しいタイプの社会主義像を模索した。

ウィーン亡命後の最初の数年の間に、ポランニーは、「社会主義――人間と思想」（一九二二年六月一八日）、「ギルドと国家」（一九二三年三月二九日）といったギルド社会主義に関する論考を『ウィーン・ハンガリー新聞』に寄稿している。彼は、「非共産主義的社会主義の展望」（Cangiani, Polanyi-Levitt und Thomasberger 2005:26）を理論的に把握し、市場社会にとって代わりうる「実行可能な社会主義の可能性」――これは当時の若者や知識人の最大の知的関心の一つであった――を研究した。このようなウィーン時代の知的・思想的源泉から独自の思想と理論を引き出すうえで、オーストロ・マルクス主義の影響下にある学生との研究会やセミナーの講義や討論はポランニーにとって有益であった。彼は、社会主義経済論争に参加し、社会科学者としての頭角を現わしていく。

社会主義経済計算論争とは、ミーゼスやウェーバーなどの著名な学者が「私有財産制度と市場機構がなければ合理的な経済計算は不可能である」と論じたことが発端となった、社会主義計画経済の存立や実行可能性をめぐる二〇世紀の一大論争である。当時、市場経済の機能不全の進行とそれにとって代わりうる実行可能な社会主義への関心の高まりという一九二〇年代の思想的状況を背景にして、市場なき中央集権的社会主義経済を提案する学派と市場経済を唯一可能な経済システムとして擁護する学派との間で議論が活発に行われていた。

ポランニーの「社会主義経済計算」（一九二二）は、「市場 対 国家」、あるいは「市場経済 対 市場なき経済」というこの論争の対抗図式を超える第三の道として、分権的な機能的社会主義を提起した論文である。この論文の基本的主張は、簡単にいえば、「社会主義経済計算は集権的社会主義経済のもとではできないが、機能的民主主義（functional democracy）に基づく社会主義システム下においては可能である。それゆえ、経済計算なき社会主義経済は実行不可能なシステムであるというミーゼスの主張は不当な一般化である」、というものである。

機能的民主主義は、コールの機能的社会理論（Cole 1920）を継承したポランニーが主張した、市場社会に代わる新しい社会の基本原理である。「機能的」という用語は、「諸個人に共通の努力と協力を『本来の共同体』（労働組合、協同組合、地方自治体、文化団体など）のレベルで要求する諸機能（生産する、消費する、居住するなど）に基づいて社会を組織化する」（Cangiani et Maucourant 2008:12）、という意味で使われている。ポランニーのいう機能的民主主義とは、機能に応じて自主的に組織されたアソシエーション（機能的組織）の意志決定と運営に諸個人が参加すること、および、アソシエーション間の交渉によって生産と消費の対立、あるいは公共交通などの都市インフラの整備と私的消費の対立を調整することに基礎を置く、参加型民主主義を意味していた。

ポランニーは、市場社会の不透明で非人格的な社会関係をこのような機能的民主主義の原理に置き換えることが人間の自由にとって決定的である、と考えていた。人間の自由とは、自分の行為が他者に及ぼす影響に対して責任を担うことによって可能となる。このような自由をめざす社会主義を彼は「機能的社会主義」と呼び、その実行可能性を、「理論と実践に関する新たな考察」（一九二五）のなかで「見通し問題」として理論的に検討している（第2章参照）。

人間の自由と責任への関心

一九二五年の年末にポランニーが親しい友人であるリチャード・ワンクへの手紙のなかで述べているように、諸個人の意志や願望をそのまま反映したわけではない「社会という事実（the fact of society）にもかかわらず、われわれはいかに自由でありうるだろうか」（Polanyi 2000[1925]:317）という問いを資本主義の社会理論として究明することが、一九二〇年代後半の彼にとっての課題であった。それは、当時の彼の論文や未公開の草稿、セミナーでの講演の中心テーマであった。

ポランニーは「意図的行為の非意図的結果」という視点から客観的に見える諸制度や経済現象を研究しており、個人の行為や選択の非意図的結果をどのように理解すべきか、個人は非意図的結果に対して責任を負うべきか否かという問いが、彼の哲学的思索の中心を占めていた。この視点は、後に科学哲学者として著名になった若きカール・ポパー（Karl

Popper：一九〇二〜一九九四）に影響を与えた。ポパーは『開かれた社会とその敵』（一九四五）において、意図的行為の非意図的帰結の分析を社会科学の主要課題に位置づけている。彼は、この著書の「社会学の自律」を論じた章の注記において、一九二四年のポランニーとの私的会話で、諸個人の「意図的行為がもたらす意図せざる諸帰結」の観点から社会現象について最初に説明した理論家がマルクスであることを教えられた、と述べている（Popper 1952[1945]:323/ 訳325）。ポランニーとポパーは、社会現象を諸個人の行為の非意図的結果として理解する点、およびマルクス主義の歴史法則を決定論として批判する点で共通している。しかし、ポランニーが意図せざる諸帰結に対する個人の責任とそれによる自由の制限に関心がある（Thomasberger 2005a）のに対し、ポパーの関心は、意図せざる諸帰結が既存の社会秩序を改変あるいは修正するという作用にあった（井上 1998）。

ポランニーにとっては、社会現象の客観的性格を減らし人間の行為の影響の透明度を高め、責任を担うことを通して自由の領域を広げていくことが重要であった。例えば、一部の人が財の選択や投資の対象を変更する結果、価格変動や社会的分業が変化して、ある人の技能や職業が失われたり、ある財の交換価値が低下したり、失業や倒産が生じたりする。このような非意図的結果を経済法則や社会法則としてのみ理解する社会科学に批判的なポランニーは、人間相互の関係が市場経済のもとでは間接的で不透明になるために、諸個人が自分の行為の社会的影響を追跡し見通すことができないことから、物象化の現象の自立化と法則化が進展する、と考えた。彼は、社会関係の客観化と社会的存在としての人間の自由を対立的に理解したのである。

ウィーン時代のポランニーは、自由論を論じる際に当時のマルクス主義者の拠りどころになっていたエンゲルス（Friedrich Engels：一八二〇〜一八九五）の『空想から科学へ』（一八八〇）ではなく、マルクスが『資本論』第一巻第一章「商品」で展開した物象化論を手がかりにして、自らの社会哲学の核心となる人間の自由について集中的に研究した。彼は、一九二七年の「自由論」草稿において、価格や商品、貨幣や競争といった物象的な関係が支配している市場社会は不透明で不自由な社会である、という結論に到達した。ポランニーはこの草稿のなかで、市場の経済行為のように責任から逃げる自由ではない、責任を担うことによる自由、という彼独自の自由論を展開している。これについては第2章で詳しく触れるが、ポランニーは、市場社会では人間の選択や行為が他者に与える強制的な影響が見えないために自由が奪われている、と捉えていた。ポランニーにとって社会主義、民主主義、人間の自由は、市場経済とは根本的に相容れないという線で結ばれていたのである（Thomasberger 2005a:7）。

ジャーナリストとしての活動

ウィーンでのポランニーは、理論研究に励む一方で、ジャーナリストとしても活躍した。彼は一九二四年の夏から一九三八年まで、中欧のもっとも有名な新聞の一つである『オーストリア・エコノミスト』誌の副編集長として勤務し、国際問題をテーマにした多くの政治的・経済的論考を寄稿した。そうした諸論稿には、次の三つの特徴がある。

第一は、自由や平和の手段となる役割を市場経済に期待すべきではない、と主張していることである。彼は、異端の経済学者として著名なホブソン（John Atkinson Hobson：一八五八〜一九四〇）[★17]の国際連盟批判に共感して、自由や平和をもたらすのは民主主義の原則に基づく国際関係の構築である、という見解を提示している。第二は、市場経済の危機のなかで顕在化した「経済と民主主義の対立局面」を、緊迫する国際情勢を読み解く鍵にしていることである。第三は、ファシズム、ニューディール、イギリスの自由主義的改革についての評論を通じて、自由主義的資本主義にとって代わる資本主義の新しい諸形態を観察していることである（第3章参照）。

オーストリアでもファシズム勢力が台頭し[★18]、『オーストリア・エコノミスト』が社会主義的立場に立つ編集者を抱えることが困難となった一九三三年に、ポランニーは職を探して娘カリと渡英する。一九三四年にオーストリアの民

★17　ホブソンの経済思想については姫野 2010; 八田 2007 を参照。
★18　オーストリア・ファシズムの研究についてはタロシュ 1996［1988］を参照。

主勢力が敗北したために、彼の帰国はもはや困難になった。ひとりウィーンに残った妻イロナは非合法の民主化運動に携わり続けたが、体調を崩して一九三六年にイギリスに渡っている。

渡英してからもポランニーは、『オーストリア・エコノミスト』が一九三八年に廃刊に追い込まれるまでの間、世界経済恐慌に対するアメリカのニューディール政策の推移や通貨危機と雇用危機のジレンマに対するイギリスの対応、ドイツ、オーストリア、イタリア、バルト三国などの大陸ヨーロッパにおけるファシズムの拡大と民主主義の崩壊、そしてファシズムの社会観や経済政策を観察し、それらについての論説を「海外編集長」として寄稿し続けた。

3 イギリス時代（一九三三〜一九四七）——社会哲学から社会経済史へ

ウィーン時代のガリレイ・サークルからアメリカ時代のコロンビア大学客員教授に至るまで、労働者や学生を対象とした私的セミナーや講演を通じて行われた教育活動はポランニーの生涯を貫く天職であった。イギリス時代のポランニーは、生活費を稼ぐために、労働者教育協会やロンドン大学公開講座などによる成人教育のための教師の職に従事した。後で述べるように、講義のためにイギリス経済史を新たに学んだことが、『大転換』（一九四四）のなかにイギリス産業革命の経験を取り入れるのに役立つことになる（第4章参照）。

キリスト教社会主義者たちとの交流

ポランニーはイギリス時代の初期に、ウィーン時代からの知己であるグラント夫妻を通して、キリスト教徒による社会主義ネットワークの構築に係わった。一九三五年に刊行された『キリスト教と社会革命』の編集に加わり、彼自身も「ファシズムの本質」を寄稿している。『キリスト教と社会革命』には、イギリスの指導的マルクス主義者ルイス

(John Lewis：一八八九〜一九七六）の「キリスト教的伝統の継承としての共産主義」や、人格主義の哲学者マクマリー（John Macmurray：一八九一〜一九七六）の「キリスト教と共産主義――総合に向かって」などの論文のほか、科学史家ニーダム（Joseph Needham：一九〇〇〜一九九五）や神学者ニーバー（Reinhold Niebuhr：一八九二〜一九七一）の論文が含まれている。

またポランニーは、キリスト教徒の社会主義者たちの研究グループが集う「補佐的キリスト教左派」（一九三六年に創設）［★19］の活動や研究を支援している。ポランニーが知り合ったキリスト教徒の社会主義者たちは、一九三三年にスイス経由でイギリスに到着したランズフート・マイヤー編の初期マルクス著作集『史的唯物論』（一九三二）に抜粋・収録されたマルクスの『経済学・哲学草稿』のなかに、キリスト教的倫理的価値に基づく社会主義の理論的支柱を求めていた。彼らは、人間的本質（自我・自然・類・他者との関係）から「疎外された労働」とそれに基づく「私的所有」の両概念を批判的に検討した、マルクスの疎外論に注目した。そこでポランニーは、ドイツ語のテキストを英訳して研究資料を作成するなどして、『経済学・哲学草稿』を英語圏に広めるのに一役買うことになった。

マルクス主義とキリスト教社会主義との関係を解明する研究や議論をリードしたポランニーについて、「カール・ポランニーがいなかったら、キリスト教左派は理論的基礎を持つことがなかっただろう」（Polanyi-Levitt and Mendell 1987:26）、とイレーヌ・グラントは証言している。キリスト教徒の社会主義者たちとの対話を通して、ポランニー自身も、権力や経済価値といった強制力の創出に人びとが不可避的に巻き込まれる「社会」と、人びとが自分の行為の他者への影響に対して責任を担うことのできる人格間の「共同体」とを区別するようになる。そして彼は、社会を共同体に近づけることの困難さを自覚しないマルクス主義者の社会主義理論の限界を認識し、制度主義的な方法を開拓していく（第3章参照）。

★19　補佐的キリスト教左派（Auxiliary Christian Left）は、労働党や共産主義政党で活動する知識人から成っていて、イレーヌ・グラント、ドナルド・グラント、ダグ・ジョリー、メアリー・ミュイルがその中心メンバーであった。

成人教育の講義とイギリス産業革命の研究

イギリスでのポランニーは、ウィーン時代から大きな思想的影響を受けていたイギリス社会主義の理論家コールと歴史家トーニー［★20］の係わる労働者教育協会（WEA）が組織する成人教育の教師となり、生活の糧を稼いだ。ポランニーは、しばしば列車やグリーンラインのバスに乗ってケントやサセックスにある小さな町へ夜間講義に出向いたが、そこで出会ったイギリス労働者家族の、ウィーンの労働者とはくらべようもない劣悪な境遇と文化的貧困のなかに、産業革命が普通の人びとの暮らしと文化に与えた破壊的影響を看取した。ポランニーのこの体験は、市場社会の興隆が普通の人びとの暮らしには「悪魔のひき臼」として作用したという、『大転換』の描写に活かされている（第4章参照）［★21］。

ポランニーは一九三七年から、WEAがロンドン大学およびオックスフォード大学の公開講座委員会と共同で組織した成人教育講座の講師になった。彼は得意とする国際関係論以外に、イギリス社会経済史の講義を行う必要に迫られた。彼は、五〇歳を過ぎてから未知の分野のイギリス経済史を学び直さねばならなかったが、そのおかげで、社会哲学や政治学に偏っていた社会科学の道具箱に経済史的視角を加えることができた［★22］。例えば、彼が『大転換』を準備する一九四三年の企画書、「大変動の起源——政治的・経済的考察——に関する著作プラン覚書」で述べているように、世界的危機を一九世紀文明の四つの制度——市場経済、自由主義的国家、国際金本位制、バランス・オブ・パワー——の危機・崩壊として叙述する『大転換』の骨格は、一九三九年から一九四〇年にかけて行われたモーレー・カレッジでの講義準備の過程で練り上げられたのであった。労働者教育のための講義やセミナーの経験は、ポランニーの研究と思考のあり方を社会哲学的なものから社会経済史的なものに転回させたのであり、彼は人間の自由の問題を社会経済史的な文脈のなかで考察するようになった。

国際問題についての旺盛な講演活動

イギリスに移住してからもポランニーは、国際情勢と各国の対応を分析した論説や小論を数多く発表している。また彼は、WEAの講師としてアメリカを訪れ、延べ三八州でヨーロッパ情勢に関する講演を行っている（Bohannan and Dalton 1965:1510）。こうした国際問題に関するポランニーの旺盛な執筆意欲と講演活動を支えたのは、「専門家だけが外交政策について有効な判断を形成できるという考え方と闘わねばならない」［★23］（Cangiani et Maucurant 2008:11）、という信念であった。ポランニーは、国際情勢に関する第一線の分析や近現代の社会経済史の最新の研究成果を成人教育の場で伝えることを自らの使命とし、世論の啓発をめざして懸命に打ち込んだ。

一九三〇年代のポランニーによる国際問題についての教育活動の成果は、コールの序文を付した『今日のヨーロッパ』（一九三七）として、労働者教育のための労働組合委員会から公刊された。この本は、一九一八年から一九三七年までの国際情勢を労働者たちにわかりやすく説明し、ヨーロッパを揺さぶっている対立の本質を解釈している。ポランニーはここで、「ソヴィエトとそれ以外の戦勝国との間の深刻な亀裂」をもたらしたヴェルサイユ体制の歪みがドイツの「ファシズム外交」に活躍の場を与えた、と分析している（Polanyi 1937:35）。『今日のヨーロッパ』は、一九三〇年代の大変動

★20　トーニーは一九二八年から一九四八年までWEAの会長を務めた。

★21　一九三七年から一九四六年までロンドン大学公開講座として行われたポランニーの講義は、ポランニー政治経済研究所のアーカイブ（15-4）によれば、「現代社会における対立する哲学」、「政府と産業」、「人間の諸制度の研究――経済と社会」、「経済、政治、社会」、「社会構造の変化」などである。これらの講義の参考文献として、コールの『社会理論』（一九二〇）、『オーウェン』（一九二三）、『雇用喪失――失業研究序説』（一九二三）、『イギリス労働運動小史』（一九二七）、『貨幣について、すべての人が知りたがっていること』（一九三三）、『資本と投資の研究』（一九三五）、そして、トーニーの『一六世紀の農業問題』（一九一二）、『宗教と資本主義の興隆』（一九二六）、『平等』（一九三一）が挙げられている。これらの文献から、コールとトーニーが、『大転換』における市場経済の興隆や社会の自己防衛、政治的民主主義と産業との対立などの叙述に少なからず影響を与えたことがわかる。

★22　これらの講義は、カール・ポランニー政治経済研究所のアーカイブに保管されているシラバスや講義ノート（15-4; 16-10; 17-1）に見られるように、『大転換』の基本構成を形成する基礎となっている。

★23　これは、ポランニーが「市民と外交政策」（一九四七）のなかで述べた文章である。彼は、民主主義が機能し労働者が社会的合意形成に参加するうえで、教育が重要である、という信念を持っていた。彼は、一九三〇年代後半から一九四〇年代前半にかけて行われたイギリスでの成人教育論争にも参加した（Mendell 1994）。

を理解するには長期の歴史的視点が必要であること、また経済と民主主義の対立に由来する現代社会の袋小路のファシズムによる解決は、経済秩序と政治秩序の分離・矛盾という市場社会の本質に根ざしていること、を指摘している。一九三〇年代のポランニーは、『大転換』で展開される国際システムの分析、とりわけ、民主主義勢力が敗退してファシズムが蔓延する大陸ヨーロッパの大変動の起源というテーマを追っていたのである。

『大転換』の執筆

『大転換』は、ロックフェラー財団から奨学金を受給して渡米した、ベニントン大学（アメリカ・ヴァーモンド州）滞在中の一九四〇年から一九四三年の間に執筆された。『大転換』の最終原稿に対して、コールは救貧法とスピーナムランド体制（一七九五〜一八三四）について、トーニーは囲い込みの歴史についてコメントを送っている（Fleming 2001）。『大転換』の最終校正を行ったのは、一九四三年一〇月にイギリスに戻ってからである。また彼は、『われわれの時代の起源——大転換』と題したイギリス版（一九四五）の刊行に向けて、最終章「複雑な社会における自由」の訂正・加筆を行い、イギリス救貧法に関する注を追加している。

ニューヨークで刊行された『大転換』の初版は、アメリカの制度主義経済学者や社会学者に歓迎された。しかし第二次世界大戦が終結した後には、市場社会の危機とファシズムの台頭という一九三〇年代の国際情勢の分析を駆使した『大転換』の意義は評価されなかった。イギリスで刊行された『われわれの時代の起源——大転換』に対する反響は乏しく、ポランニーの期待を裏切った。『大転換』が古典的名著として不動の地位を得たのは、刊行から半世紀近くを経てからである（序章参照）。

この頃のポランニーは、第二次世界大戦後の経済的・政治的制度の構築とか自由のあり方を展望する論説や草稿を書き溜めている。とくに「普遍的資本主義か地域計画か」（一九四五）や「議会制民主主義の意味」（一九四五頃）、「時代遅れの市場志向」（一九四七）では、アメリカ主導の産業社会が到来する戦後の現実を見据えて、東西冷戦の火種となる諸問題を考察している。これらの論文や草稿で考察された「産業文明と人間の自由」に関する問いは、『初期帝国における交易と市場』（一九五七）刊行後の最晩年のポランニーが最後に探求した課題でもある（第6章参照）。

4　北アメリカ時代（一九四七〜一九六四）――現代世界への関心と非市場経済の研究

コロンビア大学で一般経済史を講義

一九四七年にポランニーは、『大転換』に共鳴したアメリカの制度主義経済学者モーリス・クラークの支持を受けてコロンビア大学経済学部の客員教授として招聘されたが、そのとき彼は六〇歳を超えていた。しかし、東西冷戦の緊張と吹き荒れる赤狩り旋風のために、一九二二年まで共産党員だったイロナは入国すらできず、ポランニーもアメリカでの定住を許されなかった。このため二人は、カナダのトロント郊外のピッカリングに居を構え、コロンビア大学のそばに一時滞在用の小さなアパートを借りた。一九四七年から一九五八年までの約一〇年間、ポランニーはトロントとニューヨークの間を走る列車（一日一往復）で片道一二時間をかけて通勤しなければならなかった（メドウ・室田 1998a; 1998b）。

ポランニーはコロンビア大学で一九四七年から一九五三年までの五年間、一般経済史の講義を担当することになった。初年度の一般経済史の講義は、「社会における経済の位置」（Polanyi 1947c）というテーマに関するものであった。ポランニーは、マックス・ウェーバーの『一般社会経済史要論』とパーソンズ（Talcott Parsons：一九〇二〜一九七九）によって翻訳されたウェーバーの『経済と社会』第1部を批判的に継承し、諸社会のなかで経済の占める位置がどのように変化してきたのかについて明らかにする、「経済社会学」を内包した一般経済史を構築しようとした（第5章参照）。市場システムを複雑な産業社会における経済問題の唯一の解決策として提唱する新古典派経済学が、戦後のアメリカを拠点に興隆した状況について、ポランニーは憂慮していた。そこで彼は、新古典派経済学の対抗軸となりうるウェーバーの可能性を引き出す戦略に打って出たのである（Cangiani 2008:21）。

非市場経済についての共同研究

ポランニーは、コロンビア大学で「経済的諸制度の起源」というテーマで研究費を獲得し、「社会における経済の位置とその変化」を主題とする共同研究を推し進めた。コロンビア大学を退官した後も彼は、フォード財団の助成金で「制度的成長の経済的側面」に関する学際的なプロジェクトを組織し、同僚のピアソンやアーレンスバークらと共同研究を続けることができた。この二つの研究プロジェクトの成果は、一九五七年に『初期帝国における交易と市場』として刊行された。これによって、ポランニーは経済人類学の創設者として脚光を浴びるようになった。『初期帝国における交易と市場』の刊行を契機に、新古典派経済学の分析手法に依拠する形式主義者とそれを批判する実体主義者の論争が隆盛したことは、よく知られている。

ポランニーの死後、ロートシュティンの協力によって一九六六年に『ダホメと奴隷貿易』（邦訳『経済と文明』）が、一九六八年にドルトンの編集によって『初期、古代、近代の諸経済』が刊行された。これら書物は経済人類学者としてのポランニー像を確立したが、その反面で、彼が自分の理想を語るのが困難な現代から非市場経済に逃避したという誤解を生み出した。そして、その後のポランニー研究が、第二次世界大戦後の産業社会に内在する効率至上主義や同調主義的傾向と人間の自由との対抗に関する晩年のポランニーの考察から目を逸らす、という皮肉な結果をもたらすことにもなった（序章参照）。

『初期帝国における交易と市場』に収められているポランニーの論文、「制度化された過程としての経済」と「アリストテレスによる経済の発見」は、新古典派経済理論の「希少性」命題を非市場経済の研究に機械的に適用する当時の経済人類学の通説に挑戦すると共に、希少性による経済の形式的な意味から出発し市場経済と人間の経済一般とを混同する新古典派経済学の「経済主義的誤謬」を批判したものであった。さらに、『初期帝国における交易と市場』に寄稿した論文は、「社会における経済の位置の変化」を探るという経済に関する制度主義的な方法を内包した一般経済史を構築しようとする、最晩年のポランニーの社会科学的な構想を育んでいた。彼は、この構想を『人間の経済』という書物として仕上げる企画を持ち、原稿を書き溜めていた。しかし、『初期帝国における交易と市場』を刊行した一九五七年に癌がみつかり、ポランニーは生前に自分の手でこれを完成させることができなかった。

ポランニーの死後、イロナ夫人の依頼を受けてピアソンが編者となり、遺稿集『人間の経済』を刊行したのは一九七七年である。これによって、『大転換』後のポランニーが、現代世界への関心を放棄して伝統的経済や非市場経済の研究に没頭していたのではないことが、ある程度示された。最新の研究が明らかにしているように、『人間の経済』は、第二次世界大戦後の世界を「社会における経済の位置とその変化」という長期の歴史的視点から批判的に捉え、人類の平和と人間の自由という目的を達成するための手段として経済を制度化し社会に埋め込むための、ポランニーの知的格闘の軌跡である（第5章参照）［★24］。

新たな研究テーマ――産業社会は自由でありうるか？

ポランニーは、『初期帝国における交易と市場』の刊行によってコロンビア大学での二つの学際的なプロジェクトが終了すると、「産業社会における自由」というテーマにとりかかった。このテーマは、『大転換』でその盛衰を描いた一九世紀的市場社会とは異なる第二次世界大戦後の次のような認識に基づいている。

一九三〇年代に一九世紀的市場社会が崩壊して経済と政治が融合したにもかかわらず、第二次世界大戦後は、政治を含む社会全体において経済システムがかつてよりも優位を占め、社会の目的と価値観が経済によって決定される傾向が

★24　社会経済システムの歴史的比較分析や制度主義的方法の意識的採用は新古典派経済学を反駁するためのものであり、ポランニーは、「資本主義社会の特異性」を証明する目的で人類学と歴史的研究に取り組んだ（野口 1995; Cangiani 2008）。

強化された。効率、物質的進歩、生活の画一化、自発性に対する組織化の優位といった経済生活の価値観が、社会全体の目的をますます規定するようになっていったのである。逆にいえば、新しい社会の現実のなかに民主主義を通じて自由の領域をつくり出すというポランニーの理論的展望が、ますます困難になっていった。彼はこのような社会の現実を、「機械的社会」あるいは「技術的社会」と形容している。

原子力の平和利用を提唱したアイゼンハワー米大統領の国連演説（一九五三年）以降、ポランニーは技術的社会と人間の自由との対抗をテーマにして、「自由と技術」（一九五五）、「複雑な社会における自由」（一九五七）といった一連の草稿や講演原稿を書き溜めている。そして一九五七年には、ロートシュティンと共著で『自由と技術』という小さな本を執筆する企画をし、出版契約まで結んでいる。一九五六年から一九五八年まで週末に、当時大学院生であったロートシュティンがカナダのトロント郊外にあるピッカリングのポランニー宅に通って口述筆記した「ウィークエンド・ノート」は、『自由と技術』に関する輪郭や論点を証言する有力な資料である。『人間の経済』と並ぶ最晩年の『自由と技術』という企画は、実現されることなく未完に終わったため、その解明は近年のポランニー研究の課題となっている（第6章参照）。

最晩年のポランニーの挑戦

『自由と技術』の刊行を見送った一九五八年以後もポランニーは、ドルトン、ホプキンス、メドウ、ロートシュティン、ピアソン、ボハナンたちと産業社会の新しいあり方を研究する学際的な研究プロジェクトに取り組み、「産業社会における良き生活」の問題についての報告と討論を一九五八年から一九五九年にかけて組織した。その研究成果は、ポランニー自身の一連の草稿「アリストテレスとガルブレイスのゆたかさ論」（37-11b）、「アリストテレスのゆたかな社会論」（37-11c）として残されている。これらの産業社会の制度改革に関する研究は、「時代遅れの市場志向」（一九四七）における「技術的には効率が落ちる社会を意味するとしても、生の充足（fullness of life）を個人に取り戻させるというきわめて重要な課題」（Polanyi 1947b:116/ 訳69, 訳文訂正）、あるいは「経済決定論の信仰」（一九四七）における「産業文明を人間存在の要求に適合させるという課題」（Polanyi 1947a:96）を再展開したものである。

最晩年のポランニーの思索と研究テーマを追究していくうえで興味深いことは、彼がジャン・ジャック・ルソーの『社会契約論』の社会哲学に依拠し、ルソーの思想から「普通の人びとの生活様式としての文化」の決定的な意義を引き出したことである。ポランニーは「ジャン・ジャック・ルソー——自由な社会は可能か？」（一九五〇年代）のなかで、「ルソーは民衆（people）を発見した。民衆とは〔中略〕文化の宝庫としての普通の人びとなのである」と述べているが、このようなルソー論は「ウィークエンド・ノート」の自由論の議論にも取り入れられている。ポランニーは、普通の人びととの生活様式としての文化を基盤とすることで、自由と平等を両立させるような、あるいは、社会構成員の間の願望や理想を調整するような制度化が可能になることを強調する。そして、経済を社会にふたたび埋め込んでいくような「社会における経済の位置」の調整について、構想を練り上げていくのである（第６章参照）。

ポランニーがイロナのサポートを受けて生涯の最後に挑戦した仕事は、国際的な学術雑誌『共存（Co-Existence）』——変化する世界における経済学、社会学、政治学の比較研究誌』の企画である。この雑誌の発起人には、ジョーン・ロビンソン（Joan Robinson：一九〇三～一九八三）や都留重人（一九一二～二〇〇六）、フロム（Erich Fromm：一九〇〇～一九八〇）の名前などが連ねられている。多様な社会システムや国民国家やイデオロギーが共存する世界の制約から目を逸らすことなく、普通の人びとの生活様式や文化に支えられた多様な産業社会の可能性や人間の自由と国際平和の諸条件について、（東西や南北を問わず）世界各地から社会科学者たちが集い探究する——そのための場を提供することが、企画の狙いであった（終章参照）。

『共存』の創刊号が発行されたのは、ポランニーが亡くなった一九六四年四月二三日の直後であった。経済が社会を支配することへの根源的な批判を繰り広げたポランニーの生涯は、「人間の自由と社会的責任への関心」（Bohannan and Dalton 1965:1511）に貫かれていたのである。

ポランニーの死後、イロナは、彼が未完成の状態で残した膨大な草稿を遺稿集として刊行する企画に奔走したり『大転換』の翻訳の企画を出版社に持ちかけるなど、ポランニーの思想を世界に伝えることに力を尽くした。イロナは、遺稿集『人間の経済』が刊行された翌年の一九七八年四月二三日に、カナダの自宅で没している。

ポランニーとイロナの母国ハンガリーは、国際的な政治的緊張の高まりや世界的な経済危機の際に大きな犠牲を払わされ、民族対立の激化や民主主義勢力が敗退する歴史を繰り返してきた。ハンガリーの民主化を願い、それが世界の共存・平和の重要な条件の一つだと確信し続けた二人は、現在、ブダペストの墓地で眠っている。

第2章　ポランニーの社会哲学の源流——責任、見通し、自由

1　第一次世界大戦とポランニーの覚醒

われわれの世代の使命

一九一八年六月にガリレイ・サークルの定期刊行物『サバゴンドラ』に発表したブダペスト時代最後の論文「われわれの世代の使命」のなかで、ポランニーは多くの死傷者を出した第一次世界大戦（一九一四～一九一八）に係わった彼らの世代の苦悩を語る。

苦悩は意味を失ってしまった存在をめぐる魂の苦悩であった。人は意味を探すことが無駄になる世界のなかで生きることはできない。言葉を失うほど驚愕した個人はすさまじい大災害をじっと見つめているだけである。〔中略〕われわれは意味を欠く世界のなかで生きることができないばかりでなく、そのような世界を十分に描き出すことさえできないのである。（1-26:5-6）

ポランニーは、人類最初の世界大戦の衝撃的経験を通して得られた新しい認識——それは、彼のその後の思想的・理

論的発展にとって核心になる認識である――について、次のように述べている。

すべてを失った世界はそれと引き換えにただ一つのこと、だが豊かな収穫をもたらしうる一つのことを手に入れた。［中略］われわれに明らかになったのは、われわれがどうすれば戦争を避けることができたかではなく、これまでのわれわれの行動のすべてが戦争を避け難いものにする一因となったということである。われわれが気づいたのは、誰かが非難されるのではなく、われわれのすべてが非難されるべきだ、ということである。（*ibid.*:14）

ここには、ヨーロッパで二〇〇〇万以上の生命を犠牲に得られた第一次世界大戦の貴重な教訓として引き出した、ポランニー独自の考え方が語られている。つまり、個々の人間の行動に由来しない社会的出来事や社会的悲惨はありえず、誰もが行為の非意図的な社会的結果に対して責任を負っている、そしてそのような責任から逃れることはできない、という「新しい覚醒」と「内的知識の再生」が語られているのである。

社会的悲惨に対する責任と自由

ポランニーのこの新しい覚醒は、自由な意志を持つ人間は自らの行為が他の人びとに与える影響やその社会的結果に対して責任を負っているという、責任と結びついた彼独自の自由論の原型を内包している。ポランニーの自由論は、「責任からの自由ではなく、責任を担うことを通しての自由」（Cangiani, Polanyi-Levitt und Thomasberger 2005:24）であることによって、行為や選択が他の人びとに及ぼす影響や帰結に対する責任を問わない自由主義的思想から決定的に区別される。

このようなポランニー的自由論の源流は、「われわれの世代の使命」論文からウィーン時代（一九一九〜一九三三）の重要な草稿「自由論」（一九二七）まで、変わることなく一貫している。一九一九年にオーストリアに亡命し手術によって健康を回復したポランニーは、社会変革の試みが都市レベルで次々と実施されていく「赤いウィーン」の希望に満ちた社会主義的雰囲気のなかで、責任に基づく人間の自由という彼の思想的覚醒を拠りどころに、コールのギルド社会主義やオットー・バウアーの機能的社会主義、さらにマルクスの物象化論を評価し積極的に吸収しながら、社会主義経済の実行可能性をめぐる論戦、オーストリアとドイツにおける民主的社会主義化をめぐる議論、マルクス主義における必然性と自由をめぐる論争などに参加していくのである。

2 「ビヒモス」における科学的世界観と人間の自由

最初の本格的な社会科学的考察

ポランニー自身によって「ビヒモス」と名づけられた分厚い未完の草稿が、ウィーン時代の初期(一九二〇〜一九二二)に執筆された。「ビヒモス」は、「われわれの世代の使命」で描かれた人間の苦悩の起源をより根本的に問いその除去の可能性について探究した、彼の最初の本格的な社会科学的考察である。「ビヒモス」には、当時のポランニーの問題関心について語った次のような一文がある。

> われわれは試練の時代に生きている。六年もの間、諸国民、諸階級、諸国家、そして諸個人は耐え難くなる一方の苦難をたえず経験し続けてきた。疑いようもなく計り知れないほどの大きな苦痛。この苦悩の起源を不断に追求する取り組みをわれわれが要請されていることは、自明であるように思われる。そうすることでわれわれは、個人的また集団的に苦悩を除去できるだろう。しかし、われわれの時代の起源を知りまたそれを理解する必要性は、了解されてもいないし認められてもいないのである。
>
> (Polanyi-Levitt and Mendell 1987:22)

第一次世界大戦に始まる人間の苦悩の起源を解き明かすために執筆された「ビヒモス」は、その重要性が指摘されながらも、これまでは断片的な紹介がなされてきただけであった［★1］。「ビヒモス」は、科学的認識と倫理、あるいは客観的な科学的法則と人間の意志との対立を論じた叙述と、コールなどのギルド社会主義を吸収して新しい社会主義について論じた叙述から構成されている。前者については、草稿の重要部分が『大転換の年代記』の第三巻（Polanyi 2005）に利用できるかたちで公表されたことによって、本格的な検討が始まったばかりである。科学的認識と倫理の関連を問う叙述部分には、「科学と倫理」、「存在と思考」、「未来の科学」といった論点について考察した原稿が含まれている。「科学と倫理」（Polanyi 2005a[1920-22]）は、「科学的認識と倫理的認識の関連」、「科学的世界観と社会学的法則」、「社会学の概念」、「疎外」から構成されている。また、「存在と思考」（Polanyi 2005b[1920-22]）および「未来の科学」（Polanyi 2005c[1920-22]）は、「科学と倫理」の最初の部分への長い脚注として書かれたものである。全体としていえば、科学的認識と倫理的認識の関連に関する考察は、客観的で科学的な法則を絶対化し自由な意志や人間の理想を最小化する、実証主義的な新しい科学のあり方を批判的に検討している。

さらに『カール・ポランニーの倫理学と経済学』の著者であるバウムによれば、ポランニーは、ギルド社会主義や機能的社会主義について論じた後者の叙述部分では、分権的社会主義へのギルド社会主義的アプローチに賛成しており、社会的に必要な財を、衣食住のような個人的財、道路・建物・公園・市電のような都市のための財、鉄道・放送・郵便・航空のような社会全体のための財、と三種類に分類し、最初の二つの財は地方または地域で生産することができるが、三番目の財の生産だけは全国レベルまたは国際レベルの大規模な企業を必要とする、という議論を展開している（Baum 1996:51）。また、一九一九年から一九二三年まで続く『ウィーン・ハンガリー新聞』に寄稿した一連の論説のなかでポランニーが、このような考察に基づきながら第二インターナショナルの経済主義やソヴィエト・ロシアの中央集権主義から距離をおいた新しい社会主義論を執筆した、ということも指摘されている（Cangiani et Maucourant 2008:12）。以下では、「ビヒモス」における科学的世界観と倫理の関連についての叙述部分に焦点を当てることにする［★2］。

疎外と人間の自由

ポランニーは比較的まとまった長い論述「科学と倫理」のなかで、二つの対極的軸について考察している。一つは、人間の意志や意図から独立して存在する社会の現実と人間の自由との関連である。もう一つは、客観的な科学的認識を絶対化する新しい科学（経済学、社会学、マルクス主義の唯物論的歴史観）と人間の自由な意志や理想との関連である。前者の関連について、ポランニーは「疎外」に関する議論のなかで次のように述べている。

> 疎遠な意志が個人にいたるところで強制を加えた後に、まだ残っている自由の残余として個人の表象が生じる。個人の名目上の不可分な本質（これ以上分割できないもの）は、実際は社会的諸要素の構成であり、個人的エネルギーの出発点ではなくて社会的力が働きかける点である。個人の存在は現存する社会の現実の抽象概念である。諸個人が社会について決定するのではなく、社会が個人について決定するのである。個人の思考はガラスに映った像であり、その言葉はこだまである。また個人の意図は自分のものではなく、彼が従わねばならない疎遠な意志のもくろみである。〔中略〕私が国家や社会、党、取引、市場、学校、労働組合、社交クラブやスポーツクラブ、新聞で組織された世論、モード、礼儀作法、風習、近所住民に服従した後、まだ私の意志であるもの——まだ何らかが残っているとすれば——、それが私なのであり、私の自由な意志の領域なのである。このような控除が十分に行われると、私の自由な個性の支配領域はネクタイの色合い以上にはもはやほとんど残ってはいない。〔中略〕私は、堅固な客観

★1　ハンガリーの社会学者であるナジによれば、「ビヒモス」は、両大戦間期を代表するマルクス主義思想家のルカーチやグラムシ、ブハーリンの議論に匹敵するものである（Nagy 1994:93）。

★2　科学的世界観と人間の自由との対立についての考察と新しい社会主義についての考察が、どのような関連で叙述されているのか。この点の究明は今後の課題である。そのためにも、「ビヒモス」の全草稿の公表が望まれる。

性として存在する疎遠な意志の力が直面する、ささやかな疑問符になるだろう（傍点筆者）。

（Polanyi 2005a[1920-22]:192-193）。

ここでポランニーは、諸個人の意志や願望から自立した客観的連関が疎遠な意志として彼らに働きかけ、彼らの行動のみならず思考や意見や習慣をも決定する疎外状況について描いている。諸個人の意志から独立しているように現われ、疎遠な意志として彼らに強制を加える客観的な現実を、彼は「社会の現実」と呼んでいる。諸個人にわずかに残されている自由は、客観的な機能的連関の要請にいかに適応するかだけである。このように社会が個人のすべてについて決定するのであれば、人間の自由な意志や願望が社会的諸関係をつくるという近代的自由の概念は単なる幻想でしかない。ポランニーは、疎外された社会の現実にもかかわらず、人間はいかにして自由でありうるか、という根本的な問題に直面したことになる。

科学的法則と人間の自由

さらにポランニーは、二つ目の論点、つまり、社会的法則を絶対化する新しい科学が人間の自由な意志や理想、内的認識を排除し否定してしまう危険について考察する。とくに社会学による社会的法則の発見や経済学による需給法則の描写は、人間の意志や願望が社会を形成するのではなく、その逆に人間の意識や願望が社会的環境によって決定される、という認識を助長する。その結果、新しい科学による客観的な社会の現実と科学的法則の強調は、人間の自由の領域を著しく縮小させることになる。このように、新しい科学は社会における法則や客観的連関の発見に努めるが、人間の自由の拡大には関心を示さない。新しい科学が歴史の発展法則として、「未来の科学」という信仰として社会的に受け入れられるようになると、人間の自由な意志や理想が社会を形成するという認識はますます後方に退けられて、未来なるものが現在の人間の行為に対する審判者として現われることになる。ポランニーは「未来の科学」のなかで、「人間の歴史が人間の意志と行為から独立した法則によって支配されるという信仰」を拒絶して、次のように指摘している。

人間は、彼がかつて神の存在を信じたように、現在は発展を信じている。しかし、神は人間の心のなかで生きるものであり、われわれは神の法則を魂のなかに読み取ることができる。［中略］（これに対して）発展は未来に生きている。［中略］人間の歴史が人間の意志や行為から独立した法則によって支配される、という信仰ほどばかげた迷信は未だかつてない。［中略］われわれをどこかで待ち受けている、というような未来の概念は無意味である。なぜなら、未来というのは、今も後にも存在しないからである。未来とは、現在に生きる人びとによって絶えずつくり直されるものである。現在だけが現実である。現在のわれわれの行為に対して影響力を持つ未来など、どこにも存在しないのである。（Polanyi 2005c[1920-22]:210-212）

ポランニーは、マルクス主義が主張する歴史発展の科学的法則を認めない。というのも、未来の社会的現実は本来、現在生きている人びとの選択と行為によって絶えずつくり直されるからである。だからこそ、人間の現在の意志や行為や選択は未来に責任を負うのである。ポランニーは、倫理的観点から人間の自由の意味を考察し、人間の歴史の科学的法則の存在を強調するような決定論的見方を拒絶する立場を際立たせている（Baum 1996:21）。決定論的な見方は、歴史の科学的法則によって社会が構築されると認識しているので、客観的で必然的な法則を発見することを社会科学の主要課題として受け止める。そして、法則に従い法則を積極的に活用するように人間に促すことを人間の自由の発展である、と理解している。そのような社会科学はしばしば、苦悩とその起源を除去しようとする人間の積極的な関与を認めず、人びとに苦悩の現実を科学的法則の結果として受け入れるように説教するのである。決定論的な見方は、社会の現実に制約されながらも人間の自由な意志を通して現実に働きかけ、未来の形成に対して責任を負う、という人間の自由の倫理的意味を排除する。ポランニーは自由の倫理的次元の復権を訴えるが、このような自由の認識はその後の彼の社会科学的思考における不変の特徴を成していくものである。

意図的行為の非意図的結果

ポランニーは、科学的認識の絶対化、および諸個人の意識や意図から自立化した社会の現実が人間の自由を破壊する状況を乗り越えねばならないとし、その手がかりを、客観的現象が人びとの意図的行為の非意図的な副産物であることに求める。彼は「科学と倫理」のなかで次のように述べている。

> 多種多様な形態で観察されるまったく自然発生的な現象がある。それは、法則によって支えられることはないが、例えば市場や人通りや世論のように客観的な存在として個々人に向かってくる。〔中略〕そのような現象が客観的に存在することは疑う余地がなく、それはもっぱら人間の関与から生じているけれども、人間の意志から独立しているように見える。〔中略〕社会学の自然必然的な法則は、そのような現象のなかに強力な支柱を見出す。そういった法則が人間の意図にまったく依存していないといっても、それは外観だけである。それらは、意図された行為の自分では気づかない副産物として起こるのであって、意識的な意図の追求から無意識的に生じるのである。
>
> (Polanyi 2005a[1920-22]:190)

ポランニーは、客観的に見える社会関連や制度が意図された行為の非意図的な副産物として発生することを強調している。つまり、大部分の社会学者は、社会の現実を人間の行為の非意図的な副産物として認識しながらも、研究の重点を社会的現実の客観性の究明に置くのに対し、彼の社会科学的考察は、人間の非意図的な副産物としての社会の現実と人間の自由との関連を問い、自立的に運動するように見える社会現象や経済現象を克服する道を探るのである。

人間の課題としての三つの問題

ポランニーは、「ビヒモス」の「存在と思考」のなかでこの問いを、人間の自由と客観的な社会の現実との関連に係わる古くからの三つの問題として考察している[★3]。すなわち、①人間の意志の自由は存在するか、②理想や願望といった価値の有効性を定める力が各人にあるか、③各人から完全に切り離された客観的な社会の現実があるか、という問題がそれである。これらは、実証主義的で客観的な科学的法則を絶対的に重視する当時の社会学や経済学から排除されてしまう問題である。

ポランニーによればこれらの問題は、「存在するか、それとも存在しないか」という論法で答えられるべきものではなく、「人間の課題」として受け止められるべきものである。すなわち、「意志の自由は存在するのでも存在しないのでもない。それは人間の課題である。価値が有効かどうかは、あるか、ないかというものではない。それは人間の課題である。人間社会の客観的現実もまた、所与のものでも非所与のものでもなく、その克服は人間の課題である」(Polanyi 2005b[1920-22]:204)。

第一の問題、人間の意志は自由であるか、それとも何を欲すべきか命じられねばならないのか、という問いに対して、ポランニーは次のように解答する。意志の自由に対する信頼が高まれば高まるほど、意志の自由に対する制約は遠のいていく。したがって、「われわれの意志の自由は、われわれが絶え間ない努力で不断に営為すべき課題である」(*ibid.*:205)。

第二の問題、われわれの理想や内的願望といった価値が妥当性を持つか否かという問いに対して、ポランニーは次のように解答する。ナザレのイエスの孤独な理想が多数の人びとによって共有され広がったように、ただ責任だけが価値

★3　バウムの先駆的研究(Baum 1996:22)によれば、ポランニーはこれらの三つの問題に対して、「親しい人びととどう関係したらよいか、隣人に対してどのような行動をしたらいいか、自分自身に対してどのような自己批判的な態度をとりうるのか、といった日常生活の倫理的課題」の観点から解答を与えている。しかし、本文で検討したようにポランニーは、自由な意志と疎遠な社会の現実との対立という視点から、三つの問題を人間の課題として、人間の自覚の問題として捉えたのである。

や理想に有効性を与える。

われわれは、尽きることなく自分たちの内的願望に責任を付与することによって、自分たちの世界を創出していかねばならない。それゆえ、われわれのなかで良きものとして生きているものすべてが、世界で存在を獲得すべきである。価値に有効性を与えることは、人間が実現していかねばならない課題なのである。（*ibid.*:206）

第三の問題に対してポランニーは、「われわれが自分たちに関する重要な決定を自分のものではない意志に委ねることなく、社会に対して自分を守り自分の範囲を擁護すればするほど、社会の客観的存在は現実のわれわれにとって少なくなっていく」（*ibid.*:206）、と解答する。ここでのポランニーの解答は、驚くほど主意主義的で規範的である。彼によれば、意志の自由あるいは人間の理想は、その存在が統計的手段などによって客観的に証明されうる事実ではなく、人間の課題として存在するものであり、人間の意識変革に係わる問題である（Cangiani, Polanyi-Levitt und Thomasberger 2005:17）。だからこそポランニーは、科学的認識の絶対化が人間の自由に対する脅迫に通じていると考える。後に「自由論」で明確に語られることになるように、彼は社会科学の課題を、法則の発見ではなく人間の自由を拡大することのなかに見出していく。

「ビヒモス」においてポランニーは、当時の社会科学、とりわけ歴史法則や経済法則の必然性に固執するマルクス主義と実証主義的な科学的世界観に倫理的な人間の自由の観点が欠落していることを強調した。意志を持つ自由な存在であるからこそ人間は、自己の行為が非意図的結果としてつくり出す社会的法則に対して責任を負っていること、そのような法則が疎遠な意志として彼の自由な意志を支配する社会の現実に立ち向かえる存在であること、したがって人間は、必然性の法則を自明のものとして受け入れる受動的な存在ではなく、未来の社会的現実の構築に影響を及ぼしうる積極的な存在であること、——こうした点に「ビヒモス」は焦点を当てているのである。

ウィーン時代の初期のポランニーを回想して、妻イロナはこう証言している。

一九二一年当時、カール・ポランニーはトルストイの哲学から遠ざかり始めた。人間の社会の現実、人間の社会との避けることのできない係わり合い、人間の行為や不作為が社会に与える影響とその反作用――こういったことが彼の思考の中心となった。

(Ilona 2006[1971]:310)

「ビヒモス」での社会科学的考察を経たポランニーは、当時ウィーンで盛んに議論されていた社会主義経済の存立可能性をめぐる論争に対して、人間存在の倫理的側面を強調するかたちで係わっていくことになる。市場社会にとって代わりうる社会主義の可能性の問題は、当時の若者や知識人の最大の知的関心の一つであった。

3 機能的社会主義システムと社会主義経済計算――数字による見通しと自由

社会経済の複雑さと機能的社会主義

機能的社会主義についての理論的苦心や見通しを通じての自由といったポランニーに独特の概念は、複雑な社会経済のもとでは市場経済が唯一可能な経済システムであるというミーゼスの命題を批判することを意図している。著名な論文「社会主義共同体における経済計算」(一九二〇)のなかでミーゼスは、封建的家計のような単純な経済と高度に分業が発展した複雑な二〇世紀の社会経済とを比較し、前者では貨幣計算のない経済管理が可能だが、後者では市場や交換価値がなければ経済計算ができない、と分析する。そのうえでミーゼスは、経済計算を欠く社会主義経済は成り立ちえないという命題を繰り返し展開した。これに対してポランニーは、ミーゼスが提起した社会経済の複雑さという論点を共有しながらも、財の交換価値や生産手段の私的所有に基づく市場経済だけが複雑さの問題を解決するとは考えない。ポランニーは、機能的組織間の交渉や調整に基づく機能的社会主義モデルに立脚した経済計算の可能性を検討し、経済の複雑さを透明化する制度的な工夫を提案する。

アソシエーション間の闘争・交渉・合意

ポランニーは、ミーゼスからの批判に応えた「機能的社会理論と社会主義の計算問題」（一九二四）のなかで、機能的諸組織間の闘争は見通しと透明性が確保されている限り、交渉を通して機能的均衡（闘争の合意による解決）に到達しうる、と再度、反論している［★4］。

ポランニーの「社会主義経済計算」は、この論文で前提とされている機能主義的合意形成を説明した論文「機能的社会理論と社会主義の計算問題」［★5］と補完的関係にあり、両論文を一体的に読む必要がある。「機能的社会理論と社会主義の計算問題」は、ミーゼスによって引用され批判の的になった「社会主義経済計算」の注部分にある次の文章の命題を、より詳しく展開した論文である。

> 同一の人間集団の諸機能を代表するもの（アソシエーション）が互いに解き難い矛盾に陥ることは決してない。これはどの機能的社会体制にとっても基本的な理念である。
> （Polanyi 2005d[1922]:97）

「社会主義経済計算」のなかで、生産と消費という個人の二つの主要な経済的動機と、これらを代表する生産者アソシエーションと消費者アソシエーション［★6］の闘争との関連を言及した箇所は、この文章だけである。「機能的社会理論と社会主義の計算問題」においてポランニーは、二つのアソシエーション間の対立を、上位にある自分たちに疎遠な組織間の闘争ではなく自分自身の内的な対立の反映として諸個人が認識し対応するロジックについて説明しようとする。

彼は、アソシエーション間の闘争が動態的な均衡に到達する根拠を、諸個人の内的動機が二つの異なるアソシエーションによって代表されていることに求めている。

生産者としての人間と消費者としての人間は、二重の基本的動機を代表するのであるが、これら二つの動機によって同一の生活過程、すなわち、個人の経済生活が規定されている。それゆえ、これらの動機から生じる諸要求は、原則として、互いに均衡している。（Polanyi 1979a［1924］:86／訳149）

しかし、これだけでは、諸個人がアソシエーション間の対立を自分の内部の葛藤を反映するものとして理解するには

★4　ミーゼスの批判の要点は、ポランニーのいう二つの機能的組織であるコミューンと生産者アソシエーションとの闘争は解決しないだろう、というものである。これに対してポランニーは、ミーゼスの指摘が問題の核心に触れていると認めたうえで自らの機能的社会理論の原理について説明を補い、機能的均衡の可能性を議論している。

★5　「機能的社会理論と社会主義の計算問題」は慎重に読む必要がある。この論文は、コミューン、生産者アソシエーション、消費者アソシエーションから成る三機能的組織モデルを説明していない。そこでは、政治的次元のコミューンと経済的次元の消費者アソシエーションを同一視して、機能的社会理論を二機能的組織モデル（生産者アソシエーションと消費者の利害を代表するコミューンとの闘争の解決）から説明している。さらに同論文では、機能的社会が機能的諸組織への参加を通じて人びとの責任、権利、社会的義務といった倫理をつくり出す、という重要な論点への言及が見られない。したがってこの論文だけでポランニーの機能的社会主義像を理解しようとすると、誤解の恐れがある。

★6　ここで意訳して生産者アソシエーション、消費者アソシエーションとした原語はそれぞれ Produktionsverband, Konsumentenorganisation である。これらには通常、生産団体、消費者組織の訳語が当てられる。しかし、団体や組織といった用語では、ポランニーがコールの機能的社会理論を意識的に継承しており、機能的民主主義の導入によって複雑な社会経済における見通しを高め、人びとがいくつかの機能的に組織されたアソシエーションに属することを通して討論と意志決定に参加する、といった彼の機能的社会主義についての構想を伝えることはできない。アソシエーションとは、人びとが私的利害ではなく、生産する、消費する、住まうといった共通の機能（function）の達成を目的に組織される機能的組織である。人びとは、ただ一つのアソシエーションではなくいくつかの複数のアソシエーションに参加し、機能的組織の管理・運営に携わることで、行為や決定への責任や社会的義務を身につける、と想定されている。

不十分である。そのためには、アソシエーション間およびアソシエーション内の議論と交渉、決定のプロセスの透明性が確保され、諸個人が責任を持って経済と政治に係わる討論に参加できる条件が保障されねばならない。ポランニーは、闘争の合意による解決（機能的均衡）は社会的諸関係の透明性の程度に依存する、と考えている（*ibid*.:87/ 訳151）。機能的社会主義のシステムによって経済過程の透明性が確保されるならば、諸個人は所属するアソシエーションの意志決定のプロセスに参加することができ、「個人は、自分の種々の機能的代表を通して自分自身と対決する」（*ibid*.:87/ 訳150）という理解を持つようになる。機能的社会主義のもとでは諸個人は、労苦の軽減（労働時間の短縮）か消費の拡大か、あるいは労苦の軽減か社会的公正と福祉の向上かといった、選択をめぐる議論と決定に参加する責任と自由を有しているのである。

機能的社会主義の制度モデル

ここで注意すべきことがある。それは、「社会主義経済計算」においてポランニーが、機能的社会主義の「政治的・組織的理論」を展開することによって社会主義経済計算の問題の解決を提案していることである。ポランニーはこの論文の最初の部分で、機能的社会主義の経済理論と政治的・組織的理論を区別し、「経済について数字で表わした見通し（Übersicht）」（Polanyi 2005d[1922]:78）である経済計算の問題は後者の視角から議論できる、と述べている。社会主義経済論の展開は今後の課題であって、この論文の目的は、機能的（ギルド的）社会主義モデルの基本的命題を明らかにすることである。このようにポランニーは、自身の社会主義論を限定された視角からの試みとして位置づけている（Polanyi 2005d[1922]:72/ 訳41）。

ポランニーの機能的社会主義のモデルはコミューン（自治共同体）、生産者アソシエーション、消費者アソシエーションという三つの機能的組織から編成され、共同体（Gemeinschaft）はこの三つの組織から成る、と想定されている。しかし、「機能的社会理論と社会主義の計算問題」のなかでは、ポランニー自身が消費者アソシエーションをコミューンと同一視し、機能的社会主義を生産者アソシエーションと消費者アソシエーションの二つの機能的組織から説明しているために、多くの研究は、この二つの機能的組織間の合意形成の問題として機能的社会主義論を理解してきた。しかし、この理解では、生産者と消費者との対決に焦点が絞られてしまい、人類の理想の実現のために経済に追加的犠牲を要求するコミューンと労働の犠牲の縮小を要求する生産者アソシエーションとの対決という、機能的社会主義の核心的論点が見過ごされてしまう恐れがある。「社会主義経済計算」におけるポランニーの真の意図を理解するには、政治的次元に属するコミューンと経済的次元に属する消費者アソシエーションとを区別し、機能的社会主義を三つの機能的組織の編成として理解することがぜひとも必要である。

図2-1に示されるように、第一の機能的組織であるコミューンは市民の利害を代表する政治的機関（市民代表会議）であり、社会的公正という共同体のより高い目標を追求する役割を担う。コミューンの具体的な形態としては、水、ガス、電気、地方交通のような地域的インフラや、学校、劇場、図書館などの地方の文化的必要物、教育、交通、健康といった社会的消費を担う地方的コミューン、民主主義的地方政府、機能的法治国家、労働者代表評議会（ソヴィエト）、社会主義国家などが考えられる（Polanyi 2005d[1922]:96）。次に、第二の機能的組織である生産者アソシエーションは、工場、事務所、官公庁で働く労働者の民主的代表として産業部門を管理し［★7］、最大の生産性を追求する役割を担う。具体的には、個々の生産者アソシエーションが産業別に州または県のレベルで結成され、州の生産者アソシエーションはすべてのアソシエーションを代表する生産者アソシエーション会議を結成する。この全国会議は全産業を代表する機能的組織である。生産手段の所有権はコミューンに属するが、生産者アソシエーションには生産手段の利用方法を決定する権限がある。そして、第三の機能的組織である消費者アソシエーションは、さまざまな消費者協同組合の形態をとって個人的消費者を代表し、財やサービスの品質を追求する。

ポランニーの機能的社会主義モデルでは、生産者のアソシエーションが労働時間と労苦の縮減を要求し、消費者のア

★7　生産者のアソシエーションは、労働組合、労使協議会、ギルドから構成される、とされる。

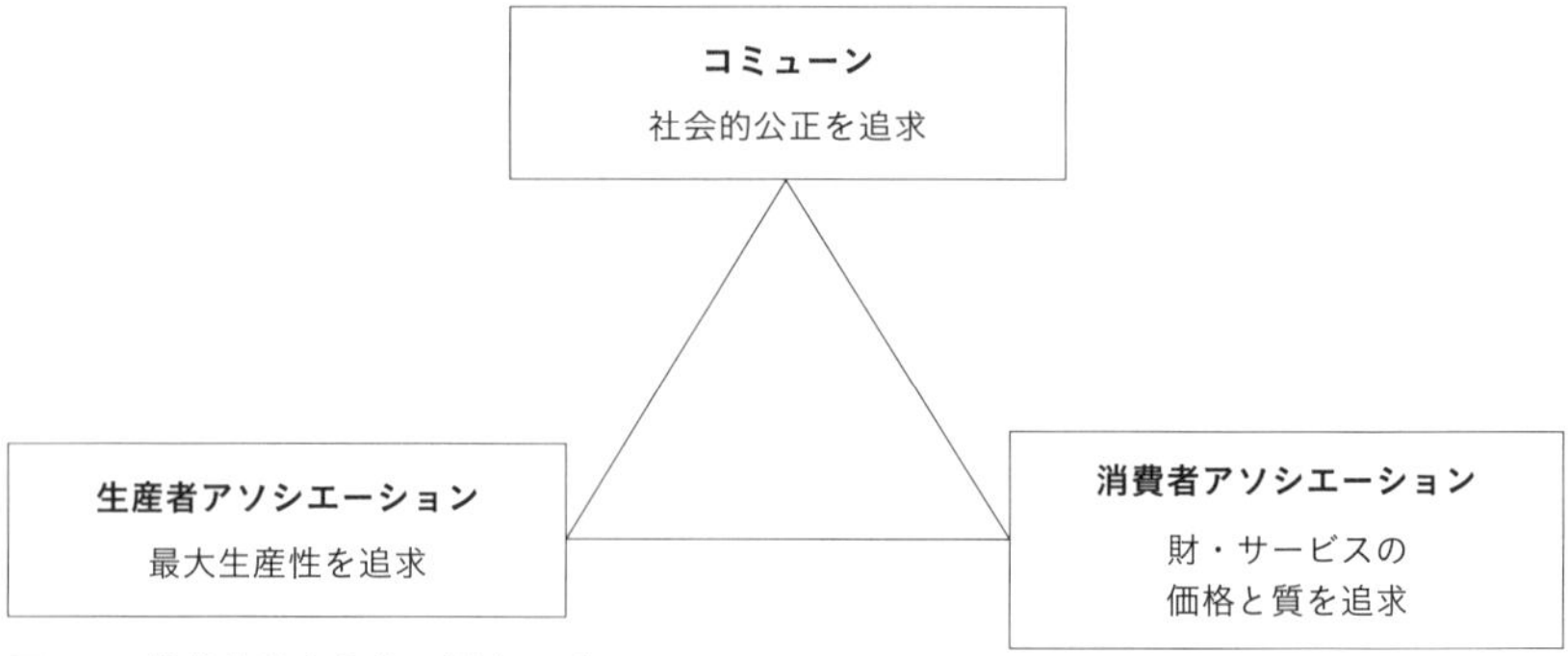

図 2-1　機能的社会主義の制度モデル

ソシエーションがより安くより質の良い財を要求し、そしてコミューンは健康や教育といった公共サービスの向上のための投資を要請する。社会的公正には社会のなかで財を公正に分配するという原則が含まれており、この原則を保障するためには公正な賃金と消費財の公正な価格が決められなければならない。基本賃金はコミューンと生産者アソシエーションとの交渉によって決定され、年齢や技能に応じた賃金の等級づけは生産者アソシエーションの会議で決められる。戦略的原材料や生活の基本財（食糧と住宅）はコミューンと生産者アソシエーションとの協定で決定され、消費財の価格は生産者アソシエーションと消費者組織の協定で決められる［★8］。このように三つの機能的組織がそれぞれの立場から利害を主張して対決と交渉を行うならば、システム全体のレベルで社会的合意はつくり出されるだろう、というのがポランニーの見解である。

当時、ポランニーの社会主義セミナーに学生として参加していたフェリックス・シェーファーの回想録（29-10:14-15）によれば、消費者は市場での財・サービスの購入に用途が限定された貨幣（後年のポランニー貨幣論でいえば、特殊目的貨幣）を持ち自由に購買を選択できる、と想定されていた［★9］。また、消費財の暫定価格は生産者アソシエーションと消費者アソシエーションの団体交渉によって決められるが、「最終的な均衡価格は、消費者の選択の表現を反映するため、暫定価格から乖離する」、とも想定されていた（Mendell 1990:70）。団体間の交渉と消費者の選択という二重のチャネルを通じて価格が決定されるポランニーの機能的社会主義モデルは、中央集権的な計画経済モデルではなく、分権的な経済モデルを示している（西部 1996）。

最大生産性と社会的公正

さて、ポランニーのいう社会主義経済とは、最大生産性と社会的公正（soziales Recht）という二つの要請の実現を目標とするすべての経済を指す。最大生産性は、生産の自然的過程が原則的に最小の費用で行われることを意味しており、「生産の技術的問題は、生産物の生産と関連する労働や土地の犠牲が最小になるときにはじめて解決される」（*ibid.*:88）のである。社会的公正は、共同体としての社会主義において達成されるべき理念を表現する概念であり、具体的には、①年齢、性別、功労、家族状況や子供の数に応じた生産物の公正な分配、および②社会的・共同的利益の観点から行われる生産調整、という二つの要請を含んでいる。

ポランニーによれば社会主義経済計算にとって重要な問題とは、技術的視点から必要となる労働や農地の犠牲よりも多くの犠牲を生産過程に求める社会的公正の要請を、費用として可視化することである。ポランニーは、最大生産性の要請に照応する犠牲を自然的費用、社会的公正の経済への介入が新たに生み出す犠牲を社会的費用と名づけ、社会主義の原理に由来する二つの費用を区別して表わすことを、経済計算の実践的な主要な課題として位置づけている。

★8　協定価格と固定価格という二つのタイプの価格制度の共存が、ポランニーの機能的社会主義モデルを特徴づける（Maucourant 2005:161）。固定価格は、社会的公正を考慮してコミューンと生産者アソシエーションの間で決められるが、協定価格は、生産者アソシエーションと消費者アソシエーションとの交渉で決まる、とされる。

★9　シェーファーによればポランニーは、一方が卵、他方がバターを生産する二つの国営農場と、購買力のみを代表する貨幣が与えられた多数の消費者を想定して、財の価格形成を次のように説明した（29-10:10）。「さて、すべての消費者は、独力でどれだけの卵そして／あるいはどれだけのバターを購買したいか、計算することができる。その結果、卵とバターの総需要が明らかになる。たとえば卵の需要が供給を超えるならば、供給と需要が均衡するまで、価格は次第に上昇するだろう」（Dale 2010:26）。

当該費用の発生理由	費用項目	勘定	費用部類	作用の種類
1 公正な分配	1 賃金 2 現物給付	自然 社会	純自然的 社会的	枠組み 介入
2 生産の公益的方向への調整	3 社会的原料価格 4 追加費用	自然 社会	純自然的 社会的	枠組み 介入

表 2-1 生産費用への社会的公正の作用　出所：Polanyi 2005d[1922]:104/ 訳 54

したがって、社会主義経済計算から見たポランニーの機能的社会主義モデルの特徴は、生産に係わる自然的費用と社会的公正に係わる社会的費用を区別する点にある。自然的費用は、生産過程を通じて生産団体が負担する費用、賃金（労働の犠牲）、生産手段の摩滅、原料価格の総計である。社会的費用は公正な分配と生産の公益的な方向を追求することにともなう費用であり、具体的には、生存権の保障や社会的に必要だが技術的に非生産的な産業分野の支援などが含まれる。自然的費用と社会的費用を区別して数字的に把握することが、ポランニーが把握した社会主義経済計算の実践的な主要課題である。

ところで、中央計画経済ではなく機能的組織から構成された分権的な社会主義モデルであるからこそ、生産にともなう二つの費用を区別できる、とポランニーは繰り返し強調している。表2－1に見られるように、公正な分配から発生する費用項目と生産の公益的方向への調整から発生する費用項目のうち、賃金と原料価格は、費用原理（川上から川下への諸費用の合計可能性）を損なわないという理由で「枠組み費用」と規定され、生産費に加算される純自然的費用に分類される。他方、社会的公正の作用から生じる生産費のうち負担金と追加費用は、費用原理を損なうという理由で「介入費用」と規定され、社会的費用の項目に分類されてコミューンの負担となる［★10］。例えば基礎的生産単位は、技術的に不利な生産条件から生じる追加費用や、生産した財の無料あるいは原価での生産者・消費者への分配（例として、近隣の乳児への原価での牛乳の販売が指摘されている）から生じる費用を社会的費用の勘定に計上し、コミューンに負担させることができる。

ポランニーにとっては、基礎的生産単位から出発して、最終的には生産者アソシエーションの負担となる自然的費用とコミューンの負担となる社会的費用とを区別できる仕組みを構築することが、社会主義経済計算問題の基本的な解決である。また、自己管理的な基礎的生産単位とその総体である生産者アソシエーションは、社会的公正の要請（社会的費用）と投資の要請をまかないうるだけの剰余を生み出す必要がある。ポランニーの提案は結局のところ、①コミューンと生産者アソシエーションを機能的に区分することで自然的費用と社会的費用を区別すべきであり、②社会的費用と生産財の蓄積を、生産費を超えて引き出される剰余の合計がカバーしなければならない、という二点に要約されるのである（Maucourant 2005:162）。

理想のための費用と人間の自由

最後に、機能的社会主義と社会主義経済計算についてのポランニーの議論を以下のようにまとめることができる。社会主義経済計算論争に参加した頃のポランニーは、コールの機能的社会論（あるいは闘争の合意による解決）と高い見通し（透明性）のもとでの経済計算の可能性をつなげることによって、新しい社会主義の構想を提起したのであった。ポランニーは社会主義経済計算を、「過去の家計経済に存在していたような見通し（overview）を近代の複雑な経済において再創出するためのメカニズム」（Dale 2010:30）として位置づけた、ということができる。この透明性のメカニズムは、社会主義における自由の意味を新たに、しかも独創的に議論できるようにしたのである。

ポランニーは「社会主義経済計算」の結論的部分で、社会的公正という「社会主義の政治的・道徳的側面」を実現させる数字による見通し（経済計算）に関連させて、次のように述べている。

★10　社会的公正の観点から行う経済への働きかけがどのくらいの費用や負担を発生させるのか？　ポランニーは、この点の透明さを獲得することを社会主義計算の問題として重視する。そして、費用の加算性原理に抵触しない社会的公正の作用を「枠組み作用」、費用原理を損なうものを「介入作用」として区別して計上するよう提案する。ポランニーによれば、枠組み作用と介入作用とを区別することが、社会主義経済における合理的な経済計算の見通しの問題にとって重要な課題なのである。

人類は、自分の理想のためにどれだけの費用がかかるかを自ら知っている場合にのみ自由であるだろう。そのときにはじめて人類は、理想の実現にとって何が問題かといえば自分自身だけなのだ、との理解を学びとるだろう。しかし、その際、人類は自らの理想を実現する力をも見つけ出すだろう。なぜなら、もたらされるべき犠牲と理想の実現の途上で期待できる進歩との間で、直接的で制御可能な、細部にいたるまで数字によって追跡しうる連関が透明になりうる場合にのみ、われわれ人間は自らの内なる機動力を展開して、〔中略〕さらに先へと進むことができるからである。

（Polanyi 2005d[1922]:109/ 訳58-59）

ポランニーは、社会主義の理想をスピーディに実現していくことが自由の実現であると考えたのではない。人びとが、共同体の理想を実現するのに必要なコスト（労働と自然の犠牲）とそれによって期待できる進歩との連関を、数字で表わした見通しを通じて理解し、進歩のための政策を実行するか否かという選択肢について自主的に選択し、選択した結果について責任を負う――これが、人間の自由の意味なのである。彼にとって社会主義経済計算は、二〇世紀の複雑な社会経済において、経済過程の見通しを高めることにより市場や交換価値に依存するのとは別の仕方で自由を実現する、そのための道具であった、ということができる。

4 「自由論」における社会的客体化、透明化、社会的自由

マルクスの物象化論を手がかりに

ポランニーが自由の問題を本格的に考察するうえで拠りどころにしたのは、マルクスである。ポランニーが、マルクスの疎外論と物象化論をどのように解釈したのか、彼とマルクスの違いはどこにあるのか、といったことを明らかにす

るほとんど唯一の文献である「自由論」（一九二七）は、物象化（Verdinglichung）された見せかけの現実としての社会と人間の自由な意志・願望との対立、という図式によって展開されている（Thomasberger 2005b）。

ポランニーの「自由論」は、彼がこの草稿の冒頭で述べているように、当時の社会主義者が社会主義の究極目標として拠りどころにしていた、必然の国から自由の国への飛躍に関するエンゲルスの命題［★11］に疑問を投げかけ、『空想から科学への社会主義の発展』の末尾の文章で描写された「自然法則的な意味において必然的、つまり決定論的と考えられる」（Polanyi 2005g[1927]:137）社会主義像にとって代わる、新しい社会主義像を構想したものである。

ポランニーはこの草稿のなかで、新しい社会主義を、所有関係の変革や生産手段の社会化といった観点からではなく、彼独自の概念である「社会的自由」によって定義し、人間の永遠の課題として「社会主義の倫理的理念」を提唱する。彼が拠りどころにするのは、「社会的生産と資本主義的領有の矛盾」から社会主義の必然性を論じたエンゲルスの『反デューリング』第三篇「社会主義」や『空想から科学への社会主義の発展』ではなく、資本主義経済の物象化された社会的現実を解明したマルクスの『資本論』、とくにその第一部第一章の商品論である。ポランニーがマルクスの物象化論から出発して自由論を論じるのは、価格、資本、競争、利子といった個々の人間の意志や願望から独立した客観的存在が影響力を持ち、人間の意志ではなく価格や利子率が財や労働や資本の用途を決定する、資本主義の現実と必然性を理論的に解明して実際に克服することが新しい自由と社会主義に通じる、と考えているからである。

ポランニーは、客観的存在が影響力を持ち、人間の自由な意志が単なる見せかけでしかないような資本主義の社会的

★11　ポランニーがここで問題にしている、必然の国から自由の国への飛躍に関するエンゲルスの文章とは、おそらく『空想から科学への社会主義の発展』末尾の次の一文であろう。「人間は、自分自身の社会的結合の主人となるからこそ、まだそうなることによって、今やはじめて自然の意識的な、本当の主人となる。［中略］人間は、十分に意識して自分の歴史を自分でつくるようになる。［中略］これは、必然の国から自由の国への人類の飛躍である」（『マルクス＝エンゲルス全集』第一九巻、大月書店、二二三頁）。ポランニーはこの文章のなかに、決定論的社会主義とは別の意味、すなわち、人間相互関係の本質に関する認識を読み取り、この認識を発展させることの重要性を指摘している。

現実を、次のように描いている。

ここでは「資本」と「労働」は客観的実在である。それらは、個々の資本家や労働者の意志から独立して相互に対立している。そればかりか、資本は利子を生み、市場では供給と需要が一致し、恐慌が生産の進行を中断させる。手持ちの機械と原料、利用可能な労働力と未充足の緊急の需要があるにもかかわらず、生産装置は麻痺したように停止したままで、この世の権力ではそれを動かすことができない、ということが繰り返し起こる。人間の意志ではなく、価格が労働の方向を決定する。人間の意志ではなく、利子率が資本に命令する。資本家は、競争の法則に対しては労働者と同様に無力である。労働者も資本家も、そもそも人間は、経済の舞台では単なる端役として現われる。競争、資本、利子、価格などだけがここでは実効的で現実的であり、社会的存在の客観的事実なのであって、人間の自由な意志はもはや一つの幻覚、単なる仮象でしかない。

(Polanyi 2005g[1927]:138-139)

さらにポランニーは、人間の意志に依存しない生命のない客観的存在が人間を指揮・支配する疎外された現実がいかに生じたかをマルクスに従って問い、「財産所有者と財産のない者との関係(資本関係)や、労働する人間が所有者の私的所有によって相互に分離されている分業的社会における労働者相互の関係」(*ibid.*:140)が商品価格や資本や利子といった資本主義の社会的現実の根源にある、という説明を与えている。ただし、ポランニーにとって、疎外され物象化された客観的存在がいかに生まれたかを解明することは、さほど重要ではなかった。彼は、客観的存在の社会的必然性とそれが持っている法則性を克服して人間の自由な意志の領域をいかに広げていくか、という問題に最大の関心を持ち、自由論として展開してゆくのである。

ポランニーにとって社会主義は、資本主義の疎外された客観的現実を後退させて人間の自由な意志の領域を実際に広げていく努力を意味していた。彼は、マルクスによる資本主義の物象化論のなかに、価格変動による自由な人間的意志の制限や、賃労働の本質に含まれている不自由に対する批判を読み取り、それを通して引き出した倫理的意味を自身の自由論の手がかりとしたのだった。

社会的自由の提起

ポランニーが物象化論に含まれる倫理的意味を大きく引き出すうえで理論的支柱になったのは、「一方では、ⓐ社会的な結果をまったくもたらさないような人間の行動など存在しないし、他方では、ⓑ社会のなかでは、何らかの仕方で個々の人間の行動に基づくことがないような存在や権力、構築物、法則も存在しないし存在しえない、という二重の認識」（*ibid.*:146-147）である。このようにポランニーは、個々の人間の行為と社会における権力・構築物・法則との分かちがたい結びつきを強調し、これを「人間と人間との実在的関係」（*ibid.*:146）として把握する。

ⓐの命題は人間のいかなる行為も例外なく他者の生活に影響を及ぼすことを、そしてⓑの命題は、交換価値や資本、市場や国家、法といった個々の人間の意志から独立した客体化（Objektivation）や物象化が個々の人間の行為の結果として生じることを示す。ポランニーによれば、この二つの命題を受容するところから社会的自由の概念が新たに生まれる。ポランニーにあっては、社会の発見と社会的自由の概念の提唱とは一体的な関連にある［★12］。

社会主義者にとって「自由に行為する」というのは、われわれが人間の相互的関連——その外部にいかなる社会

★12　ポランニーにあっては、社会の発見と自由の発見は同時なのである。友人ワンク宛の手紙（一九二五年）に、これを端的に描写する文章がある。「社会という事実にもかかわらず、われわれはいかに自由でありうるでしょうか。［中略］ここで私が自由といっているのは、［中略］われわれが他者の生活から織り成されている存在だという事実や他者と係わり合っているという事実を否定することによって、われわれ自身を社会から捨象することを意味するわけではないのです。そうではなく、家庭内部の生活と同じように社会を『透明化すること』をめざすこと、それによって現実に自由であるかどうか、が問題なのです」（Polanyi 2000[1925]:317）。

的現実も存在しない――に関与することに対して責任があるという事実、まさにこのことに対して責任を担わねばならないという事実を意識して行為する、ということである。自由であるというのは、それゆえここではもはや典型的な市民のイデオロギーにおけるように義務や責任から自由であるということではなく、義務と責任を通して自由であるということである（傍点原文）。（*ibid.*:147）

ここでの責任を通しての自由［★13］とは、「社会的結びつきの基本形態」（*ibid.*:147）、あるいは人間の「社会的存在の被制約性」（*ibid.*:143）が人びとにとって目に見え実際に体験されることを、不可欠の条件としている。しかし、透明な直接的人間関係から成る共同体とは違って、社会においては、交換価値や資本、市場や国家、法といった個々の人間の意志から独立して見える客体化を個々の人間の行為の結果として把握することは容易でない。人びとは、自分の行為や選択が他の人びとに及ぼす社会的負荷や人間相互の実在的な関係を正しく認識することができず、命題ⓐと命題ⓑを受容できない。その結果、「責任を通しての自由」という社会的自由を達成できないのである。

社会的客体化と責任に基づく自由の制限

人びとの行為に起因する社会の客観的存在が人間の相互関係を切り離し、責任を通しての自由を制限してしまう仕組みを、ポランニーは「社会的客体化（die gesellschaftliche Objektivation）」と表現する（*ibid.*:168）。表２－２にあるように「自由論」では、社会的客体化と人間相互の直接的関係としての共同体とが対置されている。社会的客体化の発生は、単に私的所有のもとでの分業や生産手段の私的所有から説明されるのではなく、共同体や透明な直接的人間関係の欠如または縮小から説明されている。

ポランニーは、生産手段の社会化によって社会的客体化の問題が解消されるとは想定しない。彼は、生産手段の私的所有の社会化や労働力・機械・原料の公的管理が自動的に人間相互の社会的係わりの透明性を高め、責任に基づく社会的自由を実現する、とは考えなかったのである。社会的自由を達成するには、商品価格や資本や私的所有によって切り離され不透明になっている人間の相互関係を透明化する仕組みをつくることが、決定的に重要なものとなる。このように考えるポランニーにとって、責任を通しての自由を求めるという、倫理的な意味での社会主義への道は、所有関係の変革と生産手段の社会化ではなく、資本主義における物象化と客観的必然性を徐々に制限し克服していく努力を通して展開されるものであった。

ポランニーは、経済を含むあらゆる社会生活の透明性を高めることで他者や自然に対する社会的存在としての責任を負担する、という自由の課題を「見通し問題」と名づけている。「見通しがないところでは自由もない」（*ibid.*:158）のである。そして、資本主義においても見通す領域を広げることができれば、社会における物象化と客体化の現象を減らすことができる。このように「自由論」のポランニーは、①物象化の領域が拡大すれば人間相互の直接的関係に基づく責任を通しての自由の領域が縮小すること、そして、②機能的民主主義のような民主主義的意志決定を導入することで社会生活の見通しが高まり自由の領域が拡大すれば、資本主義においても社会的客体化の影響力は縮小される、と考察している。

責任と義務からの自由としての市場経済

ところで、価格や資本や競争といった物象化の影響力が圧倒的に強く、経済生活を透明化する力がごく限られている

★13　ポランニーは、責任を通しての自由という社会的自由の理念を、「自由な個人の自己自身に対する責任」という、カルヴィニズムにおいて典型的に表現された近代の市民的倫理のジレンマを乗り越えるものとして位置づけている。「『他の人びと』の生活、すなわち、社会の現実へのわれわれの人格的参加はわれわれの責任であり、それゆえ自由の領域のなかにある、という理念は、市民的世界では実現できないものである。しかし、また同様に、この理念を否定し、われわれの責任を否定し、それゆえわれわれの自由を恣意的に限定することも不可能である。自由と責任の市民的理念は、市民的世界を超えるものを指し示している」（Polanyi 2005g[1927]:146）。

市場経済では、人びとは、自らの行為や選択が他の人びとに及ぼす影響を見通すことができず、行為の結果に対して責任をとるための見通しも能力も奪われている。複雑な契約行為の進展は、諸個人の社会的関連をさらに見えないものにして社会的客体化の問題を悪化させる。彼らは義務と責任を通しての自由ではなく、「典型的な市民のイデオロギーにおけるような義務と責任からの自由」（*ibid.*:147）を享受することになる。

ポランニーは、提示された価格さえ払ってボタンを押せばいかなる望みもかなえられるが、その代償として遠い中国で誰かが死ぬ、というシャトーブリアン（Francois-Rene de Chateaubriand：一七六八～一八四八）の寓話「殺される中国人」（『キリスト教の精髄』）を紹介する。そして、人間の根底的な相互関係を覆い隠す市場メカニズムのトリックが、人びとを自分の行為と選択に対する責任から免除している、と説明している。

> みなさんはおそらく、殺される中国人の哲学的寓話について聞いたことがあるでしょう。こういう話です。ある奇跡によって、一つのボタンを押すだけで言葉にした願いがすぐにかなえられるという贈り物が与えられました。ただしそれには、ボタンを一回押すたびに遠く離れた中国で四億の中国人のうちの一人が死ぬという犠牲をともないます。こうした場合に、いったい何人の人間が魔法のボタンを押すのを自制するでしょうか。［中略］この奇妙な哲学的寓話は、最良の人間でさえも自分の同胞と対立しているという、今日の状態の真の象徴を私たちに示しています。市場で適切な値をつけることができる者は誰でも、人類が供給できるすべてのものを即座に魔法で呼び出すことができますが、この人為的仕掛けの結果（中国人の死――引用者）は、市場の向こう側に属しています。この結果について誰も知らないし、何も知らないでいることができます。今日では［中略］誰もが自分の願いをかなえるために彼らの命を平然と一瞬で抹殺する準備ができており、また実際に抹殺しているのです（傍点原文）。（*ibid.*:152-153）

市場経済に埋没した人たちは、市場で適切な価格さえ支払えば入手できる生産物や原料が、目に見えない多数の他者

	社会主義の倫理的理念	資本主義の社会的現実
社会的存在としての人間	共同体、透明な直接的人間関係	社会的客体化による人間関係の分断と対立
人間の相互関係	機能的民主主義 人間の相互関係の透明化	価格、資本、競争による人間関係の不透明化
意志と行為	人間の自由な意志と行為	行為の意図せざる結果の放置と自由な意志の制限
責任と自由	責任を通しての自由、社会的自由	責任と義務からの自由 自己への引きこもり
経済の見通し問題	欲求と労苦の数字による見通し	価格変動による需給調整
社会の現実	人格関係としての社会	物象化された社会

表 2-2 「自由論」における社会主義の理念と資本主義の現実の対極性
出所：Polanyi（2005g[1927]）の展開を筆者が整理したもの

の「労苦や苦悩、不自由や苦難、健康やしばしば命をもってあがなわれなければならない」（*ibid*.:152）ことを知らない。市場で示される価格を支払って財・サービスを手に入れる消費者は、人間の社会的存在としての「全面的な被制約性」、すなわち各人の「すべてのものがもっとも内奥の自我に至るまで、他者に由来し、他者に負うもの、借りているもの」（*ibid*.:149）を、認識する機会が奪われている。言い換えれば、市場経済のなかでは各人は、社会から「自分自身のうちに引きこもり」（*ibid*.:148）、社会的客体化の現実に対して無力であるように強いられているのである。自分の行為や選択が他者に与える結果に対して責任をとることができない市場経済では、責任を通しての自由が厳しく制限されるのである。

ポランニーの倫理的社会主義

ポランニーによれば、人間相互の社会的係わりの透明性を高めることによって、人間の存在と消費が無数の他者の労苦、生命、過労による病気といった犠牲に依存していることが見えてくる。資本主義経済の〈資本による利潤目的の生産や私的所有のもとでの〉社会的分業が覆い隠していたヴェールが剥がれ落ちると、「あらゆる欲求充足が他の人間の労苦や労働の危険、病気や悲劇的な事故という犠牲を払って得られる」（*ibid*.:152）という、社会的存在としての人間の「全面的な被制約性」に直面することになる。こうしてはじめて人びとは本格的に、自分の行為の社会的結果に対する責任という問題と向き合うのである。

ポランニーは、生産手段を社会化したとしても、複雑な社会的分業下での人間の相互関係を継続しなければならないがゆえに、市場や法律や国家といった社会的客体化の形態が存続する、と考察している。それゆえ、生産手段の社会化だけでは不十分であり、民主主義的意志決定の仕組みを経済生活のみならず社会生活全体にまで広げることが、社会的客体化を制限するために重要となる。ポランニーは、資本主義においても生産手段を社会化した場合においても、民主主義を社会全体に導入して透明性を意識的に高め、客体化と人間関係の物象化の必然性を克服していく絶えざる努力が必要である、と主張している。

ポランニーの倫理的社会主義は、義務と責任を通しての自由という社会的自由を、容易に達成できるものではなく、永遠の課題として提起している。彼は、社会的自由のもっとも高い段階について次のように述べている。

> われわれが社会的自由の最高の段階に到達したといえるのは、人間相互の社会的関連が、家族や共産主義的共同体において実際にそうであるように明瞭で透明なものになったときである。この認識に基づいてわれわれの生存の社会的作用に責任を担うことができるようにするために、他の全員の生活に対する、同様にわれわれ自身の生活に対する、われわれの生活の動きの反作用を直接に追跡できること——これが社会的自由の最後の言葉である。社会的諸問題へのわれわれ自身の関与を自分自身で処理すること、作用と反作用とを自分自身のなかで均衡させること、そして社会的存在の避けられない道徳的な負債残高を自由にわが身に引き受け、英雄的にあるいは謙虚に、いずれにしても意識的に担うこと、それが人間に期待できる最大のことである。われわれの外部の客観的に見える権力に責任を負わせることは、もちろんもう許されない。もはや国家も市場も官庁もないし、人間の苦労、相互依存、欲求の制限、あるいは共通の不幸に関して責任を転嫁できる官職もない。〔中略〕それが、社会的自由が人間に課す三つの課題である。それらを完全に果たすことは人間の力とおそらく人間の本性の限界とを上回る、ということははじめから明らかだ。それでもなお、社会主義者はこの最高の目標設定を基準にして自分の社会的理想を測らなければならない。(*ibid*.:150-151)

社会的自由と機能的民主主義

ポランニーは、社会的自由の理念が人間に提起する課題を解決する方法として、機能的民主主義を考えている。一九二〇年代の彼にとって機能的民主主義は、人間の自由のために見通しを高める方法として決定的に重要な意味を持っていた。しばしば指摘されるように、「われわれの理論と実践についての新たな検討」は、見通し問題を「社会主義理論の重要な分野」（Polanyi 2005e[1925]:114）として位置づけ、社会生活の透明性を高める機能的民主主義を「社会主義の生活形式」（*ibid.*:125）と規定しているほどである。機能的民主主義は、社会生活の複雑さに基づく客体化を縮減して見通しを高め、あらゆる人が自分の行為の社会的結果を追跡できる社会的知識を持てるようにする仕組みである。この仕組みのレベルが高まれば、それだけ社会的自由の課題が実際に実現する、と考えられている。「自由論」は、「われわれの理論と実践についての新たな検討」で考察された見通し問題と社会主義との関連について、より深まった認識を示している。

> 社会的自由は、社会主義においては社会的認識によって、つまり人間の個別的生活間の現実的関連を具体的に概念把握することによって成立する。［中略］社会的認識は、人間の交換生活の現実的変革によってのみ有効に成立させられる。しかも、一定の範囲の一定の生活領域に対する見通し能力がより大規模な、ますます高度で明瞭なものになるという意味での現実的変革によって、である。見通し能力の高度化という意味での社会の現実的変革は、こうして社会主義のもっとも奥深い本質に属する。というのは、認識がなければ選択の余地もないのだから、見通しがないところでは自由もないからである（傍点原文）。（Polanyi 2005g[1927]:158）

「自由論」は、機能的民主主義によって経済生活を再編し見通しを高める二つの仕組みを説明している。

一つは、より短い労働時間を要求する生産者のアソシエーションとより安い商品を求める消費協同組合が経済計画について交渉し、「最終的には、ある程度短縮された労働時間と、価格に関してある程度圧縮された相当数の生産物で、合意が成立する」(*ibid*.:162)、という説明である。ここでのポランニーの説明の強調点は、アソシエーション間で行われる交渉による合意が「各個人の内面的で直接的な決定に基づいている」(*ibid*.:162)、というところにある。つまり、経済生活の見通しと社会的関連についての知識が十分に高いならば、生産者であると同時に消費者である個々人は、自分自身の内部で労苦と欲求充足との矛盾について対決し、解決を見出す、というのである。ポランニーは、「消費者と生産者という彼自身の生存の二つの側面がここでは向かい合って対峙しており、自分自身の意識の内部で自分と直面している。個々人に係わる決定は、投げかけられた社会的問題を、彼の人格の内部で――つまり、彼の自我の倫理的自律の内部で――決定する。しかも、完全な自由と責任において与えられた問題として決定する。彼は、自分の経済的運命を自分自身の手につかんでいる」(*ibid*.:162)、と表現している。

機能的民主主義による経済生活の組織化のもう一つの例は、民主主義的選挙で選ばれたコミューン(政治的国家の代表)と生産者のアソシエーション連合との交渉による、対決と合意の倫理的意味に関するものである。コミューンは、共同体全体の利益(教育や福祉、健康医療の改善)や将来世代の利益を守るために大規模な投資を要求し、理想を実現するために労働時間の増加や消費の制限といった経済的犠牲を要請する。生産者のアソシエーション連合は、自分たちの労働力の利用の仕方や欲求の充足を擁護するのである。

社会主義の倫理的理念

ポランニーは、「最終的に一定の剰余労働と一定の欲求制限を意味する」具体的な数値で和解される交渉プロセスについて、「この決定は今度もまた直接的な内面的選択を意味する。というのは、ここでは人間の内部の理想がその費用に直面させられ、誰もみな何が自分にとって自分の理想に値するのかを自分で決定しなければならないからである。国家も市場も、われわれの意識の二つの側面の間には登場しない。ここでは、責任が転嫁されて、われわれの外部の何かがわれわれの運命に対する責任を負わされる、ということはありえない。自分の運命は自分自身の手中にあるのだから、人間は自分自身と対立するだけである（傍点原文）」、と説明している（*ibid.*:163）。

コミューンとアソシエーション間の合意が個々人内部の内的直接的な選択によって基礎づけられ、彼らが選択された結果に対して責任を進んで負うようになるならば、諸個人間の関係は、もはや商品や資本、国家や法といった社会的客体化によって媒介される必要がなくなるほど「内的見通し」［★14］が高まる。このような諸個人の内的直接的選択に基礎づけられた社会的自由を、「自由論」のポランニーは「最高の社会的・個人的自由の実現」（*ibid.*:164）と呼んでいる。

社会的自由の最高の段階は、家族や共産主義的自治体のような透明性が人類全体にまで広がるときにのみ達成できるのだが、そのような段階は社会主義の開始と共にただちに実現されるわけではない。現実の社会主義はつねに自由の限界を抱えているのであって、社会的自由の成就が人間の永遠の課題としての統制的理念であることは明らかである。それゆえポランニーは、社会生活の高い透明性に基づく人間相互の係わり合いについての完全な社会的認識と、この認識に基づく責任を通しての自由の概念を、「社会主義の倫理的理念」（Dale 2010:39）として提起したのであった。

法則よりも自由の拡大のための研究

最後に、「自由論」のポランニーが、社会科学の主要課題は「法則よりも社会における自由の拡大」である、と宣言

★14　ポランニーは「われわれの理論と実践についての新たな考察」において、「内的見通し」の増大こそ社会主義経済の中心的目標である、という命題を展開した。彼は、有形の生産手段に分類される諸要素（機械、原材料、労働力、食糧など）の間の関連を人間の欲求と労苦との関連から区別し、前者を外的見通し、後者を内的見通しと名づける。外的見通しは統計学の助けで集権的計画経済によってもある程度まで把握されうるが、内的見通しは、「われわれが想像のうえで他者の状況にわれわれ自身を置き、他者の欲求や苦痛や努力を感じて生き、他者の内的な自我に入ることができてはじめて可能になる」（Polanyi 2005e[1925]:116）。ポランニーは社会経済の内的見通しを高める機能的組織として、労働組合、産業自治、消費者協同組合、社会主義的自治体、社会主義政党を挙げている。

した意味について考えることにしたい。マルクスの物象化論を手がかりにして社会的客体化と自由の問題を考察したポランニーは、①資本主義の物象化はどのように生じたのか、②いかにすれば自由のために物象化を克服しうるのか、という二つの問題を考察した。マルクスと関心が共通しているものの、物象化の克服による自由の拡大という論点にポランニーが最大の理論的関心を向けていることが、重要である。ポランニーは、理論社会学あるいは社会科学の課題について次のように語っている。

この学問はとくに、すべての人間的なものを支配すると誤解された法則を発展させる代わりに、その逆に、社会内部の人間的自由の限界を意図せざる人間的行為として説明すると共に自発的な意志の通用範囲を拡大することによって、この限界を押し広げることを課題としたほうがいい。われわれがその限界に到達して、意図した行為がもたらした意図せざる多様な結果の間でどうしても選択をしなければならないということを明確に理解することができたとき、そのときはじめて、われわれは選択した行為の結果をわが身に引き受け、その責任を負い、同時にそれを自由の領域に組み込む立場に身を置くことになる。「法則」ではなく、社会の内部での人間の自由が、この社会学の主要な対象だろう（傍点原文）。(*ibid*.:159)

ポランニーは、価格や競争といった経済現象の客観性や法則性を人間の行為から切り離してそれ自体として研究する仕方に、意識的に批判的である。経済現象の物象化や客体化を人間の行為との関連で理解し研究する仕方を貫こうとする彼は、経済法則や社会法則がすべての人を支配すると想定する議論に疑問を投げかける。自然法則のような必然性を持っているように見える経済現象が人間の行為の非意図的結果であるならば、人間は、自分の行為が結果としてつくり出したものに対して責任を担うことを通して、物象化＝法則的必然性の影響力を減らし自由の範囲の限界を広げていくことができる。ほぼ以上のような論拠によって、社会科学の主要課題は（法則の展開のためではなく）人間の自由の拡大のための研究である、と彼は論じる。資本主義の物象化された現実への批判と人間の自由の拡大とを結びつけて考察することによって、人間の行為の結果に対する責任を問う。そして、客観的法則の絶対的支配あるいは貫徹を認めない。――これが、ポランニーの社会科学の方法的特徴である。

このようなポランニーの論法は、物象化と客体化の克服に関心を持ちながらも、社会科学としての研究の重点を客体化された経済現象の客観的法則の解明に置いた、マルクスの『資本論』とは対照的である。ポランニーは、科学に要求される客観性と法則性を犠牲にしてでも、人間の行為や選択や自由な意志にできるだけ密着した仕方で経済現象について研究する方法を見つけようとした。こうした方法は、ポランニーを、経済学や社会学の体系的な著述をつくり上げる社会科学者の道から遠ざけただろう。しかし、「自由論」における、人間の自由と社会的客体化との倫理的矛盾、あるいは経済現象と人間の行為の非意図的結果との関連を研究するポランニー的方法は、一九四四年に刊行された『大転換』で二重運動の論理として活かされるのである［★15］。

5　ポランニーの社会主義像とその知的・思想的源泉

「自由論」で描かれたウィーン時代の社会主義像は、諸個人の自由な意志から独立して運動する不透明な社会の現実と諸個人の責任を通しての自由との対立を起点に置く。そして、複雑な社会経済における見通しと透明性を機能的民主主

★15　Thomasberger 2005b:7 の指摘によれば、ポランニーの主著『大転換』のキーワードである自己調節的市場は、「自由論」における社会的客体化と同じ意味を持っている。ポランニーにとって自己調節的市場は、人間の自由を抑圧するものである。自己調節的市場の破壊的影響と社会の自己防衛との二重運動は、諸階層や諸階級による意図的行為の非意図的な社会的結果と、この社会的結果の有害な影響を克服しようとする、したがって客観的法則の必然性を縮減させ自由の領域を拡大しようとする試みとの対抗として理解することができる。

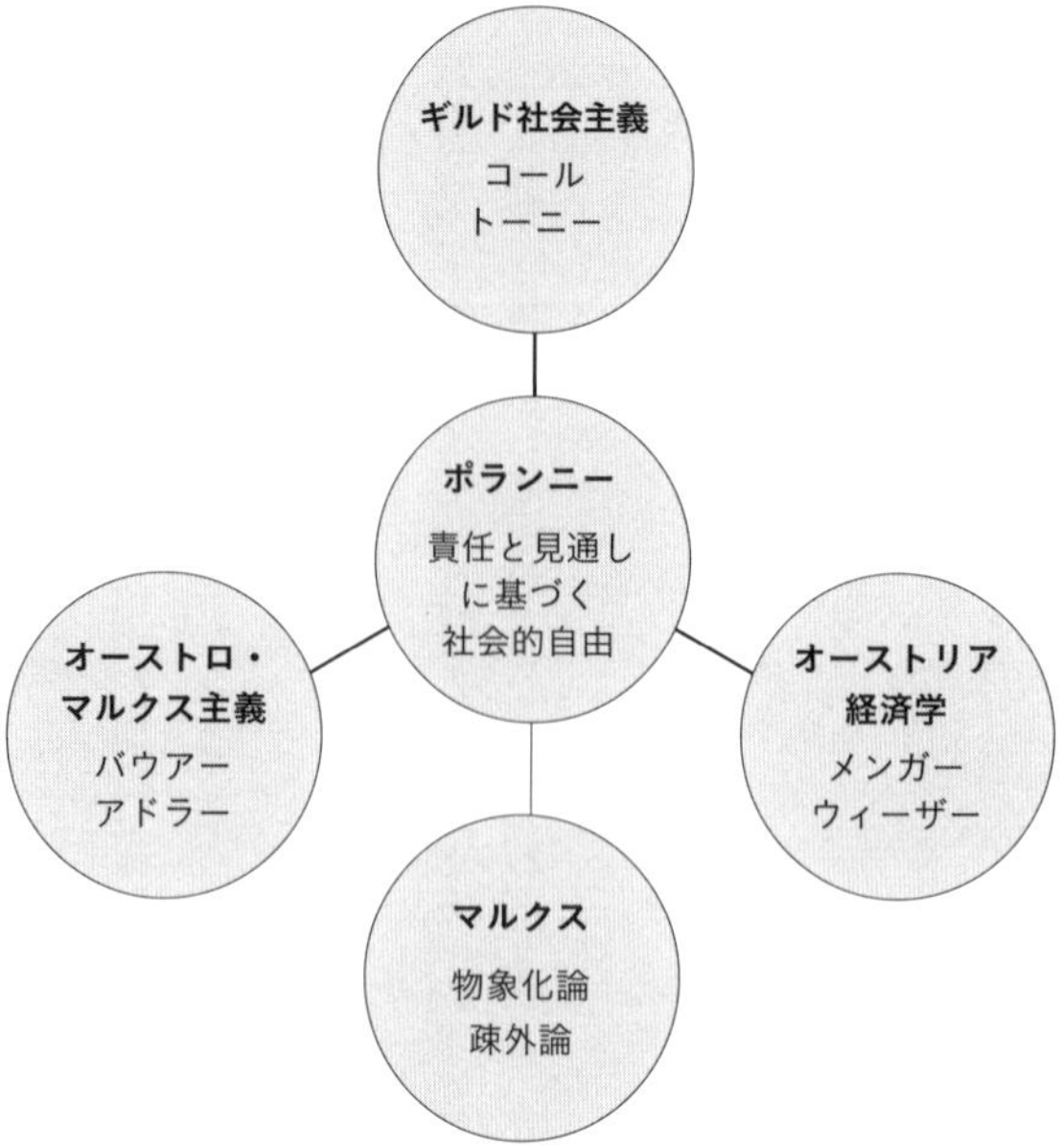

図2-2　ウィーン時代のポランニーの知的・思想的源泉

義によって高めていく不断のプロセスのなかに、責任と義務からの自由という市場経済の通念を超える、見通しと責任を通しての自由（社会的自由）という理念を提唱する。このような社会主義像をポランニーはどのような知的・思想的源泉からくみ出したのだろうか。あるいは、ポランニーの社会主義像の特徴は何であろうか。

一九五〇年代後半にポランニーが知人に宛てた手紙のなかで、社会主義経済計算論争に参加した当時の自分を振り返り、自分の知的源泉を次のように語っている［★16］。

> 機能主義的仮定（私はこれをコールのギルド社会主義から借りた）、均衡論的経済学（主としてシュンペーターの『理論経済学の主要内容と本質』から借りた）、倫理的で人間主義的な社会主義（これは私自身の主要な仮説である）。（Dale 2010:12）

この手紙は、ポランニー自身が「社会主義経済計算」論文の知的思想的源泉として三つの要素を挙げた重要な証言である。フランスのポランニー研究を代表するモクランも、ポランニーの機能的社会主義経済をコールのギルド社会主義とオーストリア経済学の主観的価値論との接合として特徴づけている〔★17〕（Maucourant 2005:154）。

しかし、「自由論」執筆の時期まで入れて考えるなら、この三つの要素にいくつかの要素を加える必要がある。例えば、ギルド社会主義のポランニーへの影響だけでも、コールの著作と共にトーニーやラッセルによるものを加えなければならない。また、ポランニーがオットー・バウアーやマックス・アドラーの著作に触発されただけでなく、彼らによって代表されるオーストロ・マルクス主義の影響下にある学生や活動家との研究会やセミナーを通じて社会主義像を形成した事実も重要である。さらに、「社会主義経済計算」以後のポランニーは「市場経済における物象化をいかに克服するか？」という課題に取り組んだが、その際、彼がマルクスの『資本論』第一巻第一章「商品論」を最大の拠りどころにしていることは、すでに検討したとおりである。

一九二〇年代後半のポランニーの社会主義像の知的・思想的源泉を図2－2のように整理すると、ポランニーが「われわれの時代の使命」から「ビヒモス」を起点にその後練り上げた倫理的社会主義は、①コールやトーニーなどのイギリスのギルド社会主義思想、②オーストリア経済学派、③オーストロ・マルクス主義、および④カール・マルクスの思想（とくに疎外論と物象化論）から構成されることになる。ポランニーにとって、社会主義とは何よりも倫理的なものであった。この倫理的要素を核にして、他の四つの要素――ギルド社会主義、オーストロ・マルクス主義、オーストリア経済学、マルクス――を吸収し練り直すことで、彼は独自の社会主義像をつくり上げたのである〔★18〕。

★16　一九五八年一〇月八日付けのこの手紙（50-3）は、おそらく、経済人類学者であるドルトン宛のものであって、Dale 2010によってはじめて紹介された資料である。
★17　モクランに先行して、ポランニー研究所の所長であるメンデルも、ギルド社会主義とオーストリア学派のポランニー社会主義像への影響を強調している（Mendell 1990:71）。
★18　一九二〇年代のポランニーの思索には、キリスト教と社会主義、あるいは「共同体と社会」という論点は存在しない。こうした論点は、第3章で検討するように、イギリス時代のポランニーの主要な研究課題である。

ギルド社会主義

ウィーン時代のポランニーの知的・思想的源泉となった四つの要素〔★19〕をより詳しく見ておこう。ブダペスト時代からポランニーに影響を与えているギルド社会主義は、ウィーンで社会主義計算論争に参加した彼にとって、いっそう重要な知的源泉となった。ポランニーがコールに共感したのは、ギルド社会主義が物質的・経済的な次元よりも倫理的次元に強い関心を示していたからである。コール自身が『第二インターナショナル』(一九五六)のなかで、ギルド社会主義の性格を次のように規定している。

ギルド社会主義は基本的に倫理的な学説であって、物質的な学説ではない。それは〔中略〕個人的および集団的自由の死活に係わる重要性、および、すべての人びとの間に――できる限り彼らを、自分自身の生活や自分たちの日常的な労働が行われる諸条件の支配者にすることによって――社会的責任を広めていく必要性を提唱するものである。

(Cole 1956:246)

ポランニーは、コールの『産業と自治』(一九一七)や『ギルド社会主義再論』(一九二〇)から、機能的民主主義の重要性と共に、責任と自由への努力としての社会主義という倫理的要素を学んだのである。トーニーの『獲得社会』(一九二〇)やラッセルの『自由への道』(一九一八)も、ポランニーの思想形成に大きな影響を与えた。トーニーは、経済が社会を支配する現状を批判し、政治的・倫理的次元が経済的機能を方向づける道を議論していた。自由への道を提唱したさまざまな社会主義、無政府主義、サンディカリズムを紹介したラッセルの著書は、ギルド社会主義が、人間を消費者としてのみ扱う国家社会主義と人間を生産者としてのみ扱うサンディカリズムとの対立を乗り越える道である、と論じていた(Russell 1919:83)。また、社会主義者ではないが、『大戦後の民主主義』(一九一九)で展開したホブソンの、「自由と平和は各国における民主主義の拡大・強化によってのみ可能である」という命題は、終生にわたってポランニーの知的軸の一つになった。

オーストリア経済学とオーストロ・マルクス主義

オーストリアの経済学とマルクス主義がポランニーに与えた影響も重要である。ウィーンのポランニーは、彼のセミナーに参加する学生たちが知的に感化されているオーストリア学派の経済学者であるメンガー、ヴィーザー、ベーム＝バヴェルク、ミーゼス、シュンペーターの著作や、オーストロ・マルクス主義者のマックス・アドラー、オットー・バウアー、ヒルファーディングの著作と論文を集中的に読破した（Thomasberger 2005a:7）。ポランニーは社会主義経済を構想するにあたり、マルクス学派の労働価値論を遠ざけ、オーストリア学派の主観的価値論（橋本 1994）を拠りどころにした。彼はオーストリアの限界効用学派の主観的価値論のなかに、市場経済の適切な説明ではなく、「われわれが利用できる唯一の市場なき経済の理論」（Polanyi 2005g[1922]:74/ 訳43）を見出したのである。

ポランニーは、オーストロ・マルクス主義者のなかではバウアーの立場に近く、バウアーが提唱した、ボルシェヴィズムでも改良主義でもない第三の道としての民主主義的社会主義や、社会化論のバイブルとなった『社会主義への道』（一九一九）で議論された、生産者・消費者・政府代表からなる三者委員会による産業管理の構想が、ポランニーの機能的社会主義理論に少なからず影響を与えた。また、オーストロ・マルクス主義者の方法論的・哲学的基礎を築いたマックス・アドラーの「現実としての社会」や「社会化された人間」という考え方は、ポランニーの社会哲学の根本にある「社会の現実」という概念に継承された（Polanyi-Levitt and Mendell 1987:24）。つまり、ウィーン時代のポランニーは、オーストロ・マルクス主義の周辺に位置していた、ということができよう。

★19　ウィーン時代のポランニーの知的・思想的源泉に関する説明は、Cangiani, Polanyi-levitt und Thomasberger（2005:25-28）に依拠している。

マルクスとポランニー

ポランニーは、オーストロ・マルクス主義の代表的存在であるバウアーへの共感を通して、ブダペスト時代には経済主義的で決定論的と批判的に評価していたマルクス主義に対する見方を変え、マルクスの本格的な研究に取り組むようになる。ポランニーは一九二五年前後の時期に、『資本論』やマルクスの初期著作（学位論文、「ヘーゲル法哲学批判」、「ユダヤ人問題によせて」、「聖家族」など）について議論するセミナーをオーストロ・マルクス主義に近い立場にある学生たちと組織し、オリジナルなマルクス思想の発掘に専念した。ちなみに前節で検討した「自由論」は、このようなマルクス研究の成果に基づいてポランニーが多くの研究会や講演用の原稿として執筆したものの一つだった（Thomasberger 2003:4）。

ポランニーは、物象化された市場社会の現実――それは人びとの責任を通しての自由を妨げる――に関するマルクスの理論、とりわけ疎外論と物象化論の倫理的意味を最大の拠りどころにする。しかし、ポランニーとマルクスは次の点で異なる。すなわち、マルクスの理論の重点が物象化された社会の現実の発生に関する解明にあったのに対して、ポランニーの理論的関心は、「物象化された社会の現実をいかに縮小させるか？　機能的民主主義は物象化の縮小と社会的諸関係の透明化にいかに役立つか？」という点に注がれた（Cangiani, Polanyi-levitt und Thomasberger 2005:25-28）のであった。

一九二〇年代のポランニーの社会主義像

以上のような五つの知的・思想的要素（彼自身の内的要素を除けば四つの要素）を源泉とするウィーン時代のポランニーの社会主義像は、どのように描くことができるだろうか。あるいは、ポランニーの社会主義像の中心的要素はどこにあるのだろうか。通説的理解は、「社会主義経済計算」と「機能的社会理論と社会主義の計算問題」を考察対象とし、ポランニーの分権的社会主義を中央集権的計画経済と市場経済との対立を乗り越えるアプローチとして位置づけてきた。これは、倫理ではなく経済を機軸にしてポランニーの社会主義像を理解する見方である。

「社会主義経済計算」以後のポランニーは、「われわれの時代の理論と実践についての新たな検討」（一九二五）に見られるように、見通し問題を社会主義理論のもっとも重要な課題として位置づけ、人間の自由な意志から自立した疎外された社会的関係を機能的民主主義の拡大によって縮小させることで、「責任を通しての自由の領域の達成」としての社会主義を展望していた。こうしたポランニーの理論的営為を踏まえ、民主主義と見通し問題を機軸にしてポランニーの社会主義像を明らかにしようとする、近年の研究動向が存在する（Congdon 1990; Mendell 1990; Polanyi-Levitt 1994）。そうした最新のポランニー研究の最大の成果と思われるデールの新著『カール・ポランニー――市場の限界』（二〇一〇）も、見通しの要素を中心にポランニーの社会主義像の再構成を試みている。デールの試みは、責任を通しての自由の実現という課題を政治的次元で考察するものであり、政治を機軸にしたポランニーの社会主義像を理解する立場である。

さらに、市場経済の疎外された現実と人間の自由な意志との対立を倫理的に解釈し、ポランニーの社会主義像を何よりも倫理的なものとして、責任と自由への努力または欲求として理解する立場がある（Thomasberger 2003; 2005a; 2005b）。この立場は、「われわれの時代の使命」や「ビヒモス」から「自由論」に至るまで一貫しているポランニー独自の考え方に重点を置くものである。本章は、①見通しの研究を軸にウィーン時代の社会主義像を捉えることは十分に可能であると評価したうえで、なおかつ、②ポランニーの社会主義像の核を倫理的なものとして理解する立場を支持し、そして③図2-3のように、ポランニーの社会主義像を、倫理・政治・経済の立体的な循環的構造として理解する仮説を提起している。

ポランニーの社会主義像は、客観的法則によって支配される市場経済の現実と自由な意志との対立をいかに解決するか、という倫理的な要請から出発した。それは、責任と自由への努力を求める倫理的な意味での社会主義であった。これは、ウィーン時代の初期の「ビヒモス」にも存在するポランニーの独自的な思想である。ポランニーにあっては、政治と経済の次元は、この倫理的な意味での社会主義を達成するためのプロセスである。倫理的次元は、出発点であると同時にプロセスの到達点であり、倫理・政治・経済の循環的構造を内包している。

見通しと透明性の拡大は、責任と自由への努力としての社会主義の実現を政治的次元でめざすものであり、「理論と

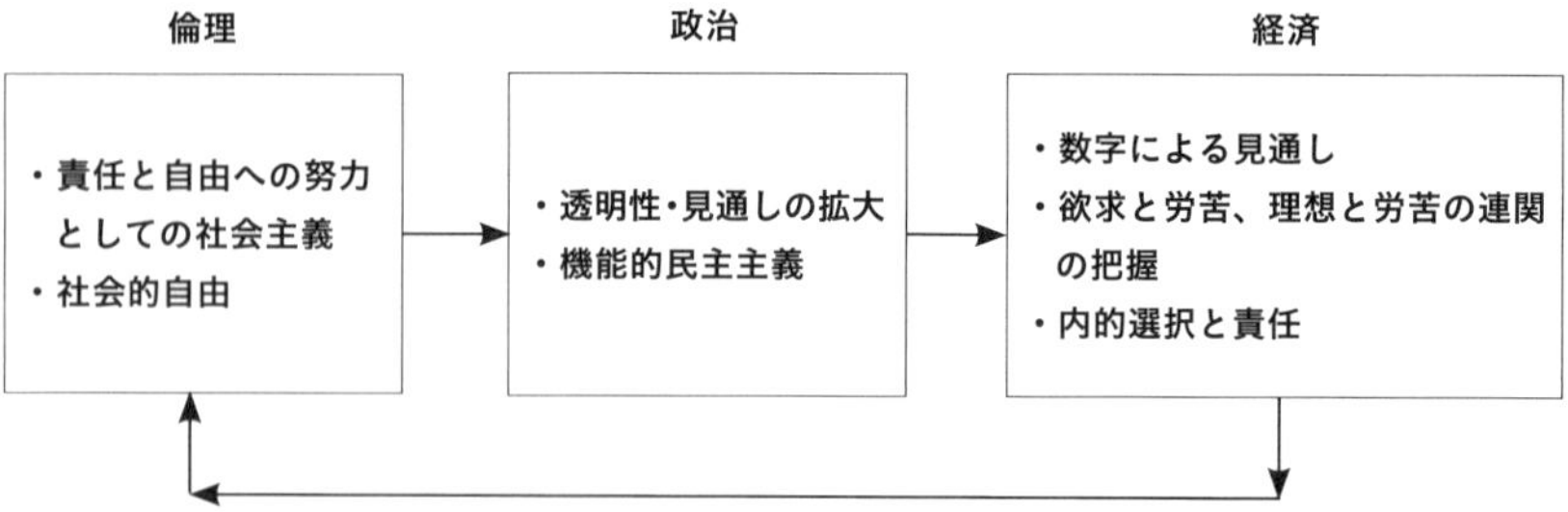

図 2-3　1920 年代ポランニーの社会主義像

実践に関する新考察」の末尾でポランニーが指摘するように、「社会主義の生活形式としての機能的民主主義」（Polanyi 2005e[1925]:125）という、より大きな問題と関連している。欲求と労苦、理想と労苦との関連の数字による見通しは、「社会主義経済計算」論文で論じられたように、経済システムとしての社会主義の実行可能性を根拠づけるだけでなく、責任と自由への努力としての社会主義が実現されることを意味している。

　機能的社会主義の経済モデルは、人びとがアソシエーション間の交渉による合意形成に参加することを通じて、自分自身の欲求と労苦、あるいは理想と労苦との間で選択すること、その選択の結果に対して責任を持つようになること、つまり、ポランニーが強調するところの「義務と責任からの自由ではなく義務と責任を通しての自由」という、高次の自由を達成する条件を示している。

　したがって、ポランニーにとって社会主義の経済モデルは、倫理的な意味での社会主義の実現である。経済的次元の社会主義の議論は、倫理的次元の社会主義の議論に戻ることになる。一九二〇年代後半に書かれた「自由論」は、一九二〇年代のポランニーの社会主義像の到達点を示しているように思われる。倫理・政治（機能的民主主義）・経済の循環的構造としてのポランニーの社会主義像。ポランニーの社会哲学の解明――「ビヒモス」と「自由論」の解読――によって、このようなポランニー的社会主義像の把握の道が拓かれたのである。

第3章　市場社会の危機とファシズム分析——マルクス主義とキリスト教との対話

一九三〇年代の思想的特徴

一九三〇年代のポランニーは、大陸ヨーロッパ、イギリス、アメリカにおける市場社会の崩壊過程とそのオルタナティブをめぐるファシズムと社会主義（民主的勢力）との対立、一九世紀の自由主義的資本主義から新しいタイプの資本主義への制度転換の動きを、リアルタイムで観察し分析していた。これらの分析によって明らかになるのは、社会の他の領域から分離しそれ独自の法則に従って機能する経済領域が世界のいたるところで消えて、経済領域と政治領域が融合する傾向である。

ポランニーによれば、大陸ヨーロッパもアメリカやイギリスも、経済と政治の新しいより緊密な結びつきを打ち立てる必要に直面しており、この結びつきのあり方をめぐって緊張と対立が生み出されている。大陸ヨーロッパでは経済領域と政治領域との対立の解決策としてファシズムと社会主義が抗争しているが、イギリスやアメリカでも、政治領域において議会制民主主義をより現実的で有効なものにする傾向と経済領域において産業を協調組合主義《コーポラティズム》によって組織する傾向という、二つの敵対的傾向が見られる。

イギリス亡命前後のポランニーは、一九二〇年代の思想を特徴づける「市場経済 対 人間の自由」の対立命題や機能的民主主義（透明で直接的な人間関係を拡大する道具としての民主主義）の観点から、市場社会の危機を「経済領域と政治領域との対立、およびこれらの領域の機能不全」として分析している。このような分析手法に新たに加わった一九三〇年代の展開を際立たせる特徴は、マルクス主義とキリスト教との批判的総合という思想的・理論的文脈のなかで、人間の自由をめぐるファシズムと社会主義との対立や両者の社会哲学の相違が解明されるところにある。このような特徴が明確に表現されるのは、「ファシズムの本質」（一九三五）刊行後の一九三〇年代後半に執筆された草稿や論説、とりわけ「キリスト教と経済生活」、「共同体と社会」、「われわれの時代における意識改革」などの草稿においてである。

1 市場社会の危機と制度変化——自由主義的資本主義から協調組合主義的資本主義へ

経済と政治の機能的不適合

ポランニーは、一九三三年のイギリスへの亡命前後の比較的短い時期に、市場社会の危機、政治的領域における民主主義の危機、ファシズムの根源とその社会哲学について分析した論文や時論を集中的に発表している。ポランニーは、一九二九年の経済恐慌に始まる世界市場恐慌のもとでの市場社会の危機の急展開に対して、「経済と政治の間には溝があり」（Polanyi 1932:149）、政治の経済領域への介入が市場経済の機能の危機を導き、経済の政治への介入が政治領域の民主主義的機能を危機に陥れている、という診断を重要な論文「経済と民主主義」（一九三二）で下している。

市場社会の危機とは、経済と政治のそれぞれの領域における危機であるだけでなく、経済と政治という社会の基本的な二つの機能が相容れない状態になっていることから生じている危機でもある。「三機能国家とは何か？」（一九三四）は、この危機を民主主義と資本主義との機能的不適合として説明する。

産業社会は明らかに危機にある。だが、この危機の源が機能的不適合、つまり政治システムと経済システムとが相容れないことのなかにある、と自覚されることはめったにない。現存するような民主主義と資本主義はお互いに機能することができない。〔中略〕現在もっとも差し迫っている危険は、経済領域における資本主義的方向と政治領域におけるますます大きくなる労働者階級の影響とが相容れなくなっていることから生じている。それゆえ、もっとも差し迫ったあらゆる困難の源は機能的秩序にある。（Polanyi 1934a）

経済危機と政治不信

国民経済を総動員した最初の総力戦である第一次世界大戦（一九一四〜一九一八）は、敗戦国となった中央ヨーロッパと東ヨーロッパの大多数の国々で通貨破綻と革命的危機をもたらした。アメリカのウィルソン大統領の提唱で一九二〇年に創設された国際連盟は、この経済的・政治的危機を通貨安定化運動（イギリス、フランス、ベルギー、イタリアの戦勝国グループおよびアメリカからの貸付による通貨安定化）によって乗り切ることを試み、一九二四〜二九年の時期には市場システムの相対的安定を実現したかのように見えた。しかし、経済は一九二九年の大恐慌をきっかけに未曾有の世界経済危機に陥っていった。

ポランニーは「世界経済恐慌のメカニズム」（一九三三）において、この世界経済危機の根源を、第一次世界大戦の戦勝国（イギリス、フランス）も敗戦国も大戦遂行のために社会の負担能力をはるかに超えるコストを負担して膨大な財政赤字を抱えてしまった、という事態に求めている。戦争の負の結果である財政赤字がただちに経済危機に直結しなかったのは、アメリカの膨大な金額の貸付によってヨーロッパ諸国の通貨が安定させられたからであり、またアメリカ国民の過剰消費がヨーロッパ経済の回復を刺激し続けていたからである。ポランニーは、世界経済危機が発生したメカニズムを、容易には解消されえないコストを残した世界大戦のタイムラグをともなう帰結として理解している。ポランニーによれば、第一次世界大戦は一九世紀末に始まった市場社会危機の進行を遅らせたが、結局は危機爆発の程度を著しく高めてアメリカ経済をも直撃することになったのだった（Polanyi 1979b[1933]）。

こうして未曾有の規模での経済危機が生じたのであるが、この危機に対して政治は難しい舵取りを余儀なくされた。とりわけ、普通選挙で生まれた労働者階級の利害を代表する政府は、通貨の安定と雇用保障（社会保障）とのジレンマに直面して労働者の期待にも経済回復の期待にも応えることができず、各国で次々と政治不信に陥った。さらに、財界が自身の責任については不問に付したまま、経済危機の深刻化に対する責任を政治領域における労働者階級の影響力の増大に負わせ、インフレ主義や労働組合主義、通貨政策の失敗、補助金政策、衰退産業の保護、過度に高い賃金と社会保障給付を激しく攻撃することに成功したために、政治的民主主義はヨーロッパの大多数の諸国で信頼を失い敗北した。ポランニーによれば、財界が経済機能の麻痺の責任を民主主義に押しつけたために、政治の危機は加速度的に進行したのだった。彼は「経済と民主主義」（一九三二）のなかで、大陸ヨーロッパとイギリスにおける民主主義の敗北を総括して、次のように述べている。

ファシズムは明らかに、民主主義の経済政策が労働者階級を失望させたことからも養分を得た。政治、政党、議会に嫌疑がかけられた。民主主義は後ろ指を指された。右翼と左翼の広範な大衆が民主主義に反対した。
（Polanyi 2002d[1932]:151）

ポランニーにいわせれば、これは市場経済による民衆政府への暴力的な介入であり、民主主義の機能を決定的に麻痺させるものだった。もちろん、政治による市場経済への介入が市場の価格調整機能を弱体化させ最終的に麻痺させていったことについても、ポランニーは見逃さない。「ファシズムとマルクス主義用語」（一九三四）においてポランニーは、政治からの民主主義的介入が市場経済と資本主義の機能を損なわせるという論点に触れている。

議会は、資本主義の自己調節メカニズムが多数の人間の生活を犠牲にして生産循環を再始動させるのを阻止しようとして、意識的にあるいは無意識に、資本主義の経済機構を弱体化させ、信用を傷つけ、解体する。その結果は、民主主義の著しく防衛的な働きであり、資本主義の社会的配当の明確な減少である。(Polanyi 1934f)

ファシズム・共産主義・機能的社会主義の対立構図

ポランニーによれば、市場社会の危機の解決策は、単なる市場経済機能の回復策にとどまらず、社会の機能的領域としての経済、政治、文化の関係をいかに再構築するかということと係わっている。市場社会の機能的秩序の危機を打破する解決策として、一九三〇年代のヨーロッパに、ファシズム、共産主義、機能的社会主義（ギルド社会主義）の三つが登場した。ファシズムは、資本主義を救出するために政治領域と民主主義を破壊し、経済領域を社会全体にまで拡大することによって経済的国家の建設をめざしている。共産主義は、経済領域の機能的独立性を奪って資本主義を破壊し、政治的国家を頂点とする社会をめざしている。そして機能的社会主義は、民主主義の拡大・深化と個人の責任に基づく自由の実現を志向する道である。一九三〇年代に機能的社会主義の道が閉ざされつつある厳しい状況を認識したポランニーは、機能的不適合への対応という観点から社会主義について再考している。

ファシズムと共産主義との根本的な違いは、経済計画や雇用保障、所得統制、産業の組織化といった具体案を比較しても判別しがたい。というのも、具体的・物質的なレベルの問題では両者は類似しているからである。ポランニーによればそれらの違いは、各々の社会全体における機能的秩序の特徴とその変容とを考察することで判明する。ファシズムでは経済領域が最高位にあり、共産主義では政治的国家が最高位にある。両者に共通するのは、自由の犠牲をともなっていることであり、民主主義による透明な社会関係の拡大に基づく個人的自由の実現を無視していることである。他方、機能的社会主義を志向する限り、市場社会の危機は、政治的国家によってではなく、政治領域における民主主義を経済領域にまで拡大することで解決されねばならない。この意味で機能的社会主義は、ファシズムや共産主義とは一線を画する立場にある。

シュタイナーを手がかりに

一九三〇年代のポランニーは、市場社会の機能的危機とその解決形態をめぐる対立という文脈のなかで、ルドルフ・シュタイナー（Rudolf Steiner：一八六一〜一九二五）の社会有機体の三層化論［★1］を手がかりにしながら機能的社会主義の再定義を試みている。

一九三四年の『ニュー・ブリテン』紙に掲載された四つの論文、「三機能国家とは何か？」、「ルドルフ・シュタイナーの経済学」、「協調組合主義《コーポレイティブ》のオーストリア――一つの機能的社会か？」、「シュパンのファシズム的ユートピア」によれば、「機能的社会」は政治機能、経済機能、文化機能から構成され、機能的民主主義の原理に基づく。そこでは、政治と文化が目的を定め、手段としての経済が目的を遂行する、という仕組みになっている。具体的には、政治議会は、社会全体にとって何が公正で何が公正でないかを法的枠組みにおいて決定する場であり、外交、国防、税財政、裁判、地方政府を管轄する。経済議会は、産業の計画と調整、財やサービスの生産と分配に責任を持ち、産業、農業、労働に係わる省を管轄する。文化議会は精神的生活に係わる事柄に責任を持ち、教育、健康、放送、科学技術を管轄する。

機能的民主主義の原理は、公正や自由や平等の思想を表現する権限を持つ政治議会が経済議会に対して優越していること、政治議会が社会全体に対して明確に優位にあること、によって保障される。逆にいえば、生産手段の私的所有を維持したままで経済議会の影響力が政治議会のそれに優越するならば、全体としての社会はファシズム的方向に傾斜することになる。ここで興味深いのは、ポランニーが、人間労働に関する権利と義務を公正に定めるという観点から労働省を政治議会の執行機関に配置するシュタイナーの議論を、機能的民主主義の観点から積極的に位置づけ利用していることである。ポランニー自身もシュタイナーと同じように、労働力の具体的な利用形態は経済領域に係わるが、教育による労働力の育成は文化領域に、また児童労働の禁止など労働力の公正な契約関係の管理は政治領域に係わる、と考えているようである。

市場社会の危機と協調組合主義的《コーポレイティブ》制度変化

ポランニーは、市場社会の危機の深化とその解決策としての制度変化のプロセスを、機能的民主主義の観点から考察する。大陸ヨーロッパとイギリスの双方で「民主主義の危機」と普通選挙によって誕生した「民衆政府」の失脚が進行し、機能的社会主義の現実的可能性が失われていくことを、彼はよく自覚していた。この時期のポランニーにとって機能的社会主義は、民主主義が後退して社会全体に対する経済領域の影響力が強まる協調組合主義的《コーポレイティブ》形態の制度変化について、批判的に分析する規準を与えるものだった。

ポランニーは、ナチス（国家社会主義ドイツ労働者党）が政権に就いた一九三三年に発表した論文「ヒトラーと経済」のなかで、ヒトラーが、反資本主義的スローガンや社会主義的宣伝文句にもかかわらず、国家社会主義のもとで資本主義が健全に機能することを信じている、と指摘している。自由と民主主義を駆逐するファシズム国家のもとでは自由主義的資本主義が機能することはできないのであるから、資本主義の仕組みを根本的につくり変えなければならない。自由と民主主義がなくても機能する経済領域を、ファシズム国家は不可欠としている。このように把握するポランニーは、短期間のうちに協調組合主義的組織を経済領域のなかに創出することがファシズムの決定的な課題である、と分析している（Polanyi 2002e[1933]）。

ファシズムのもとでの協調組合主義《コーポラティズム》の推進は、市場経済の危機を機能的社会の構築によって解決する外観を呈するが、実際は機能的社会主義とは正反対なものである。イギリスへの亡命の翌年に執筆された論文、「オトマル・シュパン――

★1　シュタイナーは、第一次世界大戦中に執筆され一九一九年に刊行された『現代と未来を生きるのに必要な社会問題の核心』（1991[1919]）のなかで、精神生活、法生活、経済生活から構成される社会有機体三分節化の理念を展開し、経済生活が優越的な位置を占め、精神生活と法生活が経済生活に依存する社会の現状を批判した。

ファシズムの哲学」、「シュパンのファシズム的ユートピア」、「協調組合主義のオーストリア――一つの機能的社会か?」は、政治国家の消滅と経済による社会全体の支配というファシズムの全体主義が、オーストリア出身の哲学者であるオトマル・シュパンの全体性の哲学と、この哲学の影響を受けた一九三四年五月のオーストリア憲法に端的に表現されている、ということを明らかにする。シュパンの『真正国家』第三版（一九二一）は、反資本主義的で中世的な身分秩序を志向しているように見えるにもかかわらず、実際は、生産手段の私的所有者のために社会全体に対して経済議会の権力を確立する議論、つまりファシズムの全体主義を裏づける主張になっているのである。ポランニーは「オトマル・シュパン――ファシズムの哲学」（一九三四）のなかで次のように分析する。

経済秩序は社会や産業、労働関連の問題に関する司法機能を有し、課税システムを含む産業の一般的行政を確保している。さらに経済秩序は、産業生活の領域全体に関する立法権を与えられている。シュパンはこのプロセスを「諸秩序による国家の吸収」と名づける。［中略］共同体の生活にとって重要な立法、司法、行政のすべての機能が経済秩序に属することになる。これは所有者や産業の総帥による支配それ自体を意味する。政治国家は廃止され、公正や人間性や自由の思想を表現する権限はもはや存在しないのである。（Polanyi 1934d）

さらに、ポランニーは「協調組合主義のオーストリア」のなかで、オーストリア憲法が経済秩序の事柄を扱う協調組合議会、文化秩序の事柄を扱う精神議会、内政を担当する国家評議会、地方の利害を代表する地方議会といった別々の多様な機能的機関を設けているにもかかわらず、機能的組織の代表が選挙ではなく上位の権力機関の指名によって選出される点を批判し、「オーストリア憲法は、機能的な見せかけのもとでの民主主義の廃止に等しい」（Polanyi 1934c）、と結論づけている。ドイツ、オーストリア、イタリア、バルト三国（エストニア、リトアニア、ラトビア）、ルーマニア、スペイン、ポルトガルといった大陸ヨーロッパ諸国では、経済と民主主義との機能的不適合は、協調組合主義のファシズム的形態によって解決される方向を辿ったのであった。しかし、イギリスとアメリカでは、市場社会の危機の解決としての制度変化は、大陸ヨーロッパ諸国のようなファシズム的協調組合主義の形態をとらなかった。

一九三〇年代イギリスの制度変化

ポランニーは、『オーストリア・エコノミスト』誌に発表した一連の論文において、とくに一九二〇年代の後半から一九三〇年代中頃までのイギリスでは、経済と民主主義との機能的不適合に対してどのような解決が試みられたか、を追跡している。再建された金本位制のもとで産業の競争力を確保するために賃金の切り下げを断行する資本家に抗議した炭鉱労働者を中心とするゼネストが、一九二六年に失敗した。ポランニーは「イギリスのゼネスト」（Polanyi 2002a[1926]）および「イギリスのゼネスト問題」（Polanyi 2002b[1926]）において、この年を、（労働運動の政治的影響力の増大と普通選挙で選ばれた民衆政府の指導力によって）民主主義を社会すべての領域に漸次的に広げる機能的社会主義への道が終焉した画期、と位置づける。

しかし、機能的社会主義による経済と政治の機能的不適合の解決可能性が遠のいたとはいえ、普通選挙権と議会制民主主義が保有されている限りは、労働者階級の利害を代表する政府が市場経済の機能に政治的民主的に介入する余地も、通貨安定や賃金切り下げや社会保障費削減といった市場経済からの要請を政府が拒絶する余地も残されている。ポランニーによれば、市場社会は、普通選挙権と議会制民主主義を取り除かない限り、経済と政治との対立が深刻化していく傾向を内包していることになる。

一九二〇年代後半のイギリス社会は、経済と政治が機能的不適合に陥って袋小路にあった。一九二九年の選挙で成立した第二次労働党内閣（一九二九〜一九三一）は、世界経済恐慌のもとで増加した失業者に給付する失業手当の急増から生じた財政赤字（したがって通貨不安）を何によって解決するのか、失業手当の減額という労働者の負担か、それとも資本への課税か、というジレンマ的立場に立たされた。イングランド銀行はアメリカからの借款によって財政赤字と金流出を補塡しようとしたが、ニューヨーク連邦準備銀行は、失業手当の削減による予算の均衡化を借款の条件として要求した。マクドナルド労働党内閣は失業手当の削減を提案したが、これに与党の労働党が反対してマクドナルドを党から除名したために、総辞職するに至った。このようにイギリスの市場社会は、市場経済の要請と労働者階級の利害の代表する政治的要請とが対立し、経済も政治も機能不全に陥っていた。

この袋小路を打開すべく生まれた、マクドナルドを首班とする保守党・自由党・労働党の一部から成る挙国一致内閣(national government)は、一九三一年九月に金本位制を停止し、失業手当の減額と増税によって危機からの切り抜けを図り、一〇月の総選挙の勝利によって議会で圧倒的な多数派を形成するようになるが、ポランニーはマクドナルドを、「民主主義の伝統を民衆の不利になるように破壊した」(Polanyi 2002c[1931]:128)と酷評している。さらにポランニーは、国際競争力の低下に苦しむ石炭産業、鉄鋼産業、綿工業の労使協調による産業再編成と、この動きを追認する労働党の姿勢について分析し、大陸ヨーロッパとくらべてイギリスでは「民主的協調組合主義的」な形態で進んでいる、と表現している(Polanyi 2002f[1934]:254)。労働党を飛び出したオズワルド・モズレー(Oswald Mosley:一八九六〜一九八〇)が一九三二年に設立したイギリス・ファシスト連合による運動が展開されたが、イギリスでのファシズム運動は、政権獲得による政治領域を否定するには至らなかった。とはいえ、一九三〇年代のイギリスにおいても協調組合主義的な制度変化は、民主主義を後退させつつ、社会全体に対する経済領域の支配力の強化をめざして進行したのである(Cangiani 1994)。

以上のような、ポランニーが捉えた一九三〇年代における協調組合主義的な制度変化は、それがドイツやオーストリアのようにファシズム的形態をとっていようがイギリスのように比較的民主的な形態をとっていようが、経済と政治の機能的不適合に苛まれ危機に陥った市場社会に対する解答として理解しなければならない。

こうした制度変化の過程を考察する作業を通してポランニーは、経済領域と政治領域を切り離す限りでうまく機能することができるという、市場社会の制度的条件を発見する。これは後に『大転換』で本格的に展開されることになる、経済領域と政治領域との分離という一九世紀の市場社会の制度的命題である。ポランニーがこの命題を最初に定式化したのは、一九三四年に執筆したと推定される未公表の草稿「マルクスのコーポラティズム論」（1941）においてである。彼はこの草稿のなかで、民主主義および民衆政府に敵対的なファシズム的協調組合主義の出現を、経済領域と政治領域の分離という自由主義的資本主義（市場経済）の制度的条件との関連で分析したのであった。

2 協調組合国家としてのファシズム把握

ファシズムの本質

ファシズムはなぜ生まれたのか、ファシズム運動は他の反動的な運動とどこが違うのか、権力を握ったファシズムはいかなる社会体制をめざすのか。こういったファシズムの根源と本質に関する問いについてポランニーが最初に本格的に分析した論文は「ファシズムの精神的前提」（一九三三）であるが、これは、ポランニーがイギリスに亡命する前に執筆され、オーストリアの宗教的社会主義者たちの小集団の機関紙『人類の戦士』で公表された。また、イギリスでポランニー自身も参加したキリスト教左派グループによって公刊された『キリスト教と社会革命』（一九三五）に収録されている有名な論文「ファシズムの本質」は、一九三〇年にウィーンで『人類の戦士』に発表された同名のドイツ語論文を発展させたものである。

ポランニーは、大陸ヨーロッパのファシズム運動のなかに、ヨーロッパの個人主義や民主主義の源泉となっているキリスト教の伝統的価値観の否定を見出す。そして、市場社会の危機へのファシズム的解決が優勢になる現実のなかで、労働運動やマルクス主義には民主主義の重要性を、キリスト教徒にはファシズムの反個人主義を訴えていく。キリスト教とマルクス主義を批判的に総合するポランニーのファシズム分析は、哲学的な次元においても深められるのである。

経済と民主主義の危機

ポランニーにとって経済と民主主義の危機［★2］の把握は、ファシズムの根源と本質に関する問いを究明するための出発点である。ファシズム現象のなかには、反資本主義、社会主義的要素、生産手段の私的所有の擁護、独裁、民主主義の否定、大衆運動、人種主義、暴力といったさまざまな要素が絡み合って存在している。ポランニーは、このような複雑な現象を呈するファシズムの本質的理解は経済と民主主義の危機分析から出発することによってのみ可能である、という認識に到達する。「ヒトラーと経済」、「経済と民主主義」、「三機能国家とは何か」などでの考察を踏襲した論文「ファシズムの精神的前提」のなかで、彼はファシズムの根源にある社会的危機について、掘り下げた考察を行っている。

> この一〇年来、全世界が（何よりもわれわれ自身が）、経済も民主主義も共にきわめて重大な危機にある、と主張してきた。経済がまず戦争［第一次世界大戦］直後から恐ろしい危機に陥り、次にはここ三年［一九二九年］来、第一次世界大戦に劣らず恐ろしい世界経済恐慌に見舞われている。民主主義も、戦争終結以来ほとんどずっと誤った方向に発展したり、議会主義が機能不全に陥ったりすることによって、危機状態にあることが明らかになっている。経済と民主主義のこの危機は、われわれの社会的存在の根底にまで食い込んでいる。この危機が同時に、この矛盾に満ちた、社会にとって致命的な状態からの出口を探そうとする大衆運動の精神的内容の前提になっていることに、どうして今さら驚くことがあるだろう？（傍点原文、［　］内は筆者）
>
> （Polanyi 2005h[1933]:217-218）

ポランニーの分析によれば、経済と民主主義の危機、その根底にある自由主義的資本主義と民主主義との対立という認識がなければ、ファシズムと社会主義が共に、制度的に分離し対立し合っている経済と政治の融合をめざす社会革命であることも、ファシズムが社会的危機の打開を求める大衆運動の性格を持つことも、理解できない。ファシズムが民主主義（政治領域）を廃止し自由主義的資本主義とは別のタイプの資本主義をつくり出すことで経済機能の回復を図る危機解決策であるのに対し、社会主義は、（経済領域を廃止して政治を絶対化し、経済を国家に吸収しようとする共産主義とは違って）民主主義を政治領域から出発して経済領域まで漸次的に広げることによって危機を打開しようとするものである。

一九三〇年代の社会的危機の背景には自由主義的資本主義と民主主義の危機がある、というポランニーの命題は、イギリス労働党左派の理論家であるラスキ（Harold Laski：一八九三〜一九五〇）やオーストリア社会民主党の指導者のオットー・バウアーによっても認められていた［★3］。また、表現の仕方は違うが、ファシズムの指導者のヒトラーやムソリーニも、「資本主義と民主主義は両立しない」という認識を示していたのである。

ドイツ、オーストリア、イタリア、バルト三国、ルーマニア、ハンガリー、ブルガリアといった大陸ヨーロッパの多数の国［★4］でファシズムが勝利し、民主主義の拡大による社会主義の可能性が困難になっていく一九二〇年代後半の時代状況のなかでも、ポランニーは、民主主義を社会全体に広げる解決策をファシズムのオルタナティブとして対置し続けた。ポランニーは、一九三七年に執筆した草稿「ヨーロッパで対立する哲学」においても、大陸ヨーロッパの真の政治的対立は、民主主義を廃止し新しい資本主義の基礎上で社会を統合しようとするファシズムの傾向と、経済を含む社会全体に民主主義を広げようとする社会主義的解決策との間で生じている、という認識を維持している。

★2　経済と民主主義との対立に関する議論は、一九二〇年代のポランニーが追究した、市場経済と責任に基礎を置く人間の自由との対立に関する命題の展開、ということができる。

★3　民主主義の危機という命題は、ラスキ『危機にたつ民主主義』（1957[1933]）とバウアー『二つの大戦のはざまで』（バウアー1992[1936]）において主題的に展開されている

★4　ポランニーは「ヨーロッパで対立する哲学」（一九三七）のなかで、ファシズムと共産主義の影響に入っていない大陸ヨーロッパの民主主義国として、フランス、ベルギー、オランダ、スイス、チェコスロバキア、スウェーデン、ノルウェー、デンマークを挙げている（16-10）。

マルクス主義のファシズム論

ポランニーの「ファシズムとマルクス主義用語」（一九三四）によれば、ファシズム分析の出発点となるべき経済と民主主義の対立という認識に欠けているのが伝統的マルクス主義である。マルクス主義は、議会制民主主義を資本主義に適合的な政治制度（上部構造）として理解しているために、発達した産業社会では経済と民主主義との対立が深刻化して両者が機能不全に陥るという認識に到達するのが難しく、なぜファシズムが発生するかをその前提条件から説明することができない（Polanyi 1934f）。簡単にいえば、民主主義が労働者階級の影響力を広げる手段になっているのに対し、資本主義経済のもとでは生産が資本家の排他的な主導で行われ、政治と経済がそれぞれ対立する別々の原理のもとにあるために、経済と民主主義との機能不全が生じるのである。ポランニーはこのことを、「国家における労働者の政治的権力と経済や経営における労働者の無力との矛盾によって、経済自体が機能できなくなってしまう」（Polanyi 2005h[1933]:218）、と表現している。

マルクス主義のファシズム論のもう一つの欠陥は、資本主義と民主主義との機能的対立を理解できず、それを資本家階級と労働者階級との権力の獲得をめぐる対立に還元してしまうために、ファシズムを生み出す危機は資本の利害と労働の利害との対立を超える社会全体の存続に係わる危機であることが理解できない点にある。ポランニーは「マルクス主義を言い換える」（一九三四）のなかで、この論点の重要性を指摘する。

民主主義と資本主義、すなわち現存する政治システムと経済システムは機能不全に陥っている。というのも、それぞれが正反対の利害を有する二つの異なる階級の道具になっているためである。しかし、社会崩壊の脅威はこの正反対の利害から生じるのではない。それは、機能不全から生じる。この違いはきわめて重要である。機能不全を避けるために行動に結集される力は、機能不全を引き起こす正反対の利害の力よりもはるかに強力である。ついでにいえば、これが現代の社会大変動の激烈さを説明するものである。（Polanyi 1934h:188）

階級対立や階級闘争は社会の現実を構成する重要な要素であるけれども、そのままでは社会の現実を代表するものではない。「階級利害が社会の原動力になるのは、ある客観的な歴史的状況のなかで、それが社会全体の利害を代表する限りにおいてのみである（傍点筆者）」（*ibid*.:188）。ポランニーによれば、マルクスの階級論に存在していたこの「社会全体の利害を代表する」という視点が、伝統的マルクス主義には欠落している。労働者階級が、経済と政治との機能的不適合の危機のなかにあって社会全体の利害を代表するには、自分たちの利害を社会全体の利害に適応させるというコスト、言い換えればリーダーシップ［★5］のコストを支払わねばならない。具体的には、労働者階級が自分たちの利害を超えて農民や自営業者などの小生産者の利害を代表することができてはじめて、彼らをファシズムの陣営に追いやることなく民主主義的勢力の側に引き寄せ、民主主義を経済領域にも拡大するやり方で危機に対応できる。ポランニーは、社会的危機に直面したときに労働者階級のリーダーシップが欠如していたことが、大衆運動としてのファシズムを台頭させることになった大きな要因である、と省察している。

下層の中産階級や農民から成る大衆は、多少の差はあれ、社会が社会主義的か資本主義的かということには関心がない。彼らがたいてい断固として関心を持つのは、社会はそのどちらか一方であるはずだということである。労働者階級が先に立って社会主義に向かい、実際にそこに導くことができるようにするために自分たちの利害を彼らの利害に適合させるならば、彼らは労働者階級に進んでついてくるだろう。しかし、無関心な大衆はまた、致命的な膠着状態からの出口がほかにないと感じるならば、資本家の指導にも喜んで従う。そのとき、ファシズムが入っ

★5　ポランニーはリーダーシップという用語を、両大戦間期のイタリアの独創的マルクス主義者であるグラムシのヘゲモニー概念（支配階級が被支配階級から支配への積極的な同意を調達する指導力あるいは主導権）に近い意味で使っている。

てくるのである。

（*ibid.*:188）

協調組合主義的資本主義としてのファシズム

「ファシズムの本質」では、民主主義と資本主義が両立しないことが明白になった一九三〇年代の社会的危機のなかで、民主主義を廃止して生産手段の私的所有と資本主義を救済するファシズムの運動が勝利したことによって、政治領域の民主主義を経済領域まで広げて産業社会に自由を拡大していこうとする社会主義的労働運動の可能性が阻止された、ということが明らかにされる。ファシズムは、政治領域を廃止すると共に、普通選挙や議会制民主主義、思想の自由や宗教の自由といったあらゆる形式の民主主義を廃止する。人間の生活のなかで後に残るのはただ経済生活だけである。

この秩序枠のなかでは、人間は生産者とみなされるだけであり、それ以外のものとは考えられない。

（Polanyi 1935:393/ 訳219-220）

ファシズム的体制のもとでは、人間はすべて経済人であり、個人と社会の関係も個人と個人の関係も、すべて政治的・文化的意味が剝奪されて経済的にのみ意味を持つことになる［★6］。このように経済生活が社会全体を埋め尽くした経済とはどのようなタイプの経済だろうか。ポランニーによれば、ファシズムの政治的誘引力は、政治の廃止によって経済がふたたび機能するようになるという「救済」の約束が、大資本、金融業界、地主、没落した中産階級を惹きつけるところにある。例えば、ポランニーがたびたび引用する一九三二年のヒトラーのデュッセルドルフ演説の、「政治における民主主義的平等の原則と、経済生活における生産手段の私的所有の原則との間の完全な矛盾が、現在の危機の主要な原因である」（Polanyi 1935:391-392/ 訳217）という主張は、そのような経済機能の救済を呼びかけた言葉である。

この意味でのファシズムの介入は、従って実践的には資本主義の救出を意味する。ただし、国家と社会のシステム全体を革命的に改造することによってである。(Polanyi 2005h[1933]:219)

しかし、ファシズムが救済するのは自由主義的資本主義ではない。ファシズムは非自由主義形態の資本主義、すなわち、協調組合主義的資本主義《コーポレイティブ・キャピタリズム》をつくり出そうとする。「資本主義はびくともせず、無傷のまま、新たな別名を使って存在し続けるのである」(Polanyi 1935:367/訳179)。ファシスト党は、経済システムを協調組合主義的秩序(身分的秩序)に変えるために国家権力を使うときにのみ、その政治力を維持できる。「ファシズムの精神的前提」のなかでポランニーは、協調組合主義的資本主義の内容を次のように要約している。

計画されているのは自由主義的「自由放任」への復帰ではなく、計画経済である。それはしかし、経営者に敵対する民主主義国家によってではなく、「経済的諸身分」を統治する資本家自身によって指導される計画経済なのだ。これは次のような結果を生む。①経済指導者自身による計画作成(生産制限)、②雇用者の指導下での労働者と雇用者との協力(ストライキの禁止)、③国民的計画経済(傍点原文)。(Polanyi 2005h[1933]:219)

権力を掌握したファシズムは、協調組合主義的資本主義の形成によってこのような一種の経済革命を遂行し、それに

★6 ポランニーとドラッカーのファシズム理解は対照的である。ドラッカーは『経済人の終わり』(Drucker 1995[1939])において、ファシズムの原因を、市場社会(商業社会)が個人を社会での地位や所属を欠く経済人に還元していることに求め、ファシズムを経済人からの脱却の試み、社会のなかで地位や所属を持つ産業人への転換の試みとして理解する。これに対してポランニーは、ファシズムの根源を経済と民主主義との機能不全に求め、ファシズムを市場社会の疎外された状態の永久化として理解する。

成功してはじめて全体主義体制を維持することができるのである。

ファシズムの社会哲学

「ファシズムの本質」のなかでポランニーは、キリスト教の個人主義とマルクスの疎外論を拠りどころにしながら、ファシズム運動の狙いや社会哲学について考察している。

> [中略] 中部ヨーロッパにおいては、産業労働者階級が普通選挙によって経済的・社会的立法に及ぼす影響が大幅に増大し、普通選挙で選ばれた議会は、大きな危機が起こるたびに社会主義的解決策へと傾いてきた。ひとたび代議制民主主義の存立が許されると社会主義運動が着実に発展することは、第一次世界大戦後のヨーロッパ大陸に支配的な歴史的経験となっている。この点を拠りどころとして、代議制の権威が損なわれずに残りさえすれば社会主義が到来するに違いない、という確信がヨーロッパ大陸には見られる。したがって、もし社会主義を到来させてはならないとすれば、民主主義を消滅させねばならない。これがヨーロッパにおけるファシズム運動の存在理由である。
>
> (Polanyi 1935:366-367/ 訳178)

ファシズム運動の狙いはこのように、社会主義の基盤となるあらゆる形態の民主主義を消滅させ、社会主義の到来を阻止することにある。この意味でファシズムには、社会主義革命を阻止する政治革命としての性格がある。このように把握したうえでポランニーは、ファシズムによる社会主義運動への攻撃と教会への攻撃とが密接に関連している、と強調する。社会主義の到来を阻止するためにファシズムは、西欧の民主主義的伝統の源であるキリスト教の個人主義に対しても攻撃の矛先を向けている、というのである。

社会主義に加えられる攻撃が、社会主義をその宗教的、道徳的根源にまで掘り下げていない攻撃であるならば、その効果は長続きしない。その根源には、キリスト教が存在するのである。（Polanyi 1935:361/ 訳171）

ポランニーによれば、ファシズムが社会主義の宗教的起源として破壊に熱中するのは福音書の個人主義であり、等しく無限の価値を持つ個人間の平等な関係に基づく個人主義である（Polanyi 1935:366/ 訳178）。ポランニーは、キリスト教における無限の価値を持つ個人、平等な個人、人格関係としての共同体、つまりキリスト教的個人主義の内実について、次のように説明する。

キリスト教的個人主義は、「神が存在するがゆえに、個々の人格は無限の価値を持つ」と考えるのである。それは、人間みな同胞という考え方である。人びとが魂（soul）を持つということは、彼らが無限の価値を持つことを言い換えたにすぎない。人びとが平等であるというのは、人びとが霊魂を持っているというのと同じことにほかならないのである。人類みな同胞という考え方は、個人の人格が共同体の外では現実のものとはならないことを暗に意味している。共同体の現実性とは個人間の関係であり、共同体が現実であるべきであるというのは、神の意志にほかならないのである。（Polanyi 1935:369-370/ 訳183）。

キリスト教的個人主義は、一九世紀の物質主義的個人主義でも、ドストエフスキーの『悪霊』に出てくる無神論的個人主義（登場人物キリーロフの人神思想）でもない。人格としての個人に無限の価値を認めるキリスト教的個人主義は、社会の本質を人格関係として捉える見方、「人格関係としての社会（society as a relationship of persons）」という考えに立脚している。ファシズムが社会主義の源として根絶に努めているのは、平等な諸個人の関係に基づくキリスト教的な個人主義である。ポランニーは「ファシズムの本質」の第2節「無心論者とキリスト教的個人主義」のなかで、キリスト教的個人主義とファシズムの反個人主義を次のように対照的に説明する。

キリスト教は、社会を人格関係と考える。他のことはすべてこの点から論理的に出てくるのである。それに対して、ファシズムの中心的な主張によると、社会は人格関係ではない。この点にこそ、ファシズムの持つ反個人主義の重要性がある。（Polanyi 1935:370/ 訳184）

このようなキリスト教的個人主義の拒絶としての反個人主義が、ファシズムの「隠された哲学的本質」（Polanyi 1935:359/ 訳167）である。ファシズムの社会哲学は、「社会が人格関係ではないような世界像を生み出す」（Polanyi 1935:370/ 訳185）体系的な試みなのである。ポランニーは、シュパンの個人主義批判〔★7〕の議論のなかに、社会主義とキリスト教が共通に持つ個人主義の意味が端的に明らかにされていることを確認する。シュパンは、個人主義が社会主義を生み出すことを批判し、社会主義の基盤となる個人の意識と目的を解消した全体主義を提唱するのである。

ファシズムの社会哲学は他方で、市場経済における人間関係の物象化された状態と人間の自由との対抗という、市場社会の根本にある矛盾を消し去り、疎外され物象化された社会状態を永久化する。この論点を明らかにするのに、ポランニーはマルクスの資本主義社会批判の方法である物象化論を次のように使っている。

発達した市場社会では、人間関係は商品の交換に媒介されて間接的になり、商品の交換価値という物象化されたかたちをとって表現される。つまり、人間関係は商品と商品の関連という物象的な関係として表現される。その結果、「商品は自分自身の法則に従い、市場を忙しく出入りし、場所を変え、自分自身の運命を自分で支配しているように見えるのである。われわれは幽霊のような世界にいるのであるが、この世界では幽霊（specters）こそが現実なのである（傍点原文）」（Polanyi 1935:375/ 訳192）。ポランニーによれば、人間関係の物象化と客体化という事態は、商品の交換価値のみならず、貨幣価値、資本、労働、国家、法についても妥当する。これらの客体化された現象は「人間が自己から疎外された事態の現実の姿なのである」(*ibid.*)。

しかし、ポランニーにとって市場社会は、疎外と物象化が一〇〇パーセント支配する世界ではない。それは民主主義によって客体化された世界を縮減させ、直接的に人格的な透明な関係を広げていく可能性を有している。ポランニーは、一九三〇年代の「ファシズムの本質」の展開においても、一九二〇年代と同じように、人間関係の物象化による客体化の進行と民主主義による自由の領域の拡大という対立図式に従って議論を推し進める。

> 人間関係こそ社会の現実(reality of society)であって、分業があるとしても、それは直接的、すなわち人格的でなくてはならない。(*ibid.*)

確かに、商品や資本がそれ固有の法則に従って運動する亡霊の世界という疎外された事態は実際の「現実」であるが、キリスト教が前提とする社会のあるべき現実は、異なる人格を有する諸個人の人間関係でなければならない。ここでポランニーは、「人間の本性は資本主義に反逆する」(*ibid.*)という表現で、「市場社会の疎外された現実」と「人格関係としての社会の現実」との対立命題を示している。

この文脈において、「人格関係としての社会」を否定するシュパンが描く「意識を持った人間そのものがいないか、あるいは人間の意識が社会の存立や機能と何らの係わりも持たない」(*ibid.*:370-371/ 訳185)全体主義的社会像の意味が明らかになる、とポランニーはいう。ポランニーによれば、「シュパンの方法は資本主義に対する新種の形而上学的正当化となる」(*ibid.*:374/ 訳191)。というのも、人間の自己疎外された状態を肯定するシュパンの哲学は、「人格関係としての社会」を社会の現実として実現しようとする要求を放棄し、市場社会の疎外状態を永久化する議論であるからだ。

★7　ポランニーによれば、シュパンの批判した個人主義は無神論的個人主義である。

シュパンの想定する社会の構成単位は「諸協調組合（corporations）」や機能的な諸領域であって、人格を有する諸個人ではない。「意識なき社会的有機体」（*ibid.*:382/ 訳202）である全体主義的社会のなかで、諸個人は自らが割り振られている協調組合の機能を介してのみ、相互に係わるのである。

全体性の領域である社会では、個人は構成単位とはならない。構成単位とは政治的・経済的・芸術的な単位であって、個人は彼らを包み込んでいる全体領域という媒介を通してのみ、相互に関係する。（*ibid.*:373/ 訳189）

ポランニーは、一九二〇年代の自由論で展開した「社会的客体化」という、市場経済と自由の対極性を意味する用語で、シュパンの社会像について説明を続けている。

国家、法、家族、習慣などが「客体化（objectifications）」されるだけでなく、経済生活や私的な生活を含む、あらゆる種類の社会集団の機能や接触が「客体化」される。かくして、個々人にとって足がかりとなるものは何も残されず、人間は自己疎外の状態に陥れられる。資本主義は正当であるばかりか、永遠のものとなるのである。（*ibid.*:376/ 訳193）

ポランニーによれば、すべてが客体化されることは、個人が自らの意識によって直接的に自然や他者や社会に働きかけその影響に対する責任を引き受けるという、自由の領域の消滅を意味する。ファシズムは、市場社会における物象化とは異なる仕方で、つまり諸協調組合を通じて完全に客体化された「意識を欠いた無力な肉体」（*ibid.*:376/ 訳194）を組織する仕方によって、疎外され物象化された社会関係と自由の条件である直接的で人格的な社会関係との対立を否定するのである。ポランニーはファシズムの本質のなかに、人格関係としての社会の破壊、および市場経済の疎外状態の永久化、そして自由の否定を見出したのである［★8］。

協調組合国家《コーポレイテイブ・ステイト》による民主主義の完全否定

ポランニーにとって、自由主義的資本主義と民主主義の危機、すなわち市場社会の危機の解決形態をめぐるファシズムと社会主義との対立は、物質的な利害を超えた、人間の理想や歴史の意味、社会における人間生活の意味、一口にいえば人間の自由に関する闘いである。「ファシズムの精神的前提」では、社会主義がファシズムに打ち負かされた理由として、労働運動がパンのために自由の理想を捨てたこと、人間の理想の実現や歴史の意味についての闘いを断念したことが指摘されている（Polanyi 2005h[1933]:221）が、これらの指摘は、自由の概念がポランニーにとっていかに重要であるかを示している。「ファシズムの本質」においても、一九世紀の自由主義的資本主義にとって代わる新しいタイプの資本主義をつくり出すことで資本主義の救出を図るファシズム運動とファシズム体制が、西欧の自由や民主主義、個人主義の原点にあるキリスト教の社会観、人格関係としての社会という考えを否定して新しい型の人間の意識への移行をめざしている、ということが分析された［★9］。

ポランニーによれば、個人の意志や意識や目的を表現するためのさまざまな民主主義的制度——普通選挙、議会制民主主義、小集団内の密度の高い民主主義、思想・学問・信仰の自由、等々——を廃止したファシズム国家が最終的にめざす体制は、協調組合を単位とする経済的国家である。「ファシズムの本質」でポランニーは、ファシズム国家を次のように描写している。

★8　このような市場経済の疎外状態の永久化と政治領域の否定についてモクランは、「経済の根本的な自立化」によって政治が語るべき本来の言葉をなくしてしまった「歴史の終焉」として、あるいは「資本の直接的支配によって社会生活の経済領域と政治領域が融合し、近代の政治的経験が除去される」歴史なき世界として、説明している（Maucourant 2005:181）。
★9　ポランニーはキリスト教とファシズムとの闘争を、「人間の人格を発見した宗教の代表と、かかる人格の概念を廃絶する決意を自らの新たな宗教の中心にする人びととの間」の闘争、と表現している（Polanyi 1935:390/ 訳 215, 訳語修正）。

さまざまな産業分野は法的に諸協調組合（corporations）と認められ、それぞれの領域で生起する経済面・金融面・産業面・社会面の諸問題に対処する権限が与えられる。つまり、それまでは政治的国家に属していた立法、司法、行政の権力を、諸協調組合がほとんどすべて吸収することになる。社会生活の実際の組織は職業的に基礎づけられる。代議制は経済的機能に沿って組織され、技術的かつ非人格的になる。

（Polanyi 1935:393/ 訳219–220）

このような協調組合国家《コーポレイティブ・ステイト》のもとでは、立法、司法、行政といった政治的国家の機能は産業分野ごとに結成された協調組合に吸収され、社会全体に対する経済機能の影響力が最大になる。個人の意志や目的を代表する代議制も、産業別に組織されて非人格的なものになっている。社会全体のなかでは、経済機能のみが表現され、人間の価値観や思想が表現される余地は存在しない。ポランニーはこの国家構築を、「人間の意識の本性そのものを変える試み」（*ibid.*:394/ 訳220）と規定する。

協調組合国家とは、共同体に対する個人の意識的意志や目的も、また、共同体のなかの自分の持ち分に対応する個人の責任も存在しない、という状況なのである。

（*ibid.*:394/ 訳221）

ここで、人格関係としての社会や「共同体に対する個人の意識的意志や目的」、「共同体のなかの個人の責任」といった用語は、ポランニー思想の中核である社会的自由を表現している。市場経済の疎外状態の永久化を実現する全能の経済国家としての協調組合国家は、社会的自由（責任と義務を担うことによる自由）を実現しようとする意志や理想さえも生まれない状況であり、社会的自由の完全なる否定である。

ポランニーは、経済的国家をめざすファシズムが優勢になり、社会主義に通じる民主主義が後退する時代状況のなかでも、経済を含む社会全体に民主主義を広げることで民主主義を危機から救いだすという社会主義の道を支持し続ける［★10］。ファシズムと民主主義との国際的次元での対抗を描いた小冊子、『今日のヨーロッパ』から引いた次の文章は、これを端的に表わしている。

現代の産業社会は、長期的には民主主義的かファシズム的かのいずれかである。［中略］人間的な平等と責任の理想に基づくのか、それともそういった理想の否定に基づくのか、のどちらかである。しかし、現在の生活条件のもとでは、民主主義の原理が経済システムを含む社会全体にまで拡大されない限り、民主主義を維持することはできない。これ（民主主義の原理を社会全体に拡大すること）は、一般に社会主義と呼ばれている。（Polanyi 1937:56）

ポランニーにとって民主主義は、政治領域を超えて社会全体に拡大することで社会主義に進化すべきものであり、民主主義の完成された状態が社会主義である。社会主義の目的は、「全体が個人の意志と目的に依拠する状態を完全に実現すること」、「全体のなかでの持ち分に対する個人の責任を持ち分に従って増大させること」。要するに社会的自由を達成することである。社会的自由は、「社会を人格間の意識的かつ直接的な関係の媒体として［中略］つくり上げていくこと」（Polanyi 1935:393/ 訳219）によってのみ、実現可能である。ポランニーは、社会的自由のための民主主義的制度として、全生産者の創意の奨励、計画についての徹底討論、産業過程のなかで個人の役割が見通せること、職能と地域による代表制、政治的・経済的自治の訓練、小集団での密度の高い民主主義、リーダーシップ教育などを挙げている（*ibid.*）。

ポランニーによれば、ファシズムの本質は社会主義の理想と比較することでよく理解できる。諸個人の意識的かつ直

★10　ポランニーは、人格関係としての社会という考えを維持する限り、個人の意志と責任が世界から消えてしまうことはない、と考えている。

接的な人格関係として社会を想定するキリスト教の個人主義を本質的に否定するファシズムは、経済危機に乗じて民主主義と社会的自由の理念を共に世界から一掃しようともくろむ、恐ろしい企てなのである。

3 キリスト教社会学とマルクス主義のポランニー的総合

マルクスとの三度目の出会い

キリスト教と社会主義、キリスト教とマルクス主義をめぐるキリスト教左派との討論がマルクスの『経済学・哲学草稿』の解読を理論的土台として行われたことは、ポランニー自身の思想や理論に影響を与えた。『経済学・哲学草稿』は、彼にとってマルクスとの三度目の出会いである（Polanyi-Levitt and Mendell 1987:27）。ブダペストで最初に出会ったとき、客観的で科学的な法則を主張するマルクスの議論に対して、ポランニーは人間の倫理的責任と相容れないという理由から異議を唱えた。ウィーンでの二度目の出会いでは、社会的自由や民主主義や透明な人格関係に対立する、不透明に客体化された社会の現実を理論的に説明する際に、彼はマルクスの物象化論（『資本論』第1巻第1章第4節「商品の物神性とその秘密」）を積極的に利用した。イギリスでの三度目の出会いでは、ポランニーは、『経済学・哲学草稿』を介してキリスト教とマルクス主義の異同を研究するなかで、論文「ファシズムの本質」で彼が社会主義の公理として理解していたキリスト教の社会観、すなわち「個人間の人格関係としての社会」という考えを批判的に検討するようになる。この点に関してポランニーがいかに『経済学・哲学草稿』から感銘を受けていたかは、草稿「キリスト教と経済生活」（一九三五～一九三七と推定）の次の文章が示している。

今から約一〇〇年前、マルクスは、『ギリシアの哲学者クレアンティス』（一八三六）という未公刊の著作で哲学の研究を開始した。彼自身がこの著作を、「神の本性とその純粋理念、宗教、自然、歴史としての顕現に関する哲学的・弁証法的論述」として性格づけている。マルクスがこの草稿を破棄したにもかかわらず、それが彼の後の全著作の出発点であったということは、ほとんど疑いのないところである。『経済学・哲学草稿』と名づけられた、最近発見されたすぐれた草稿は、人間学がマルクス哲学の基礎を構成することを明らかにしている。マルクスの社会学は彼の人間学の一部にすぎないが、マルクスの経済学は実際、この社会学を資本主義社会の特定の側面に適用したものである。〔中略〕マルクスによれば、人間社会の歴史は人間の真の本質の自己実現の過程である。今日のわれわれの社会では、直接的で人格的な、すなわち人間的な諸関係に対するわれわれの本質的な切望は阻止されている。（19-22:6-7）

キリスト教社会学

ポランニーは草稿「キリスト教と経済生活」のなかで、社会を個人間の人格関係として理解するキリスト教の社会観の問題を検討している。このキリスト教の社会観は、彼自身が論文「ファシズムの本質」で社会主義の自明の公理として用いていたものである。ポランニーが問題視しているのは、諸個人の人格関係として社会を捉える限り、社会に現存する諸個人の間接的で物象化された関係や社会生活の政治的・経済的制度が抱えている諸問題についての取り組みが重要であると理解されないことである。それらは社会の本質ではないものとして無視されるか、あるいは容易に乗り越えられるべき対象とみなされてしまう。このようにキリスト教の社会観は、社会の本質的側面と現象的側面のうち、後者の分析が欠落しているのである。ポランニーはこのようなキリスト教の社会観に、社会生活における人間相互の関係が客体化された権力や経済価値や法則の現象、あるいは経済・政治制度についての分析を加えることが不可欠だと考え、「キリスト教社会学」を提案するようになる。

社会の本質についてのキリスト教の公理はきわめて大胆で逆説的である。それは、社会は個人間の人格関係であるという簡単な言い回しで表現することができる。ところで、社会をこのようにみなすことは、社会的生活における制度的側面やその他の非人格的諸力の役割をすべて無視することである。ある意味でそれは、社会の客体的存在を完全に否定することである。人間の社会的生活の現象的側面と本質的側面の間で緊張がつくり出される。キリスト教のこの形而上学的な溝は、一定の倫理的衝動によって乗り越えられる。われわれの課題は、社会をその本質に合致させることである。

（19-22:1）

ポランニーのいうキリスト教社会学は、「人間の社会的生活の現象的側面と本質的側面」の間でつくり出される緊張を乗り越えようとする倫理的衝動を社会科学的に展開しようとするものであり、その最大の関心は、社会のなかで共同体を完成させることである。キリスト教社会学をつくり上げるうえで重要なのは、共同体と社会を明確に区別することである。共同体が個人と個人の直接的で人格的な関係を表現するのに対し、社会は、商品や制度に媒介された、個人と個人の間接的で非人格の関係を表現する。この区別がキリスト教社会学の要を成す。

英語では、社会的生活のこの側面を明確に言い表わす言葉がないように思われる。この側面の表現としていちばん近い言葉は、個人間の肯定的な人格関係、すなわち、直接的で媒介されず、それ自体で意味のある関係［中略］という意味で、共同体（community）である。それゆえ、共同体はわれわれにとって、社会（society）と同義語ではない。実際、共同体と社会の関係の弁証法こそキリスト教の社会倫理を理解する鍵である。

（*ibid.*:2）

共同体はキリスト教にとって社会の次元を超えるものであり、社会を否認しそれを超えようとする倫理的衝動によって表現される。本来的に不完全で限定的な社会をその本質である人格間の共同体に合致させることが、キリスト教社会学にとって永遠の課題になる。

従来のキリスト教の社会観は、諸個人の人格関係から成る共同体が維持され存続するためには、物質的財の生産と配分に関する経済生活をはじめとする社会生活の諸制度が不可欠である、という点をあまりにも軽視してきた。これに対して、共同体と社会を区別するキリスト教社会学は、社会の制度的生活や物質的な経済生活、さらに社会の歴史的に変化する側面に関心を注ぐのである。

共同体は、単なる共通の伝統と信条の分かち合いのなかにではなく、実際の物的な分かち合いのなかに存在するのである。(*ibid.*:3)

物質的生活の分担は人間の共同体の構成要素である。それゆえ、共同体の実現は物質的生活の条件と無関係ではありえない。(*ibid.*:16)

マルクス主義の意義

ポランニーによれば、マルクス主義の社会観と社会の歴史の見方は、キリスト教に欠けている実際の社会生活や経済・政治制度に対する関心を補うことができる。とりわけ、マルクスの資本主義社会批判は、社会生活のどの側面が人びとの共同体への衝動を阻止しているかを明らかにすることによって、キリスト教社会学に貢献するのである。

マルクスによれば、社会の歴史は人間の真の本性の自己実現の過程である。現在の社会では、直接的で人格的な、すなわち人間的な関係を求めるわれわれの本質的な衝動は妨げられている。というのは今日、生産手段が孤立した個人の所有になっているからである。社会のなかで分業が行われているにもかかわらず、物質的生産の日常的過程は生産者たちを意識的な共通の活動のなかで結びつけるのではなく、彼らを相互に切り離した状態に置いている。経済生活は他の生活から分離されている。経済生活は、それ固有のメカニズムによって支配される、社会的生活の自立的な部分である。

（19-22:7）

経済生活が社会の他の生活から分離しそれ独自の法則に従って運動するという資本主義のあり方が、社会のなかで共同体を求めようとするキリスト教の倫理的衝動の実現を阻止している。自立している経済生活を社会のなかにふたたび吸収することが、共同体の実現にとって不可欠な課題となっているのである。このようにポランニーは、共同体と社会を区別し社会を超える共同体を志向するキリスト教的社会学を、マルクスの資本主義批判と結びつける。

かつて「中世の不完全な共同体」と「自由なき民主主義」（19-22:16）を破壊した資本主義の経済生活が、今や「新しい共同体」と「自由な民主主義」（*ibid.*）の創出を妨げている。ポランニーはマルクス主義の社会観を吸収することで、倫理と制度の側面を併せ持つキリスト教社会学を構築することができた。キリスト教社会学は、社会と共同体との間の溝をキリスト教の倫理的衝動によって埋める必要性を訴えるだけでなく、資本主義の非人格的で自立した経済生活を転換させる努力を通じて社会を共同体に近づけるべきである、という制度的側面からの主張が可能となったのである。

資本主義社会では、経済システムは社会の残りの領域から切り離されて発展してきた。経済システムを社会に吸収することは、社会のなかで共同体を完成させることに向けた将来への一歩なのである。

（21-22:3-4）

マルクス主義の限界

「共同体と社会――われわれの社会秩序のキリスト教的批判」（一九三七）［★11］は、キリスト教左派の研究サークルにおける討論の成果をポランニーが文章化した原稿である。そこでポランニーは、キリスト教社会学とマルクス主義との異同を次のように総括している。すなわち、両者は共通して社会の本質を諸個人の人格関係として把握し、そのうえで疎外され客体化された社会の現実と、社会の本質である共同体との緊張関係に着目している。両者の違いが出てくるのは、社会主義の理解をめぐってである。

マルクスは社会主義社会を「人間的」社会と定義するが、彼の著作のなかの「人間的（human）」という用語は、人間に独自的な動機が行きわたって、関係が直接的で媒介がなく人格的であるような存在様式を意味している。

（21-22:1）

ポランニーの解釈によれば、マルクスは社会の本質を諸個人の人格関係として理解し、「社会がその本質に合致している」（*ibid.*）社会主義社会と、共同体的関係が市場経済および生産手段の私的所有によって疎外されている資本主義社会とを、対照的に把握したのであった。したがってマルクスの考える社会主義社会では、疎外された社会の現実から脱却して直接的な人格関係が完全に実現されていると想定されており、人間は「自由の状態」（*ibid.*:7）に到達していることになる。ポランニーは、キリスト教の用語を使ってマルクス主義の社会主義観を次のように要約している。

宗教用語でマルクスの見解を表現すれば次のようになる。社会の現実は人格間の共同体にあり、階級社会は共同

★11　「共同体と社会」は、キリスト教左派の週末研修における討論の成果を、ポランニーが代表してまとめた原稿である。したがって「共同体と社会」は、表紙にポランニーの名前が記されているテキストではあるが、ポランニー一人の考えを展開したものではない。しかし、「共同体と社会」には、キリスト教とマルクス主義との関係に関するポランニーの考えを知るうえでも、『大転換』最終章における自由と「社会の現実の認識」に関する命題を理解するうえでも、重要な手がかりになる表現が含まれている（Thomasberger 2005b）。

体の否定である。技術的条件が共同体のより完全な達成を生み出すような社会編成の変化を可能にするときはいつでも、人間の真の本性が実現される。

（Polanyi 1990[1930s]:122-123）

ポランニーは、このようなマルクスの社会主義の見方について批判的であった。マルクス主義的社会主義はキリスト教社会学から見れば二つの限界を抱えている、とポランニーは「共同体と社会」のなかで指摘している。第一の限界は、「マルクス主義哲学は、共同体が社会の現実であると考えながらも、共同体を社会に限定することによって、共同体の意味を制限してしまうことである」（21-22:2）。ポランニーは、マルクス主義的共同体の理解から落ちてしまう領域として、キリスト教信者間の人格の分かち合いや芸術・活動・瞑想・自然といった人格的生活の内容を指摘する。そして、これらの領域が必ずしも社会に依存しないことや、「人間の共同体は、社会を超えると同時に社会に内在する」ことを強調している。マルクス主義の限界は、共同体の実現領域として「社会的・歴史的領域」しか認識していないことにある。マルクス主義における共同体理解の狭さは、その社会主義論から豊かな内実と動態を奪い、生気のないものにしている。

たとえ「人類の真の歴史が社会主義と共に始まる」としても、歴史のこの段階がひとたび達成されると、マルクス主義哲学には人類を次の段階に導くものが何もないのである。

（*ibid.*）

マルクス主義的哲学が社会主義を将来へと導く動的原理を欠いているのは、社会を超える共同体という動態的視点が不明確で、共同体の意味を社会の意味に還元して理解する傾向があるからだ、とポランニーは考察している。

マルクス主義的社会主義の第二の限界は、それが「完全な社会」という前提を払拭することなく、社会の共同体への合致を楽観的に想定する傾向である。生産手段の私的所有を破棄し、共同体への衝動を妨害する大きな要因が取り除かれるなら、社会のなかで共同体が容易に実現するのだろうか。ポランニーは、キリスト教の社会の限定的な見方と対比して、マルクス主義的社会主義における社会の過大評価を次のように指摘している。

マルクス主義的社会主義はいつでも暗黙のうちに、社会が完全でありうると前提している。国家や社会はその性質のゆえに不完全であるとするキリスト教徒の観点からすれば、このような種類の前提はやはり奇妙である。共同体は社会を超えている。それは、人間が邪悪だからではなく、社会が必然的に不完全であるからだ。いかなる社会も共同体の実現ではありえない。(*ibid*.:8)

ポランニーはキリスト教左派との討論を通じて、「社会は必然的に不完全である」、あるいは「いかなる社会も共同体の実現ではありえない」というキリスト教的社会観が、共同体や社会主義に関するマルクス主義の議論に根底的な反省を迫っている、と考えるようになった。今やポランニーは、一九二〇年代の自由論の議論や一九二〇年代前半のファシズム論には登場していなかった問題、「社会がつねに不完全であるのは、権力と経済価値が社会に内在しているからである」という論点を提起するようになる。ポランニーは「共同体と社会」のなかの「完全な社会はない」という項目で、次のように述べている。

いかなる社会も共同体の実現ではありえない。権力や価値は社会に内在している。人間のいかなる協働形態も、政治的・経済的な強制によって特徴づけられている。人間存在の不可避的条件には、多様な権力形態やそれを行使するさまざまな仕方から選択せざるをえないことが含まれている。それはわれわれが行うことのできる唯一の選択である。なぜならわれわれは、権力を配置しその権力の使い方に影響を与えることから逃れられないからである。例えば世論は、誰もそれに加わることを避けられないがゆえに、権力である。ある個人の観点がどのようなものであろうと、他者が彼と意見を共にする可能性はつねに存在する。そのように彼は、世論の一要素としてわれわれに話しかけてくるのである。それゆえ、われわれは望むと望むまいと、権力を生み出してしまうことになる。［中略］理想的な社会は人類が十分に責任を負うべきと考えられるような社会であり、われわれに選択の責任を負わせ、また、選択できないときは市民生活における強制や介入への責任という不可避的負担を意識的に引き受けることを可能にする社会である（傍点原文）。（*ibid.*:9）

この引用文には、『大転換』最終章における社会の現実の認識と自由に関する議論の原型を思わせる用語やフレーズが含まれているが、ここでは『大転換』で省略されている論理に注目することにしたい。それは、人びとの行為や選択が権力や経済価値（経済的・政治的強制）を生み出してしまい、それらが他者の行動や選択を強制する力として作用する、という論理である。社会では、人びとが望もうが望むまいが、あるいは好むが好むまいが、いずれにせよ他者を強制する権力や経済価値の創出に巻き込まれてしまう。そのような社会では、諸個人の関係は直接的で人格的ではなく、間接的で非人格的となる。

ポランニーのいう社会の現実の認識、すなわち「いかなる社会も経済的・政治的強制によって特徴づけられる」という認識は、マルクス主義に重要な論点を提起する。それは、将来の社会主義を、現在における市場社会と共同体との対立を解決する状態として、あるいは完全な社会的自由の実現として想定することはできない、というものである。より踏み込んでいえば、キリスト教社会学はマルクス主義に次の点を示唆する。それは、社会主義に「自由」と「共同体」が約束されていると想定すべきではない、というものである。自由と共同体は、いかなる社会においても――したがって社会主義社会にとっても――取り組むべき倫理的公理であり続ける。マルクス主義は社会の現実の強制的側面の問題を軽視しており、自由と共同体の実現を安易に想定している。ポランニーはこのように注意を促したのである（Thomasberger 2005b:10-11）。

社会についての意識改革

ポランニーはキリスト教社会学をめぐるキリスト教左派の理論家との討論やセミナーを通じて、人びとは行為や選択の思わざる結果として、他者を強制する権力や経済価値の創出に巻き込まれる、という認識に到達した。この社会認識はマルクス主義的社会主義の限界を浮上させるだけでなく、一九二〇年代のポランニーの自由論やキリスト教における共同体の理解に見直しを迫るものであった。ポランニーは、新しい社会認識が人間の意識の改革をもたらすと考え、グラント夫妻、ジョリー、ミュイルと共同執筆した「われわれの時代における人間の意識改革」（一九三七〜三八）のなかで次のように指摘している。

> 今日、人間の意識の形態は社会の認識によって変わろうとしている。社会は避けることができない。われわれは他者を犠牲にして自分たちの人生を生きるほかない。社会における人間は、意図に反して権力を生み出し、それによって他者を強制している。人間は社会から逃れることができない。世論でさえそれ自体が権力の一形態であって、各人は好むと好まざるとにかかわらず、権力の形成に係わっている。〔中略〕死の認識と同様に、社会の認識は決定的である。われわれは社会を認識することで大人になる。社会の認識によって失うような自由は幻想であって、われわれが得ている自由が現実なのである。〔中略〕福音書では、人生の人格的本性と個人の究極的自由が暴力や強制の不可避性を否定することと結びつけられて発見されている。そこでは、人間の本質が法律も組織も必要としない諸人格の共同体として、社会が考察されている。
>
> （Polany 2005i[1937-38]:274-275）

右記の引用文は、死のような避けられない事実を「覚悟して受け入れる（resign）」という言葉こそないが、『大転換』最終章「複雑な社会における自由」の最後の数パラグラフにある死の認識（旧約聖書）・自由の認識（福音書）・社会の認識（オーウェンの産業社会観〔★12〕）と基本的に同じ内容を、おそらくポランニーが最初に文章化したものである。ここでも一九二〇年代の「自由論」と同じように、社会的存在としての人間は、他者を犠牲とし他者に対して負債を負って生きるほかなく、自己の行為の他者への影響に対する責任を免れることはできない、という認識が示されている。

人間の意識改革を強調する前述の文章は、複雑な、ますます大規模に広がっていく分業のもとでは、人びとは意図せざる結果として他者を強制する権力や経済価値の創出に巻き込まれること、われわれはそのような権力や経済価値を含む社会を逃れられない「運命」として受け止めねばならないこと、を強調している。これは、福音書における個人の自由が、権力と経済価値をともなう社会ではもはや失われている、という社会認識を示している。なぜなら、福音書における自由は、諸人格から成る共同体、すなわち暴力や強制、法律や組織の必要性の否定を想定しているからである。

経済生活が複雑で大規模な分業に依存する社会では、社会生活のすべてを人格的で直接的な共同体的関係として編成することは不可能である。それにもかかわらず、権力や強制力を否定して理想的な共同体を求めるならば、それは単に想像のなかで社会を超越しているにすぎない。このように福音書の自由には社会認識が欠落していると述べたうえで、ポランニーは、社会認識によって人間の自由が消滅するわけではないことを強調する。そして、社会を超える共同体の次元をいかに創出するか、という議論を提示するのである。

ポランニーの議論をまとめておこう。ポランニーによれば、キリスト教徒もマルクス主義者も社会についての「意識改革」が必要である。

キリスト教徒は、想像のなかでしか達成できない自由ではなく、暴力や強制、法律や組織を必要とする現実の社会における自由の可能性を真剣に検討していかなければならない。したがってキリスト教徒には、経済生活を含む社会におけるさまざまな制度改革や制度転換を通じて、人格的で直接的な関係を拡大していく努力が要請されていることになる。すなわち、社会を受け入れ、社会のなかで社会の改革を通して自由や共同体を達成する、という意識改革が要請されているのである。

マルクス主義は、共同体と社会の理論的区別が曖昧なところから生じる、共同体を社会に還元する傾向や「完全な社会」を想定する傾向を克服しなければならない。マルクス主義には、権力や経済価値を不可避的な悪として生み出す社会と諸人格の共同体との決定的な違いを認識することが必要である。そしてマルクス主義は、社会主義が将来に達成する実証概念として共同体という用語を使用する傾向も改めるべきである。というのも、キリスト教社会学が示唆するように、共同体は規範概念として有効だからである。したがって、何よりもマルクス主義には、「いかなる社会も完全ではない」という意識改革が要請されているのである。

キリスト教社会学とマルクス主義との対話を経てポランニーが辿りついた前記の「意識改革」は、彼自身の社会認識の深化を示している。一九二〇年代初頭から「ファシズムの本質」(一九三五)までのポランニーは、責任に基づく自由を人間から奪う不透明な現在の社会の現実が民主主義の拡大を通じて転換し、将来においては責任に基づく自由を実現する透明な社会(すなわち諸人格の共同体)が達成されるだろう、と想定していた。しかし、キリスト教左派との対話後のポランニーは、そのような議論の仕方を撤回する。彼は、社会の現実と人間の自由との対立が将来の透明な社会では解決されていると想定する、マルクス主義的社会主義の前提を改めた。そして、商品や資本、経済価値や権力といった制度を含む社会の現実を受け入れる意識改革が重要である、と自覚するようになる。そしてポランニーは、社会制度のさまざまな改革を通して、社会のなかに自由と共同体の領域を漸進的に拡大することの重要性を訴えるようになった。ここにも、一九三〇年代のポランニーが辿りついた到達点が表明されているのである。

★12 『大転換』最終章は、オーウェンが社会の現実と福音書との関係をどのように認識したかを説明するという仕方で、社会の認識による人間の意識改革の重要性を述べている。「ロバート・オーウェンは、『福音書』が社会の現実を無視していることを認識した最初の人物であった。[中略] オーウェンは、われわれがイエスの教えを通して獲得した自由が複雑な社会には適用しえないことを認識していた。彼の社会主義は、このような社会において自由を求める人間の要求を擁護するものだった。そこでは、依然として『福音書』がわれわれの文明の基礎ではあるものの、それだけではもはや十分ではなかったのである」(Polanyi 2001:268/ 新訳 467)。

第4章 『大転換』の世界——市場ユートピアの試みと挫折

執筆構想

『大転換』[★1]は、ポランニーが第二次世界大戦中の一九四一年から一九四三年にかけてアメリカ合衆国ヴァーモン

★1　『大転換』初版（Polanyi 1944）は、ニューヨークのFarrar & Rinehart出版社から*The Great Transformation*というタイトルで一九四四年四月に刊行された。この初版には副題がつけられていない。イギリスに戻ったポランニーは、翌年、ロンドンのVictor Gollancz社から*Origins of Our Time: The Great Transformation*というタイトルに変えた「改訂版」（Revised Edition）を刊行している（Polanyi 1945）。この「改訂版への前書き」でポランニーは、①イギリス救貧法についてのより充実した補注「XII救貧法と労働の組織」を加えることを通じて「原典に関する注解」（Notes on Sources）を拡大したこと、②最終章「複雑な社会における自由」の内容を拡充したこと、③小さな多くの表現上の訂正を施したこと、について言及している（Polanyi 1945:11）。改訂版の最終章は紙面の制約からか、初版最終章の前半（Polanyi 1944:250-254）を落としたうえで、「自由の問題」についての新しい論理を展開している（Polanyi 1945:244-250）。そして第二次世界大戦後、アメリカのBeacon Press社から*The Great Transformation: The Political and Economic Origins of Our Time*というタイトルで、『大転換』第二版が刊行された。第二版では、イギリスで刊行した改訂版での訂正内容①と②を反映させ、また最終章については、改訂版でいったん落とした初版最終章の前半（Polanyi 1944:250-254）を復活させ、これに改訂版で増やした部分（Polanyi 1945:244-250）を結合する、という改訂作業が行われた。吉沢英成・野口建彦・長尾史郎・杉村芳美による最初の邦訳（東洋経済新報社、一九七五）はこれを底本としている。そしてポランニー没後から四〇年近くの時を経た二〇〇一年に、Beacon Press社から『大転換』の「新装版」が刊行された（Polanyi 2001）。ここでは、①最終章のページ表記を含む表現上の訂正が全体にわたって施され、②第二版のR・H・マッキーバーによる「序文」が削除された代わりに、③ジョセフ・スティグリッツの「序文」とフレッド・ブロックによる「紹介」が組み入れられた。④補注「XII」は最後ではなく注IXに変更され、第7章についての注であることが明示された。野口建彦と栖原学による新訳（東洋経済新報社、二〇〇九）は、これを底本としている。本書の『大転換』に関するページ表記はPolanyi 2001と新訳に依拠している。

ト州のベニントン大学に滞在していたときに執筆され、一九四四年にニューヨークで刊行された。だがその主題の内実の多くは、ウィーン時代（一九一九～一九三三）に構想されていた（Polanyi-Levitt and Mendell 1987:14）。ポランニーは、『大転換』の基本構成と主題について起草した一九四三年の草稿「〈大変動の起源——政治的・経済的考察〉に関する著作プランの覚書」のなかで、ウィーンで執筆した「ファシズムの本質」（一九三五）の最初の草稿（一九三〇）を、「『大転換』の基本的構成の基礎となっているファシズムの歴史的、社会学的理論をはじめて展開した」（19-5:10）ものとして位置づけている。

ポランニーは、『大転換』の第Ⅰ部「国際システム」第二章「保守の二〇年代、革命の三〇年代」と第Ⅲ部「大転換の進展」で、世界経済システムと世界的権力バランスの危機、自由主義的資本主義と議会制的民主主義の危機について論じている。こうした『大転換』の中心的問題を構成する分析は、彼が一九二四年から一九三八年にわたって『オーストリア・エコノミスト』誌に寄稿した約二五〇の論説や時論を基に書かれた（Cangiani 1994:8）。とりわけ、一九三三年——この年にポランニーはイギリスに亡命した——に執筆された一連の論文である、『オーストリア・エコノミスト』誌に掲載された「世界経済恐慌のメカニズム」や「ヒトラーと経済」、宗教的社会主義者の雑誌『人類の戦士』に掲載された「ファシズムの精神的前提」は、ヒトラー政権がドイツやオーストリアに与えた破壊的影響やソヴィエトの五カ年計画、アメリカのニューディール改革、世界経済恐慌に関する分析がなされており、本書第3章でとりあげた「経済と民主主義」（一九三二）と共に、『大転換』の随所で活かされている。

しかし、一九二〇年代と一九三〇年代の大陸ヨーロッパにおける経済的・政治的大変動の起源をポランニーが見出すのはイギリス時代（一九三三～一九四七）である。イギリスに移住し労働者の成人教育に携わることになったポランニーは、イギリス社会経済史の講義準備を通じて、あるいは講義のために赴いた地方都市の労働者家族との交流を通して、経済的自立と社会的地位を保持している大陸ヨーロッパの労働者とは比較にならないほど、産業革命がこの国の労働者階級に社会的堕落と文化的破局をもたらしたことを認識する。『大転換』の「悪魔のひき臼」という表現は、「赤いウィーン」の労働者福祉とくらべた、悲惨な数百万の失業者やロンドンなどの大都市のスラムに象徴されるイギリス労働者の貧困に対するポランニーの驚きを物語っている（Polanyi-Levitt 2006[2000]:16）。

ポランニーは、救貧法と貧困をめぐるスピーナムランド時代（一七九五〜一八三四）の知識人たち――牧師のタウンゼント（Joseph Townsend：一七三九〜一八一六）や経済学者のマルサスやリカードなど――の主張のなかに、経済的自由主義の原型を発見するに至る。社会のなかに自立した経済領域（経済的社会）を構築し社会全体を市場経済の要請に従って組織しようとする、自己調整的市場経済のユートピア的企てをそこに確認したポランニーは、第一次世界大戦後のヨーロッパを襲った一九世紀的秩序の崩壊と社会的悲惨の起源を、産業革命発祥の地であるイギリスに求めていく[★2]。『大転換』第I部末尾の次の文章は、ウィーン時代における大陸ヨーロッパの大変動の考察とイギリス時代における経済史的アプローチによる大変動の起源の発見とを結びつけている叙述である。

市場社会はイギリスに生まれた。しかし、その弱点がもっとも悲劇的な混乱をもたらしたのは大陸ヨーロッパにおいてであった。ドイツのファシズムを理解するためにはリカード時代のイギリスに立ち戻らねばならない。

（Polanyi 2001:32/ 新訳50）

『オーストリア・エコノミスト』の副編集長を務めるウィーン時代から育まれていた『大転換』の主張によれば、世界経済恐慌、経済的・政治的危機のファシズム的解決、フランスやオランダやスカンジナビア諸国を除く大部分の大陸ヨーロッパ諸国での民主主義の崩壊をもたらした究極的原因は、一九世紀的な市場経済システムを第一次世界大戦後に

★2　戦間期を代表する経済的自由主義者の論客ミーゼスが、社会民主主義政権下のウィーンの住宅政策や労働政策を批判した際、それらの社会政策を「イギリスのスピーナムランドの再来」という表現を用いた事実を強く意識して、ポランニーは、イギリス救貧法史とスピーナムランド法をめぐる論争を『大転換』の相当な紙面を割いてとり上げている。

再建しようとした経済的自由主義のユートピア的試みにある（Polanyi-Levitt 2003:2）。その試みが無残にも失敗したことが一九三〇年代以来の危機を生じさせたのだが、ポランニーの見たところ、多くの人びとはそのように理解していない。

また、第一次世界大戦後に社会民主主義政権が各国に誕生し政治的民主主義による経済介入の要請が高まったことを警戒した経済的自由主義者は、ファシズムの経済改革を傍観していた（Maucourant 2005:33）。だが、こうした態度を棚上げて経済的自由主義者たちは、何がファシズム勢力を拡大させたのかという問題を計画経済や社会主義の問題にすり替えている。このように認識するポランニーにとって重要なことは、経済的自由主義のユートピア的な試みが歴史上いつどのようにして始まり、なぜ失敗するに至ったのか、そして失敗したにもかかわらず自らの責任を忌避しているのか、といった点を正しく理解することである。

『大転換』が産業革命期のイギリス社会の精神的・制度的変化に照明を当て、市場社会の不安定なダイナミズムや緊張の累積を描いているのは、「自己調整的な市場経済システムを打ち立てようとする経済的自由主義のユートピア的な試み」（Polanyi 2001:31/ 新訳49）を徹底して批判的に分析するためである。彼は、ロンドン大学やオックスフォード大学の成人教育のための公開講座（エクステンション）の講師として担当した「社会構造の変化」や「政治、経済、社会」などの講義［★3］を通して、『大転換』固有の論理構成を確定すると共に、それを支えるイギリス産業革命史や救貧法史に関する資料を収集した。

経済的自由主義への対抗命題

一九四四年刊行のアメリカ版のタイトルは『大転換』、翌年の一九四五年のイギリス版のタイトルは『われわれの時代の起源――大転換』、一九五七年のアメリカ版は『大転換――われわれの時代の政治的・経済的起源』［★4］となっているが、印刷ぎりぎりまでポランニーはタイトルについて迷っていたという。他の候補として、「リベラル・ユートピア」、「大いなる移行」、「大変動の起源」、「帝国と経済からの自由」、「われわれの時代の政治的・経済的起源」などが挙げられていた（Fleming 2001）〔★5〕。「リベラル・ユートピア」という表現には、自己調整的な市場経済という考えに基づく経済的自由主義（市場ユートピア）の冒険的試みに対する彼の批判が込められている。

ポランニーは「ファシズムの本質」（一九三五）のなかで、市場経済の危機のファシズム的解決策を、自立した経済領域の絶対的支配と個人の政治的自由の追放と特徴づけ、ファシズム的秩序のもとではすべての個人は経済主体、つまり「生産者とみなされるだけである」（Polanyi 1935:393/ 訳219-220）、と指摘していた。このファシズムによる経済領域の絶対的支配の達成は、社会のなかに自立した経済領域を形成し社会全体を経済領域の要請に従って組織しようとする、一九世紀的市場ユートピアの実現として位置づけられている。一九四〇年代の初頭に『大転換』のための草稿として書かれた「ファシズムのウィルス」（18-8）も、自由主義的資本主義がその発生以来「反民主主義的ウィルス」を内包していて、普通の人びとへの民主主義の広がりを市場経済の発展の阻止要因として抑圧する傾向がある、ということを明らかにしている（若森 2010c）。

『大転換』の大きな意図の一つは、一九三〇年代の大変動と第二次世界大戦に結果する悲劇的展開への自らの責任を回避した経済的自由主義者（市場経済支持者）を批判することであった。ポランニーは『大転換』において、大陸ヨーロッパの政治的・経済的大変動と政治的緊張の累積は、自己調整的市場を実現しようとする経済的自由主義のユートピア的

★3　例えばポランニーは、「現代の諸問題と社会的・政治的理論」（一九三六～四〇）というタイトルの講義では、「社会的・政治的理論」、「戦後のさまざまな民主主義について」、「政治、経済、そして社会」、「経済進歩と社会の安全」、「経済的自由主義　対　介入主義」、「自由貿易」、「ファシズム」、「社会主義」、「社会主義運動」、「固定的交換を前提とした中央銀行の衝撃吸収機能」といった内容を準備していた（15-4）。

★4　主題または副題に取り入れられた「起源」という言葉は、第一次世界大戦の原因と責任を問うた「われわれの時代の使命」（一九一八）と同様に、市場社会の崩壊・大変動・世界的危機の起源と原因を探り出すことで、二〇世紀の二つの世界大戦の間を生きた世代としての責任を果たそうとするポランニーの倫理的姿勢を示している。

★5　ポランニーは、「リベラル・ユートピア」というタイトルをつけたかったが、「リベラル」という用語がイギリスとアメリカでは正反対に使用されている――イギリスではポランニーが批判しようとする「保守」を指すが、アメリカでは彼が擁護したい制度主義者やニューディール支持者を指す――という事情から、誤解を回避するために採用を断念したという（Polanyi-Levitt 1990a; Dale 2010）。

試みから生じた、と何度も指摘している。

経済的自由主義のユートピア的な試みは、一八世紀から一九世紀前半にかけての市場経済の形成期にも一九世紀の市場経済の興隆期にも、人間と自然と多様な住民階層の「社会的利害」（Polanyi 2001:162/ 新訳281）にとってつねに破壊的に作用した。この命題は、ポランニーの代表作『大転換』を貫通する基本的主張であるが、そこには、経済的自由主義の試みを制御したり規制したりする対抗的措置が講じられないならば、人間社会は崩壊に向かうだろう、という対抗命題が含まれている。ポランニーは、これらの命題を『大転換』の冒頭で凝縮して述べている。

> 自己調整的市場という考えはまったくのユートピアであったということ、これがわれわれの主張する命題である。このような制度は、社会の人間的実在と自然的実在を壊滅させないでは、一瞬たりとも存在することができないだろう。それは、人間を物理的に破壊し、その環境を荒野に変えてしまうだろう。やむをえず、社会は自らを保護するための手段をとった。しかしどのような手段であろうと、そうした保護的手段は市場の自己調整を損ない、経済生活の機能を乱し、その結果、社会を別のやり方で窮地に追い込んだ。
>
> （*ibid.*:3/ 新訳6）

この引用文は、市場経済の拡大とその破壊的影響に対する社会の自己防衛という「二重運動（the double movement）」を説明しながら、『大転換』の基本的命題を提起したものである。二重運動はとくに『大転換』第II部「市場経済の勃興と崩壊」の基調音となっている。

『大転換』の中心的問題と基本的命題は、人間と自然にとって、また人間の自由と平和にとって危険な経済的自由主義のユートピア的企てを、両大戦期の危機と大変動の根源として把握する、というところにある。マンハイムの『変革期における人間と社会』（一九三五）、シュンペーター（Joseph A. Schumpeter：一八八三～一九五〇）の『資本主義・社会主義・民主主義』（一九四二）、ドラッカーの『経済人の終わり』（一九三九）および『産業人の未来』（一九四二）、フロム（Erich S.

Fromm：一九〇〇〜一九八〇）の『自由からの逃走』（一九四一）といった、ポランニーと同じ中央ヨーロッパ系亡命知識人たちによる諸著作も各々、一九世紀的社会の危機がもたらした社会転換を分析している。これから見ていくように、『大転換』における二〇世紀の危機と社会転換の分析の特徴は、経済的自由主義のユートピア的な企てがもたらした、人間と自然に対する、そして人間の自由と平和に対する致命的な意図せざる帰結を明らかにしたところに求められるだろう（Dale 2010:46）。

1　『大転換』の全体像

市場社会の制度転換

『大転換』は主として、①第一次世界大戦後の市場社会の崩壊と大転換という二〇世紀の進行中の危機、②市場社会の誕生（イギリス産業革命と救貧法論争）、③一九世紀の自由主義的資本主義の発展と世紀末における市場社会の変調、——これら三つの時代を扱っている［★6］。ポランニーが、『大転換』を市場社会の制度転換（*ibid.*:31/新訳48）として描く方法、具体的には、両大戦間期に崩壊した一九世紀文明を支える四つの制度——自己調整的市場経済、自由主義的国家、国際金本位制、バランス・オブ・パワー・システム——とその危機——失業、階級的緊張、通貨危機、帝国主義的対立と戦争の脅威——の着想を得たのは、一九三九年から一九四〇年にかけてロンドンのモーレー・カレッジで行われた「現代の諸問題と社会的・政治的理論」に関するチュートリアル・クラス向け講義のシラバスにおいてである（19-5:10）。

★6　『大転換』第II部前半の第4〜5章では、一八世紀半ばまでの西欧の伝統的社会や非西欧の未開社会における経済システムが、四つの制度的パターン（対称性・中心性・自給自足性・市場）の組み合わせから説明される。ここでポランニーは、制度的パターンに相応する四つの行動原理として、互酬・再分配・家政・交換を定義している。野口 2011 の第3章を参照されたい。

市場社会の制度転換（制度の形成・危機・解体）のそれぞれの画期を経済的自由主義のユートピア的試みとの関連において研究していることが、『大転換』の構成上の特徴である。『大転換』は、「自己調整的市場という考えはユートピアであった」（*ibid*.:3/ 新訳6）という経済的自由主義への批判的な命題を横軸に、そして市場社会の制度転換を縦軸として描いている。

『大転換』の構成と主要命題

『大転換』の主題と命題に関する以上の認識を前提にして、『大転換』の構成を俯瞰してみよう。『大転換』は全部で三部から構成され、計二一章から成り立っている。第Ⅰ部「国際システム」と第Ⅲ部「大転換の進展」は、第一次世界大戦、世界大恐慌、ヨーロッパ大陸におけるファシズムの台頭、アメリカ合衆国のニューディール、ソヴィエト連邦の第一次五カ年計画を生み出した社会変動に焦点を当てている。この社会変動の政治的・経済的起源が自己調整的市場およびその考え方にあることを提起するのに第Ⅰ部の分析の力点が置かれているのに対し、第Ⅲ部の分析は、経済的自由主義による市場社会再建の試みの失敗が、市場社会を構成する諸制度の最終的崩壊と新しい政治的・経済的・国際的制度への大転換をもたらした、ということを明示するところに力点がある。第Ⅱ部「市場経済の勃興と崩壊」では、自己調整的市場およびその考え方を生み出した一八世紀後半のイギリスに遡って二〇世紀の社会変動の起源を明らかにするポランニーの分析が示されている。崩壊した市場社会の起源が自己調整的市場の出現に求められるのは、バランス・オブ・パワー・システム、国際金本位制、自由主義的国家、自己調整的市場という一九世紀文明を構成する四つの制度のうちで自己調整的市場が、他の三つの制度がそこから生まれる母体となっていたからである。

第Ⅰ部「国際システム」は、「経済的自由主義のユートピアに基づいて第一次世界大戦後の国際システムを構築したことが、ドイツのファシズムに力を与えた」という命題を提示する。この仮説は、『大転換』に先立つ一九三七年に執筆した『今日のヨーロッパ』（Polanyi 1937）のなかで展開された、「ヴェルサイユ体制」（一九一九～一九三三）批判を継承したものである。ポランニーによれば、第一次世界大戦後の国際システムは平和を目標にしたものではなく、ウィーンの新古典派経済学者をブレーンにして再建された「市場システム」（国際金本位制・自由貿易・自己調整的市場）にほかならない［★7］。

第II部「市場経済の勃興と崩壊」は、市場社会の直接的な起源となった、利得と飢えを経済的動機とする社会観が形成されたスピーナムランドの時代（一七九五～一八三四）を「市場経済の勃興」期として位置づけた前半の「悪魔のひき臼」（第3～10章）と、市場経済の破壊的で有害な作用に対する人間のさまざまな抵抗を論じた後半の「社会の自己防衛」（第11～18章）から成る。ここでポランニーは、「市場経済の拡大はその危険に対抗する社会の自己防衛を引き起こす」という二重運動の命題を提起する。

二重運動の理論的根拠は、後でより詳しく説明するが、人間存在の別名である労働や自然環境の別名である土地、そしていかなる意味でも商品として発行されたわけではない貨幣が、市場メカニズムに包摂され市場の法則に従わされなければならない、という市場経済の組織原理に求められている。そうした原理を優先させる市場社会では、労働市場・農産物市場・貨幣市場における価格変動は必然的に、普通の人びとの暮らしや食糧の安定供給や企業の生産的組織の継続に対して深刻な混乱を引き起こす「悪魔のひき臼」として作用する。すると、そうした混乱に対処するために、人間の尊厳や社会的地位、非契約的社会関係や自然環境の防衛を求めて抵抗する「社会の自己防衛」の運動が生じてくる。社会の自己防衛は労働立法や農業関税などの制度化をめざすが、それは市場経済の円滑な機能に深刻な影響を与えてしまわざるをえない。そのため、市場の破壊的影響から身を守ろうとする人間の抵抗である社会の自己防衛は、市場システムの需給メカニズムによる自動調整能力とそれによって期待される経済進歩を台無しにするという理由で、経済的自由主義の教義からは「介入主義」や「集産主義」という汚名を着せられて非難されがちである。このように、社会の自

★7　敗戦国の武装解除を一方的に戦勝国側が定めた第一次世界大戦後のヴェルサイユ体制では、強国間の勢力均衡（バランス・オブ・パワー）を回復することができなかった、という論点については『大転換』第2章を参照されたい。

己防衛を誘発し自らの危機を招く市場社会の致命的な弱点が第II部で描写される。

第III部「大転換の進展」は、市場社会の危機のなかで生じた大きな制度転換を扱っている。ポランニーはここで、市場社会の前提条件であった経済と政治との制度的分離が一八七〇年代からの市場経済の変質と政治の民主化（普通選挙権の導入）によってなし崩し的に変容し、「市場社会を構成する経済領域と政治領域（政治的民主主義）との間に、敵対的関係が生まれた」、という命題を提起する。彼はこの命題を、政治を支配する選挙で選ばれた「民衆政府（popular government）」による経済への介入と経済および産業の実権を握る資本家および経営者との、深刻な相克プロセスを分析することで裏づけている。

民衆政府は、失業やインフレなどの原因を経済の資本主義的運営に求めて、労働・農業・環境の保護政策と経済領域の民主化を追求する。これに対して資本家や経営者団体は、失業などのあらゆる経済的失敗の責任を民衆政府による市場干渉的保護政策に転嫁する。こうした経済領域（資本家・経営者団体の意向）と政治領域（労働者の要求・それを反映した政治的民主主義）との敵対的関係から生じる社会的緊張は、一九世紀後半における一連の市場システムの失敗（世界農業恐慌がヨーロッパ大陸の数千万の農民の生活にもたらした混乱、通貨安定と雇用保障をめぐるジレンマの深刻化、大不況による倒産と雇用情勢の悪化）のなかで深刻化し、市場社会を崩壊の危機に陥らせることになった。第一次世界大戦は、そうした市場社会の危機の結果である。『大転換』の第III部でポランニーは、第一次世界大戦後の国際システムは一八七〇年代以前の自己調整的市場システムを再建しようとする「経済的自由主義のユートピア的な試み」であった、という仮説を検証すると共に、経済領域と政治領域との制度的緊張の激化による市場社会の崩壊と社会主義・ファシズム・ニューディールのオルタナティブとしての登場を、制度転換の観点から分析している。

『大転換』は複雑に入り組んで構成されており、叙述の内容も経済、政治、社会学、歴史、国際関係、思想史、人類学と未開社会の研究、聖書の解釈とキリスト教史にまたがっていて多様であるために、その主題と全体像がつかみにくい著作である。筆者の理解によれば、『大転換』全三部は表4－1のように、二度の急激な制度転換をともなう一九世紀

	1795 ～ 1914 年	第一次世界大戦～ 1920 年代前半	1920 年代後半～ 1940 年代初頭
市場社会の制度的転換	**市場社会の興隆** 19 世紀文明の 4 つの制度 ・自己調整的市場 急激な制度転換による 共同体と生存権の解体 ・自由主義的国家 ・国際金本位制 ・バランス・オブ・パワー・システム（平和の 100 年）	**市場社会の介入主義的再構築** ・ロシア革命と社会主義の出現 ・対ソヴィエトへの介入戦争 ・財政健全化と社会保障の削減 ・国際金本位制の再建と通貨安定 ・ヴェルサイユ講和条約、国際連盟	**市場社会の崩壊** ・世界経済危機（大恐慌） ・国際金本位制の解体 フーバー・モラトリアム 債務国のデフォルト ・経済ナショナリズムと自由主義的国家の消滅 ・ファシズムの出現 ・ヴェルサイユ体制の崩壊と第二次世界大戦の勃発
市場ユートピアの試みと失敗	市場ユートピアの始まり ・マルサス、リカードによる貧困観の転回 ・飢餓と貧困を自己責任と解釈するキリスト教の変質 オーウェンによる社会の発見と市場ユートピア批判の始まり 社会の自己防衛の開始 ・オーウェニズム ・チャーチズム	経済的自由主義者、ミーゼス、リップマンによる二重運動と民主主義の解釈 ・市場経済の機能不全の原因としての社会の自己防衛 ・経済危機の原因としての政治的民主主義	経済的自由主義による市場社会再建の失敗 市場ユートピアによる社会主義とファシズムの同一視 民主主義の弱体化とファシズムの出現に対する市場ユートピアの責任を問うポランニー

表 4-1　制度転換としての 19 世紀文明の形成と崩壊
出所：Polanyi 2001 の展開を筆者が整理したもの

文明としての市場社会の興隆と崩壊を主題としており、それが、「自己調整的市場という考えはユートピアであった」という命題と織り成されるかたちで展開されている。三つの部のそれぞれにおいて提起されている諸命題――ドイツのファシズムの起源をリカード時代のイギリスに求める命題、市場経済の拡張と社会の自己防衛との二重運動についての命題、経済領域と政治領域（政治的民主主義）との対立による市場社会の危機に関する命題――はいずれも、（自己調整的市場の実現を確信している）経済的自由主義のユートピアに対する批判から出てくるものである。

2 市場社会の崩壊とナチ期ドイツの役割――『大転換』第Ⅰ部の世界

市場社会の国際秩序とその弱点

第Ⅰ部「国際システム」の要点を見ていこう。第Ⅰ部「国際システム」の最後に書かれている謎めいた命題、「ドイツのファシズムを理解するには、リカード時代のイギリスに戻らねばならない」（*ibid*.:32/ 新訳50）という文章を解読することが、複雑な構成と多様な主張から成る『大転換』を読み解く一つの鍵を握っていることは、確かである［★8］。『大転換』は、ドイツのファシズムに対してどのような位置づけを与えているのだろうか。ドイツのファシズムは、衰退局面に入った市場経済システムとの関係において分析されている。ポランニーが提起する視角とは、社会変動の時代における諸国家の運命を市場社会の「制度転換におけるその国の役割」（*ibid*.:29/ 新訳46）と結びつけて理解することである。

ポランニーは、アメリカとドイツの国際システム上の役割を、経済的自由主義とファシズムとを関連させて次のように位置づける。第一に、市場社会を支え発展させるためには、経済的自由主義の教義（競争的労働市場、自由貿易、国際金本位制の堅持）が再生産され続けなければならないが、第一次世界大戦後の世界では、イギリスに代わってアメリカが経済的自由主義の教義の普及を担い、市場社会の再建に乗り出すことになった。第二に、ナチ期のドイツが担った最初の役割は、第一次世界大戦後の過酷な賠償請求と市場社会の危機のなかで醸成されたファシズム（キリスト教的個人主義と政治的民主主義の根絶による経済改革）をヨーロッパ大陸で拡大させることであった。そして第三に、ドイツのファシズムが果たした次の役割は、市場社会を支える経済的自由主義に対しても牙をむき、「一九世紀秩序の隠された弱点」（*ibid.*:30/新訳47）を持つヴェルサイユ体制の破壊に着手することだった。その結果、世界は第二次世界大戦に巻き込まれることになったのである。

国際連盟と平和の脆さ

ポランニーの指摘によれば、「一九世紀秩序の隠された弱点」とは、経済が国際的な次元で展開されているにもかかわらず、国際平和のための拘束力のある政治システムを備えていなかったことである。ヴェルサイユ体制も同様であり、ナチスはこの点を執拗に攻めることで勢力を拡大し続けた。ポランニーは、第一次世界大戦の規模をはるかに上回る第二次世界大戦を防ぐことができなかった責任を、国際平和にとって致命的な弱点を有していたヴェルサイユ体制および市場社会が生み出す国際秩序のあり方に求めている［★9］。

すなわち、市場社会においては、国家間の協力によって成立する平和維持機構に強い権限が与えられることがない。そこでは国際金融（haute finance）が、国際システムの調整者として強大な権限を行使している。第一次世界大戦の戦勝国は、賠償問題や戦後復興から金融的な利益を引き出すことを優先したために、国際連盟を構築したにもかかわらずそ

★8　『大転換』第Ⅰ部「国際システム」は、「世界経済恐慌のメカニズム」（Polanyi 1979b）と『今日のヨーロッパ』（Polanyi 1937）が基礎となっている。
★9　ポランニーは、「ソヴィエトとそれ以外の戦勝国との間の深刻な亀裂」が「ファシズム外交」の活躍の場を与えた、と分析している（Polanyi 1937:35）。一九二〇年にヴェブレンが「［書評］ケインズ著『平和の経済的帰結』」（Veblen 1920）のなかで同様の問題を指摘したことは、興味深い。数々の秘密会議を経てヴェルサイユ講和条約が「不在所有制」を擁護し維持するための条約へと収束した、とヴェブレンは分析している（雨宮・若森 2011）。

の権限を骨抜きにし、平和のために実力行使をする権限を与えなかった（Polanyi 2001:13/ 新訳19）［★10］。

例えば、第一次世界大戦後の最大の債権国となったアメリカがイギリスとフランスへの貸付を厳しく取り立てたのは市場システムのルールに適ってはいるが、それによってフランス国民の対ドイツ感情が悪化し、ついにはルール地方の占領とドイツ経済の破綻という事態が生じることになった。世界大恐慌によって金融市場が破綻するまでの期間、アメリカはヨーロッパの戦後復興のために新たな融資をつぎ込んで莫大な富を得ることを画策していたが、そのことが世界経済恐慌の主要な原因になったのだった（Polanyi 1979b[1933]）。

ポランニーによれば、第一次世界大戦後の国際システムは平和を目標にしたものではなく、賠償問題や戦後復興の道筋はシティとウォール街の思惑や債権国アメリカの意図によって方向づけられていた。国際連盟は、シティとウォール街の圧力に沿ってドイツや敗戦国の賠償問題を処理する媒体としてしか機能しなかった。金融（ファイナンス）が中小の主権国家の協議と政策の強力な調停者として作用し、「融資および融資の更新を行う債権国や国際銀行」が債務国政府の通貨と財政予算に関する変動の許容範囲を監視した。市場システムは、「自国の為替相場を注意深く見守り、財政予算の健全性を損ないかねないような政策を避けるべきである」と助言することで、各国の「通貨と財政予算に関する変動の許容範囲を最小限度に押さえ込んだ」（Polanyi 2001:14/ 新訳21）。

さらにポランニーは、ヴェルサイユ体制下のアメリカやイギリスやフランスが採用した、周辺国に侵略し続けるドイツに対する宥和政策のオンパレードを問題視している（Polanyi 1937:43-45; Polanyi 2001:22-23/ 新訳37-44）。こうしたヴェルサイユ体制のなかで社会主義や民主主義を支持する勢力が弱められ、ファシズムの勢力の拡大が助長されることになった、とポランニーは分析している。ポランニーによれば、民主主義や平和ではなく債権国や債権者の利害が優先されたこと、そして通貨と財政の健全化が第一次世界大戦後の国際秩序の目標として設定されたことが、ヴェルサイユ体制の致命的な弱点である。そして、第一次世界大戦後の世界をそのような国際秩序に導いたのが、ウィーンの自由主義的経済学者を主導とする経済的自由主義者たちである、とポランニーは非難している。

一九三〇年代の協調組合主義的制度転換

世界大恐慌は、返済能力をはるかに超える融資を注ぎこんだアメリカ合衆国に打撃を与えたが、そうなるとアメリカはいち早く金本位制を抜け出してニューディールの実験を試みた[★11]。イギリスでは、福祉国家への準備が政府主導で進められた。ドイツの侵攻と世界経済システムの破綻のなかで、ソヴィエト・ロシアは窮地に陥り、一国的自給自足、農業集団化路線にシフトした。この局面において民主主義的な性格がソヴィエト・ロシアから姿を消した、とポランニーは分析している。

ポランニーの把握によれば、一九三〇年代には、各国の置かれたそれぞれの制約状況を反映するかたちで多様な介入主義の協調組合主義的諸形態が出現したが、そこでの共通点は、①土地、労働、貨幣に関する「脱市場化」の試み、および②ヴェルサイユ体制との決別であった[★12]。しかし、民主主義と議会主義が急速に弱体化したドイツやイタリアやオーストリアなどの諸国は、経済的にも政治的にも追い詰められており、基軸国のイギリスやアメリカと違ってファシズムの惨劇を免れることができなかった[★13]。各国の動向をこのように分析して、世界大恐慌後のフーバー・モラトリアム（一九三一年六月二〇日、七月六日）からローザンヌ会議（一九三二年六月一六日〜七月九日）の措置は国際平和にとって

★10　ドイツに対して講和条約の履行に関する第一六条が発動されることはなく、条約の平和的修正に関する第一九条も実行されなかった。この点については中山 2010 と雨宮・若森 2011 を参照されたい。

★11　ポランニーは、第一次世界大戦後のアメリカとイギリスの国際平和への貢献に厳しい評価を与えているが、ニューディール政策については、「社会が民主的な手段によってある種の経済的脅威から個人と自然を守ることを決定するプロセス」として高く評価している（Block 2001:xxxv-xxxviii/ 新訳 xli-xliv）。ポランニーによればニューディールは、「ウォール街から政治力を剝奪した」（Polanyi 2001:238/ 新訳 412）点に意味がある。

★12　例えば、一九三〇年代ドイツにおいて競争的な市場秩序が法的に構築された経緯については、雨宮 2005; 2010a; 2010b; c を参照されたい。

は遅すぎた、とポランニーは断言している。市場社会においては、経済システムが健全に機能する限りで平和が供与されるのである。そこにあるのは、経済的利益によって大きく制限される平和である。しかし、そうした平和でさえも、「それを支えていた世界経済が機能しなくなると、もはや確保することができなくなった」のである（Polanyi 2001:4-5/ 新訳7）。

3　市場社会の起源——『大転換』第II部前半の世界

悪魔のひき臼と新しい貧困観の登場

次に、第II部前半「悪魔のひき臼（satanic mill）」の要点を見ていこう。この「悪魔のひき臼」という用語はもともとウィリアム・ブレイクの長詩『ミルトン』の言葉であるが、産業革命の最大規模の「進歩」が「普通の人びと（common people）」［★14］の暮らしや伝統的な社会を破壊した事態を表現するものとして、イギリスのロマン主義者・文学者・歴史家などによって用いられてきた［★15］。

『大転換』の社会経済史は、イギリス産業革命初期の社会的混乱や文化的破局の存在を重視している［★16］。一八世紀末から一九世紀前半の時期に、新しい工業都市が次々と勃興するのに歩調を合わせるかのように、旧来の職と居場所を追われて漂流する人びとが増え続けた。社会のなかに自らの地位や役割を失った多くの貧しい人びとの生存を、誰がどのように保障すべきなのであろうか。救貧行政を請け負う教区の人びとは跳ね上がる救貧税に悲鳴を上げ、公的扶助で生計を立てる人びとへの不満を募らせていった。一八三四年の改正救貧法に至るまで、一六〇一年に体系化されたエリザベス救貧法［★17］の見直しが何度も検討されたのであった。

ここでポランニーが提示する命題は、「スピーナムランドの時代」と呼ばれる一七九五年から一八三四年の四〇年間に、市場社会に適合的な人間と貧困についての経済的自由主義の見解が生まれた、というものである［★18］。

公助・相互扶助から自助へ

第II部前半の諸章でポランニーは、一七世紀初頭に体系化されたエリザベス救貧法から二〇世紀初頭までのイギリス救貧法史のなかでもっとも悪名高いスピーナムランド法に照明を当てている。フランス革命と天災の影響に対処するために一七九五年に導入されたスピーナムランド法は、そうした救貧法の見直しの一環として実施されたものであるが、それは実施された直後から非難罵倒を浴びせられた。その評判の悪さは後世にも語り継がれ、現代の社会保障政策をめぐる議論においても悪名高い法律として言及されることがある。オーストリア経済学派のミーゼスは第一次世界大戦後

★13　ファシズムに起因する経済危機と民主主義の危機との関連が鋭く描かれているものに「ファシズムのウィルス」(18-8)および「経済と民主主義」(Polanyi 2002d)がある。経済と民主主義の対立という論点は、一九三〇年代から『大転換』に至るポランニーの思想形成にとって決定的なものである。

★14　『大転換』の新訳において"common people"は、民衆、一般民衆、大衆、庶民などに訳し分けられているが、本書では「普通の人びと」と訳す。普通の人びとは、『大転換』だけでなく、晩年のポランニーがルソー論に基づいて構想した「複雑な社会における自由と技術」のキーワードである(本書第6章参照)。

★15　ポランニーは、『大転換』第II部の最初の章「居住か、進歩か」のなかで、「悪魔のひき臼」という言葉を用いている。「どのような『悪魔のひき臼』が、人間を浮浪する群衆(masses)へとひき砕いたのか。[中略]進歩が国を覆いつくしたときには、もはや労働者は、いわゆるイギリスの工業都市と呼ばれた新たな荒廃の地へと押し込まれていた」(*ibid.*:35, 41/新訳 59, 67-68)。なお、ポランニーの社会把握を、「居住(habitation)」および「定住(fixtures)」の概念から検討したものとして、若森 2001a を参照されたい。

★16　『大転換』の社会経済史に対立するのが、クラッパムやカニンガムの産業革命史の研究である。それは、①工場制度が導入されて生活水準が突然悪化し民衆を苦しめた、という事実はない、②平均すれば民衆の暮らし向きは工場制度導入前よりも向上した、③経済的厚生の指標である実質賃金と人口数で測る限り、初期資本主義の「地獄篇」は存在しない、と主張した。

★17　救貧税を財源として、孤児、未亡人、病人、老人などの労働不能者に対する救済(生活に必要な現金・現物の給付、救貧施設への収容)と労働可能な者への就労措置を各教区が行う、と定めていた。

★18　ポランニーがスピーナムランド法を史実よりも誇張して大きくとり扱いすぎている、という批判や異論が、『大転換』のゲラ段階や出版直後から寄せられた(Dale 2010; Fleming 2001)。

のウィーンで、スピーナムランド法を引き合いに出しながら社会民主主義的な「赤いウィーン」の市政を批判した。それを知ったポランニーは、スピーナムランド法をめぐるさまざまな罵声や非難が経済的自由主義の核心を表現していることを確信した［★19］。彼は『大転換』で、産業革命初期のスピーナムランド法をめぐる論争をかなりの紙面を使って紹介している。

ポランニーの説明を要約すると、スピーナムランド法は、パンの価格と子供の数に応じて標準生活費と賃金の差額を行政単位である教区が補塡する賃金補助制度を活用することで、貧しい労働者とその家族が飢えないように配慮する措置であった［★20］。問題は、救済対象者が続出して適用範囲が広がったために、救貧税の増加や運用の効果についての懐疑や非難を引き起こしたことである。スピーナムランド法は一八三四年に撤廃され、撤廃と同時に、受給資格を受ける者の範囲を小さく限定する救貧法の改正がなされることになった。ここにおいて、賃金の低い労働者や失業者に対する「自助」の原則が定められ［★21］、市場社会に適合的な法律改正が実施されたのであるが、この改正までには約四〇年もの歳月がかかった。このことからポランニーは、スピーナムランド法が市場社会への転換を遅らせる最大の障害物として機能していた、と捉えている。

表4－2にまとめたように、市場社会以前の秩序――スピーナムランド法も含めた伝統的な救貧法――のもとでは、孤児も病人も未亡人も老人もキリスト教共同体のメンバーであり、教区の社会構成員は貧者の生存に対して責任を引き受けなければならない、という道徳的・社会的規範が機能していた。産業革命の進行によってイギリスの工業都市が勃興し普通の人びとの生活様式が急激な変容を余儀なくされた時期に、救貧税が増大し貧民への対応の仕方が混乱を極めた多くの教区において、旧来の道徳的・社会的規範は機能不全に陥った。こうした「キリスト教精神に基づく相互扶助の原則」が解体されるという社会の壊滅的な事態を経験してはじめて、「施しは慈善にあらず、貧民の世話は市場に任せよ」といった経済的自由主義の原型が新たな規範としての地位を獲得し、「自助の原則」に基づく市場社会に転換することになった、とポランニーは論じている［★22］。

福祉依存からの脱却という論理

イギリスの救貧法とスピーナムランドは、ポランニーの生きた時代だけでなく、二〇世紀後半のニクソン政権（一九六九～一九七四）以降のアメリカの社会福祉政策（とりわけ労働問題と貧困問題）の領域においても、福祉拡充政策を撤回するレトリックとして用いられた。特筆すべきは、「福祉の罠」や「福祉依存」からの個人の救済と自立を唱える新自由主義的な「アメリカの福祉改革」の路線［★23］が敷かれる際にも、スピーナムランドへの批判が持ち出されたことである。その論客でレーガン政権を支えたM・アンダーソンは、「過度な福祉依存から人びとが自立すべきだ」という自らの主張を根拠づける際に、なんと『大転換』第II部のスピーナムランドを紹介したのであった（Anderson 1978:92-98）。いうまでもなく、このようなとりあげ方は、『大転換』を執筆したポランニーの狙いに反している［★24］。

スピーナムランド法の撤回を求める議論は、第一次世界大戦後やその後の時代においても、経済的自由主義の立場から社会政策を議論するときに使われることがある。そこには、しばしば、人間社会を市場メカニズムに従って組織しようとする市場ユートピアの企てが見出されるのである。

★19　『大転換』巻末の第7章の注釈「スピーナムランドとウィーン」を参照のこと。

★20　スピーナムランド法と同じ一七九五年に制定された団結禁止法の影響によって労働組合を結成できなかったことが、賃金補助分の不正請求といったスピーナムランド法の悪用につながった、とポランニーは分析している（*ibid.*:101/ 新訳 168）。団結禁止法の存在は、市場経済と民主主義の対立というポランニーの命題に関連している。この論点は、一九四〇年代初頭に書かれた草稿「ファシズムのウィルス」（18-8）でも確認できる。

★21　詳細は、例えば美馬 2000 の第3～4章、および森下 2001 の第1～5章、および Stedman 2004 の第2章を参照されたい。

★22　この点については、若森 2006; 若森 2010b を参照されたい。

★23　根岸 2006; United States Congress House of Representatives 1997 を参照した。

★24　新自由主義的福祉改革の論客に利用されるかたちで『大転換』のスピーナムランドが解釈されることに警鐘を鳴らした研究に、Block and Somers 2003 がある。

貧民への新しい説法

『大転換』第II部の第10章「政治経済学と社会の発見」および第14章「市場と人間」のなかでポランニーは、モア（Hannah More：一七四五～一八三三）やマーティノー（Harriett Martineau：一八〇二～一八七六）［★25］、タウンゼンド、マルサス、リカード、オーウェンなど、当時のさまざまな知識人やキリスト教徒が有していた、救貧法批判や貧民についての理解を紹介している。

ポランニーは、鉱山地域の子供たちのために慈善活動を行っていたモアが中心となって刊行したパンフレット『廉価版　知識の宝庫』を紹介している。そこに見出されるのは、「もし一生懸命努力する気持ちがあるなら、どんなに劣悪な生活条件にあろうともそれが自活への道の妨げとなることはめったにないのであり、けっしてみすぼらしい暮らしが多くの善行を積む邪魔にはならない」（*ibid.*/ 新訳308）という、貧民への教訓である。この教訓には二つの問題がある、とポランニーは指摘する。第一は、過酷な炭鉱労働に児童を利用する経営者たちの「貪欲」が見逃されていることであり、第二は、信仰と努力によって自分で耐えなさいと児童に説法することで、本来は児童を保護すべき責任があるはずの社会の不作為を問わないことである。モアを含めた当時のキリスト教徒の良識には、産業革命以降の機械の衝撃――工場制度の普及と産業都市の発展――にともなう労働の苦痛や居住環境の悪化への関心が欠落していた、とポランニーは分析している（*ibid.*:179-180/ 新訳307-309）。

あるいはまたポランニーは、教区を担当する牧師としての立場から救貧法を批判したタウンゼンドの説法のなかに、『人口論』の著者マルサスと同様のもの、すなわち、飢餓という「自然的な動機」によって貧民を勤勉な労働者へと規律訓練すべきだという、経済的自由主義の核心的主張を見出す。タウンゼンドは、社会規範や博愛精神ではなく、もっとも凶暴な動物を飼いならすのに用いられる飢餓という方法を用いれば貧民がおとなしく勤労に励むようになる、と考えた［★26］。タウンゼンドにとって、「飢餓は、平和的で無言の間断ない圧力として作用するばかりではない。それは、勤勉さや骨の折れる労働へのもっとも自然な動機として、最大の努力を導き出す」作用があるのだ（*ibid.*:118/ 新訳204）。また、貧民が他人の慈善に依存することなく飢餓の脅威を自分で回避できるならば、それは奴隷の労働と違って「自由人の労働」（*ibid.*:118/ 新訳205）となる。貧困や飢餓は有用であって、それらの存在はキリスト教神学や人間の自由と何ら矛盾しない。ポランニーは、タウンゼンドの議論をこのように解釈している。

前述のモアやタウンゼンドが貧しい人びとに示した態度は、貧困の責任を個人に負わせることを神学的に肯定するものである。このようにポランニーは、「貧民が劣悪な状態を黙々と甘受すれば、それだけいっそう容易に神の慰めを得ることになる」といった説法や、「貧民の救済と自分が深く信仰する市場社会の円滑な進行の拠りどころを、ひたすら神の慰めにのみ求めた」（*ibid.*:180/ 新訳309）キリスト教徒の見解を紹介している。そうした肯定は貧困観をめぐる経済自由主義的な「宗教改革」であった、とポランニーは位置づけている。

この論点は、ポランニーが影響を受けたトーニー（Richard Henry Tawney：一八八〇～一九六二）の『獲得社会』（一九二一年の増補改訂版）の問題提起と重なっているように思われる。トーニーによれば、社会構成員に対する責任から切り離された財産所有を許容する獲得社会では、所有者に無制限の主権を与えてしまう。この傾向はアメリカ合衆国において顕著であるが、獲得社会の公準を世界で最初に構築したのはイギリスである。トーニーの表現を借りれば、「無際限な富の欲望、すなわち財貨獲得欲」に手放しにふけることがキリスト教徒にとっての不倶戴天の敵でなくなり、「宗教と経済的利害との分離」が承認されたために、獲得社会が生まれることになったのである。

ポランニーもまた、キリスト教徒が個人の内面生活のなかに信仰を限定して、隣人の貧困や雇用や生存の問題に対する自らの責任を問わなくなったことが、競争的な労働市場システムを導入するうえでの前提条件になった、と論じている。

★25　出雲 2006 を参照。
★26　ポランニーによるタウンゼンドの紹介を批判的に検討した研究に柳沢 2003 がある。

	キリスト教的共同体の規範と倫理	市場社会の規範と倫理
宗教倫理	宗教倫理の社会的影響	宗教倫理の個人化
キリスト教と経済生活	宗教倫理の経済生活への関与 貪欲な経済行為の規制 富者の社会構成員に対する責任	宗教と経済的利害の分離 市場社会の規範の神学的肯定 経営者の貪欲を看過
飢餓	社会的規範による飢餓の防止	労働の動機としての飢餓の脅威
貧困観の転回	教区の貧者の生存に対する責任 公助と相互扶助による貧民救済	自助と自己責任の原則 貧しい人びとの生存権を否定
社会生活の転換	社会の文化的道徳的一体性 民衆の安定した地位と役割	市場メカニズムによる人間社会の組織化、 福祉依存からの脱却

表 4-2　キリスト教的共同体から市場社会への転換
出所：Polanyi 2001 の第 8、9、10 章の展開を筆者が整理したもの

古典派経済学者の役割

市場社会への転換の局面において社会科学者はどのような役割を果たしたのだろうか。功利主義者ベンサム（Jeremy Bentham：一七四八〜一八三二）や保守主義者のバーク（Edmund Burke：一七二九〜一七九七）［★27］、そして『人口論』（初版一七九八）の著者マルサスやリカードなどの古典派経済学者らが、「安易な結婚や出産を助長させ怠惰な人間をより怠惰にする悪法である」という見解から救貧法を批判した事実を、ポランニーは詳細に紹介している。個別の主張や立場に違いがあるとはいえ、彼らに共通する役割は、「貧困問題の解決策として競争的な労働市場を確立することが望ましい」とする提案を知識人の立場から示したことだ、とポランニーは分析している［★28］。

マルサスやリカードなどの古典派経済学者たちは、人口法則や賃金鉄則や収穫逓減の法則といった用語を考案して、労働者の賃金水準を極限まで押し下げる自然法則や市場の法則が存在する、と説明した。マルサスとリカードは共通して、人間の労働が商品であると定義し、賃金は競争的な市場で決定されるべきだとする論理を世に示した。リカードはマルサスよりもさらに一歩踏み込んで、農業の自由化、すなわち農業生産物の自由貿易がイギリスに恩恵をもたらすという立場から、穀物や土地を競争的な市場の原理に従わせる土地の商品化の論理を正当化したのであった［★29］。

こうしたマルサスやリカードによる貧困のメカニズムの説明は、救貧税の

増大に不満を募らせていた当時の人びとの知的欲求を満たした。市場社会への転換を救貧法史において決定づける社会政策上の大転換となった改正救貧法の制定に、マルサスやリカードの議論は貢献した。貧困を怠惰な個人の責任として説明し、貧困問題の解決の処方箋は競争的な労働市場の確立であるとする古典派経済学者の議論は、スピーナムランドへの罵声や非難に社会科学的な形式を付与し、一八三四年の改正救貧法を支持する世論を後押しした。彼らの議論は、スピーナムランドを含む改正前の救貧法に慣習的に認められていた、社会構成員の事実上の「生存権」が破棄されなければならない、というものであるが、これは、改正救貧法を支持する世論を形成するうえで中心的な役割を担うことになった。マルサスやリカードの古典派経済学者は、その経済理論や命題が正しいからではなく、「市場社会」という、スピーナムランド体制にとって代わる新たな社会観を提示する役割を果たしたことで、名声と地位を獲得したのである。

ポランニーの議論をまとめておこう。市場社会が生まれるにあたって、貧困と福祉の問題に関する思考の革新がスピーナムランド批判を通じて行われた。端的にいえば、市場社会の規範と倫理が神学的にも学問的にも肯定されて、世論のなかに刷り込まれていった[★30]。産業革命初期の社会的混乱のなかで、貧しい人びとの生存権を否定し財産所有者の権利を保障するような市場社会の倫理が確立されたこと――これは、市場社会の起源に生じた画期的な事件であった[★31]。

★27　バークが『穀物不足に関する思索と詳論』（一七九五）で展開した救貧法批判を分析した近年の研究に、中澤 2009 がある。
★28　古典派経済思想が示した救貧問題への処方箋については、渡会 1999 を参照されたい。
★29　この論点については、深貝 1992 および Winch 1998 を参照した。
★30　マルサス『人口論』初版から新救貧法までのイギリスの古典派経済学を「キリスト教政治経済学」と名づけ、フランス革命の影響を受けた急進主義思想との対抗関係から分析した研究書として、Waterman 1991 がある。
★31　『大転換』のなかでポランニーは、ディズレーリ（Benjamin Disraeli：一八〇四〜一八八一）の『シヴィル、あるいは二つの国民』（一八四五）を引き合いに出し、キリスト教徒の世界から貧しい人びとが締め出された事態が市場社会の起源に存在する、と述べている。

オーウェンの役割

ポランニーによれば、オーウェンは市場社会への転換に抗した例外的な人物であった〔★32〕。市場社会観を拒絶するポランニーは、自らの見解を、産業革命下のイギリスに生きたオーウェンの「協同の原理」〔★33〕のなかに見出している。著書『新社会観』（一八一三～一八一四）でオーウェンは、①機械を生産現場に導入した産業社会の急激な変化が貧困と犯罪を生み出していること、②貧しい人びとや犯罪者を個別に責め立てて個人の自己責任の原則と厳罰化を徹底したとしても、問題の解決にはつながらないこと、③他人の不幸と自分の幸福追求とは関係がないと想定する個人主義的な見解は、社会に関する誤解に満ちた偏見であること、④宗派やセクトによる分断に抗して「真の隣人愛」〔★34〕を人びとの間に創出する協同の原理――コミュニティの創出――が、貧困や犯罪といった社会問題の解決に通じていること、を明言した（Owen 1927[1813-1814]）。このような人間の性格形成に関するオーウェンの洞察を、ポランニーは「社会の発見」（Polanyi 2001:133/ 新訳224）〔★35〕と名づけている。

社会が抱える諸問題を、救貧受給に群がる貧民や飲酒・賭博・犯罪に手を染めるスピーナムランド時代の荒廃した人びとの性格のなかに見出したオーウェンは、貧困や犯罪の起源を追跡し、それが社会にあることを発見した。オーウェンによれば、産業化と新しい制度として出現した市場経済によって伝統的な人間関係やコミュニティが破壊されてしまったことが、大量の貧民を生み出している。重要な問題は、労働者の社会的地位や技能、そして自尊心までもが喪失したという事実であり、労働者を貧民に変えてしまった原因を社会から取り除く必要がある。したがって、利得と利潤の原理に基づく市場経済の発展を放任せず、犯罪や貧困が国民全体に蔓延するのを、①協同の原理と②立法による介入の双方から抑制しなければならないのである（Polanyi 2001:134/ 新訳225）。ポランニーは、オーウェンの貧困観と市場経済批判をこのように解釈している。

ポランニーはオーウェンの協同の原理について、「個人の自由も社会的連帯も、あるいはまた人間の尊厳も仲間への共感も、そのいずれも犠牲にすることなく機械の使用の問題を解決する」ものだ、と高く評価している（*ibid.*:176/ 新訳

303）。協同の原理は個人の自由を否定しない、という論点をポランニーは強調する。つまり、オーウェンが社会的存在としての人間の自由を提唱している、というのである。

ポランニーの解釈によれば、オーウェンが想定する個人の自由は、個人の私的な幸福だけを追求することを意味しない。自由な個人とは、見知らぬ他者（貧民や犯罪者を含む）や前世代および将来世代の人びとと、社会におけるさまざまな問題や苦しみを共有する「社会的存在」でもある。自由な個人は、失業・貧困・過労などの苦しみや、産業化の激しい変化に晒されて伝統的職業や文化や居住環境を喪失した人びとの苦しみに深く共鳴することができる。そのような個人は、狭い自己の利己的な枠を超え、宗派やセクト的な制約を超えて、さらには『福音書』の説く慈善の域を超えて、真の隣人愛を創出する人間存在なのである［★36］。

オーウェンは、キリスト教の倫理が貧しい人びとに対して無力となった空白を埋めるべく、社会的存在としての人間の自由と責任を回復しようとする努力としての「社会主義」的実践を担ったのだった。ポランニーは、オーウェンの役

★32　ポランニーは『大転換』の多くの箇所、とりわけ第II部前半の「政治経済学と社会の発見」と題された第10章の後半と、第II部後半の「市場と人間」と題された第14章で、オーウェンについて詳しくとりあげている。

★33　リカードの市場原理とオーウェンの協同原理という二つの社会編成原理の対抗図式を描くことによって、オーウェンの思想と実践を経済学史上に位置づけた研究として、丸山 1999 がある。

★34　金子 1999 によれば、人間相互の横のつながりであるコミュニティを社会につくっていくことを課題としたオーウェンの charity 概念は、宗派やセクト的な制約を受ける教区を舞台とした、富者による貧者への施しを意味する慈善を超えている。本書は、金子の提案に従って“charity”を隣人愛と訳している。

★35　ここでポランニーのいうオーウェンによる「社会の発見」とは、「社会の現実と社会が持っている個人の性格形成に対する絶大な影響力」（*ibid*.:133/ 新訳 224）を認識することである。そして、キリスト教の「個人化」とは、個人の性格形成に対する責任を当人にのみ負わせる説法のことである。

★36　ポランニーは、『大転換』第9章でジョン・ベラーズなどの非国教徒の取り組みを好意的に紹介し、第10章ではオーウェンによる市場社会批判の再評価を行っている。オーウェンの思想と実践を批判する狙いのキャンペーンで、反キリスト教のイメージをオーウェンに印象づけることに成功した、キャンベルによるオーウェン批判については、Cambell and Owen 2010 を参照した。

割をこのように解釈している。

オーウェンの社会主義

『大転換』でポランニーは、産業文明の人間化としての社会主義の原点に立つ思想家としてオーウェンを位置づけている[★37]。オーウェンの社会主義は、『大転換』のポランニーにとって核心的な思想であり、最終章の自由論においても登場する[★38]。『大転換』におけるオーウェンの社会主義は、計画経済ではなく、協同の原理に基づく社会改革を指している。『大転換』の第10章「社会の発見と政治経済学」は、オーウェンの社会改革を次のように紹介している。

産業革命の奔流から普通の人びとの暮らしを守るためにオーウェンが取り組んだ課題は、食糧・住居・教育の質、失業防止、疾病時の扶助など、人間の性格が形成される日常生活の問題に対して協同で取り組むことであった。オーウェンは、孤立した個人がそれぞれバラバラではなく、連帯しながら取り組むことを提唱した。また彼は、自然環境、家庭環境、商品の質、雇用の安定性、安全などが人びとの生活の質に与える重要性を認識していた。だからこそオーウェンは、労働者が人間らしい生活を営むためには、賃金以外にも、児童・成人の教育、娯楽・ダンス・音楽の施設、疾病時の手当て、道徳的規範、十分な栄養と休養、優れた組織、社会的地位といった、非経済的な諸条件が提供されなければならない、と繰り返し主張したのだった[★39]。

産業革命期に世論を喚起した貧困と犯罪という社会問題と真摯に向き合い、個人と社会との分かちがたい結びつきを主張したオーウェンについて、ポランニーは次のように総括している。

> 国家の政治的機構も機械の技術的な仕組みも、社会という存在を見るオーウェンの目を曇らせることはなかった。彼は、マルサス＝リカード的な制約を否定することによって、社会に対する動物主義的なアプローチを拒絶した。しかし、オーウェンの思想の支柱となったのは、キリスト教批判であった。彼は、キリスト教をその「個人化」と

いう点で、すなわち性格形成に対する責任を個人のみに負わせ、したがってオーウェンの目から見れば社会の現実と社会が持っている性格形成に対する絶大な影響力を否定したという点において、キリスト教を批判したのである。「個人化」に対する非難の真の意味は、人間の動機が社会に由来するものである、という彼の主張にあった。［中略］オーウェンは、社会の発見（discovery of society）によって、キリスト教を超克してさらに新たな地点をめざそうとした。彼は、社会とは実在するものであり、したがって人間は究極的にそれを甘受しなければならない、という真実を理解した。彼の社会主義は、このような社会の現実（reality of society）を認識することによって到達することのできる人間の意識の変革に基づいていた、といえるかもしれない（傍点原文）。（*ibid*.:133/ 新訳223-224）。

ポランニーによれば、オーウェンの思想的な功績の最大のものは、産業文明と共に人類が存続していくには、社会悪をこれ以上放置しないよう、「正義の理想に従って社会を転換させる」（*ibid*.:134/ 新訳225）必要がある、と明言したことである［★40］。「協同の原理」によって社会を転換させる必要を訴えたオーウェンについて、『大転換』のポランニーは、市場原理で問題解決を図ろうとしたマルサスやリカードら古典派経済学者と対照的に描き出している。オーウェンの社

★37　ポランニーは、産業社会を人間的なコミュニティの基礎上で組織しようとするオーウェンの取り組みが、二〇世紀にはG・D・H・コールを介して「ギルド社会主義」に合流し、第一次世界大戦後の赤いウィーンなどヨーロッパの社会民主主義の思想や実践に活かされた、と見ている。『大転換』巻末の第7章の注釈「スピーナムランドとウィーン」を参照のこと。

★38　ポランニーは、オーウェンが「自由の限界（frontier of freedom）」（*ibid*.:133/ 新訳 224）の認識に到達した、と考えている。ここでいう自由の限界とは、「新しい力」としての協同の原理によっても取り除けないような不可避的な諸悪——『大転換』の最終章によれば、自由の制約条件としての経済価値と権力——のことであり、社会の現実を改革する努力のなかで見えてくるものなのである。

★39　トマスベルガー（Thomasberger 2003: 第2節）を例外として、ポランニーの高いオーウェン評価の意味はほとんど研究されていない。

★40　土方は、「ユートピア社会主義」でも、「モラル・エコノミー」でも、「コーポレート・ガヴァナンス」に位置づけられたオーウェン像でもない、もっとも理想的なオーウェン像を『大転換』のポランニーが提示している、と述べている（土方 2003:9）。古典派経済学と哲学的急進主義との対抗図式のなかでオーウェンの社会主義を考察した研究に、永井 1962 がある。

会主義は、マルサス、リカードなどの古典派経済学者が主導した、自己調節的な市場経済を社会の組織原理とする経済的自由主義による社会改革と真っ向から衝突するものなのである。

4 経済的自由主義 対 社会の自己防衛――『大転換』第II部後半の世界

商品擬制と二重運動

ポランニーは、市場経済の拡大とそれに対抗する社会の自己防衛という二重運動が生まれ発展する理論的根拠を、市場経済がそれ自体の法則に従って機能できるには、社会をそれが必要とする条件に従属させなければならず、労働や土地、貨幣といった生産諸要素を市場メカニズムに包摂し市場の法則に従わせなければならない、というところに求める。「市場経済は、市場社会のなかにおいてのみ機能する」（*ibid.*:74/新訳124）のである。しかし、『大転換』のなかで繰り返し指摘されるように、労働は他の生活活動から切り離された「人間活動の別名」（*ibid.*:75/新訳125）であり、土地は「自然の別名」（*ibid.*）であって、両者を市場経済に取り込むことは社会の骨組みを市場の法則に従属させることを意味する。また、実際の貨幣は「購買力券（token of purchasing）」（*ibid.*）で、その存在は銀行や国家財政のメカニズムに依存している。このように、販売のために生産されたものではない労働、土地、貨幣を市場メカニズムに包摂し、労働市場、土地市場、貨幣市場を組織する原理が、「商品擬制（commodity fiction）」（*ibid.*:76/新訳126）である。

この商品擬制は、ポランニーが市場経済の制度的本質と呼ぶ組織原理であり、「商品擬制に適う市場メカニズムの実際の機能を妨げかねないいかなる仕組みや行動も、存在を許されるべきではない」（*ibid.*:76/新訳126）という、冷徹な強制と排除の論理を含んでいる。競争的労働市場、国際自由貿易、国際金本位制という三つの制度的支柱に立脚して発達する自己調整的市場は、人間、自然（農業）、生産組織のいずれにとっても危険物となっていったのである。ポランニーはこのように、社会が市場メカニズムに従属しその付属物になってそれが円滑に機能するようにかたちづくられた一九世紀的状況を、「市場経済の極端なまでの人為性」（*ibid*.:77/ 新訳127）と形容する。というのも、「経済が社会的諸関係のなかに埋め込まれている」（*ibid*.:60/ 新訳100）状態を人為的に破壊することを通じて市場経済が創出されたのであり、再分配や互酬が人為的に解体されてはじめて競争的な労働市場が機能する、とポランニーは理解するからである［★41］。ポランニーのいう市場経済とは、「社会的諸関係が経済システムのなかに埋め込まれている（embedded）」（*ibid*.）状態を指している。

商品擬制の組織原理に基づく市場経済の拡大は、それがもたらす危険と脅威に対する対抗的運動を呼び起こすことになるが、ポランニーはこの対抗的運動を擬人化して社会の自己防衛と呼んでいる。対抗運動は、それぞれの擬制商品市場において自己調整的市場の作用を抑制する介入的行動として発達する。後で述べるように、それらの対抗運動全体には、市場経済の発展によってもたらされる「社会的文化的破局」とそれにともなう社会的地位の喪失・人間的堕落を防ぐという、「共同体の一般的利害」（*ibid*.:161/ 新訳280）を擁護する性格が濃厚にある。

労働市場では、一八三四年の新救貧法の制定と同時に、人間労働を市場の法則の作用から保護する対抗運動がオーウェニズムやチャーチズム［★42］のかたちで発展し、社会立法、工場法、失業保険、労働組合といった、労働の人間的性格を商品擬制から擁護する制度がつくり出された。土地市場では、一八四六年の反穀物法により自由貿易が始まって以来続いている、自然資源や農村文化を土地に関する商品擬制から守る対抗運動を通じて、土地立法や農業関税が一八七〇年代以降に制度化された。さらに貨幣市場では、通貨発行量を金残高によって調節することで通貨の安定を図る金本位制が一八四四年のピール銀行条例によって制度的に確立されると、貨幣の過不足による価格の急激な変動の破

★41　「市場経済の極端な人為性」は、「一九世紀市場社会の歴史的特異性」と共に、『大転換』のなかのもっとも重要な命題の一つである。この点については『大転換』新訳の「訳者あとがき」および野口 1995 を参照されたい。
★42　一八三〇年代から一八五〇年代にかけて展開されたイギリスの民衆的政治運動で、人民憲章の六項目（男子普通選挙権、秘密投票、毎年の議会改選、平等選挙区、議員財産資格の撤廃、議員有給制）を掲げた。その運動の主たる担い手は労働者階級であった。

壊的影響から生産組織を保護する必要が生じて、中央銀行制度や通貨制度の管理がつくり出された。このようにポランニーは、改正救貧法（一八三四）から一九一四年の第一次世界大戦までの八〇年間における重要な局面を左右した「西欧社会の制度的発展の概略」（*ibid.*:170/ 新訳291）を、二重運動によって説明している。

ポランニーの二重運動論は、一九世紀の社会史を、自己調整的市場の確立を目標とする経済的自由主義の原理と市場経済拡張の社会への破壊的影響に対抗する社会防衛の原理との衝突として描いている。しかし、彼の議論の力点は、単に「市場経済 対 社会の自己防衛」との原理的対抗といった大味なところにあるのではない。『大転換』の多くの叙述は、これら二つの原理が組織原理として、すなわち、その原理を実現するために必要な諸制度を要求する階級や階層を巻き込んだ運動として衝突したことに、照明を当てている。経済的自由主義が制度的目標として競争的労働市場、金本位制、自由貿易を設定したのに対し、社会防衛の側は、労働立法や農業関税などの保護立法と競争制限的制度を要求した。組織原理間の衝突は、市場制度の拡張のための諸制度と社会防衛のための諸制度との緊張およびジレンマとして展開されるのである。

市場経済システムと文化的破局

ところで、社会の自己防衛としての対抗運動は、労働市場、土地市場、貨幣市場といったそれぞれの領域で孤立して行われたのではなく一体性として展開された、ということに注意せねばならない。ポランニーは、市場法則の作用から人間労働を保護することと土地を保護することは、人間と自然という社会の骨組みを守る意味でも、社会的文化的混乱を防ぐという意味でも切り離しがたくつながっている、と強調する。この点は、次の文章を含む『大転換』の第13章「自由主義的教義の誕生（続）――階級利害と社会変化」で詳しく分析されている。

労働、土地、貨幣のそれぞれの市場を区別することは容易である。しかし、それぞれ人間存在、人間の自然環境、そして生産組織によってその核が形成されている文化の三つの部分を識別するのは容易ではない。人間と自然は、文化的領域においては実質的に一体を成している。生産企業の貨幣的側面は、社会的に死活の重要性を持つ領域、すなわち国民の統一と結束に係わっている。かくして、労働、土地、貨幣という擬制商品の市場は明瞭に区別できたのであるが、それらの市場が社会に与えた脅威は必ずしもつねに厳密に分離できるものではなかった。

(*ibid.*: 69-170/ 新訳291)

ポランニーは、市場経済が社会に及ぼす危険を、人間、自然環境、生産組織の文化的一体性に重点を置いて捉え、自己調整的市場に対する対抗的防衛運動が諸階級や諸階層の経済的利害を超えた社会的利害の擁護をめざすものだ、と強調する。このような社会的利害の対象となるものに、市場的方法では対処できない次のような産業文明上の要請が含まれる。例えば、保健衛生や居住環境、図書館などの公共施設、社会保険、教育、運輸、公共事業、熟練や経験を必要としない仕事への転職にともなう労働者の社会的地位の喪失（*ibid.*:161-162/ 新訳279-280）への対処、さらに急激な制度転換や「文化的接触」による「文化的破局」がもたらす被害への対応（*ibid.*:169/ 新訳290）、が挙げられている。

文化的接触による文化的破局とは、異なる社会間あるいは異なる人種間の接触から生じる、相対的に弱い側の文化的環境の崩壊、とりわけ自尊心と規範の喪失による堕落や努力に値する目的を与えてくれる文化の欠如について説明する人類学の用語である。『大転換』には、農業や資源が国際的自由貿易に巻き込まれたアフリカやアジアの人びとを襲った文化的破局、および「文化的真空（cultural vacuum）」（*ibid.*:165/ 新訳285）についての言及がある［★43］。ポランニーの議論の狙いは、アフリカやアジアで現在進行中の文化破壊と同じ事態が約一〇〇年前の市場社会の形成期にイギリスの普

★43 『大転換』第13章は、自由貿易に巻き込まれ西欧の競争的労働市場を導入して間もない頃に起きたインドの飢饉や、アフリカの部族など非西欧諸民族の共同体的社会に見られる文化的破局の例をとりあげている。

通の人びとを襲ったこと、つまり、経済的搾取よりもむしろ文化的破局が普通の人びとを堕落と苦難に投げ込んだスピーナムランドの時代の悪夢を想起させることである。

相対的に弱い側の人びとは、彼らの社会的存在としての生活を埋め込んでいる伝統的諸制度が文化的接触によって破壊されるが、それを商業文化や利得動機で埋め合わせることが容易でないために、文化的真空が生じてしまう。市場社会の形成と発展がつねに、社会的存在が埋め込まれていた（まだ残存している）共同体的諸制度や非契約的社会関係の崩壊と、それにともなう文化的破局を引き起こすこと、そして、従来の文化を失った彼らを市場経済に包摂するのは容易ではないことに『大転換』は注意を喚起している［★44］。

社会の自己防衛の多様性

ポランニーが強調するのは、社会の自己防衛の多様性である。利得と利潤を追求する市場経済によって脅かされるさまざまな社会的利害をめぐって、きわめて多様な保護主義運動が展開する。ポランニーは、「住民、専門家、消費者、歩行者、通勤者、スポーツ愛好家、旅行者、園芸愛好者、患者、母親、恋人」などの生活者としてのさまざまな立場や経路から、あるいは労働者、農業関係者（土地所有者、農民）、開明的工場主、教会、市町村、アソシエーション、クラブ、労働組合などの利害団体を通じて、社会の広範囲の層が保護主義運動に係わってきた、と述べている（*ibid.*:161/新訳280）。

そして、「共同体の全体的利害を託された人びと」、「近代の文脈においては［中略］時の政府」（*ibid.*:161/新訳280）によって社会的利害の保護が制度化され、衛生基準や安全基準の策定や関税措置などのさまざまな保護措置が行政において確立されてきた。社会的利害を市場の作用の脅威から守るための保護主義的諸制度の堆積が市場の自己調整機能を損なうように影響し、制度間の緊張と対立の高まりを通して市場経済が機能不全に陥り、市場社会が崩壊していくプロセスを描写することは、『大転換』第Ⅲ部「大転換の進展」のテーマである。

二重運動の解釈をめぐる対立

市場経済と対抗的な防衛運動との対立という二重運動を、ポランニーは『大転換』の第12章「自由主義的教義の誕生」のなかで、経済的自由主義と社会の自己防衛との組織原理をめぐる対立に関する命題として捉え直し、二重運動の事実と解釈をめぐる経済的自由主義者の見解を批判的に検討する。ポランニーと経済的自由主義者との見解の対立は、経済的自由主義が社会の組織原理として是認されるか否かをめぐる対立であり、一九世紀の社会史をいかに理解するべきかという論点を含んでいる。

『大転換』に経済的自由主義者としてしばしば登場する、オーストリア出身のアメリカの経済学者ミーゼスや政治評論家のリップマン（Walter Lippmann：一八八九～一九七四）は、「集産主義の陰謀」や「反自由主義の陰謀」によって市場システムに対する重大な介入がもたらされた結果、市場が麻痺し社会は崩壊の危機に追いやられた、と主張し、労働組合と社会主義を犯人に仕立て上げてさまざまな「陰謀」説を展開したことで知られている［★45］。とりわけリップマンの『良き社会』（一九三七）は、ロシア共産主義の計画経済およびドイツ・イタリア・日本のファシズムを「集産主義的世界」と一括し、第二次世界大戦を英米の自由主義陣営による邪悪なファシズムへの神聖な戦いと意味づけた書物として、影響力を持っていた［★46］。同書は、競争的で平和な分業体制の偉業を台無しにした「漸進的な集産主義」を非難し、伝

★44　貧困問題は産業革命によって引き起こされた農村の伝統的社会の破壊にともなう文化的破局に由来しており、それに類似する現象が国際間の文化接触によって日々生まれている、とポランニーが語っていることを注視し、「国際分業論における文化的視点」の重要性を指摘した研究に、前田 2006 がある。

★45　ミーゼスの介入主義批判を含め、新オーストリア学派による市場経済擁護論の骨子を紹介した研究に、越後 2003 がある。

★46　リップマンは『良き社会』執筆後まもなく、モンペルラン協会の前身となる「リップマン・シンポジウム」（一九三八年八月二六～三〇日）をフランスで開催した。なお、一九三三年から五九年までマンチェスター大学に職を得ていた（カール・ポランニーの弟の）マイケル・ポランニーは、ハイエクの熱烈な呼びかけに応じてリップマン・シンポジウムに参加している（Scott and Moleski 2005 の第7章および権上 2006 を参照）。リップマン・シンポジウムからモンペルラン協会の設立、その後の発展を含めた新自由主義（Neo-Liberalism）の経済思想史的な研究に、Mirowski and Plehwe 2009 がある。

統的な「自由主義」の良き伝統への復帰を呼びかけていた［★47］。

社会の自己防衛を非難する経済的自由主義者の陰謀説をいかに封じるかが、ポランニーの二重運動論の狙いでもある。ポランニーの戦略は、経済的自由主義者も認める二重運動の事実に関する『大転換』の解釈の優位性を論証することであった。

二重運動の事実を認めている経済的自由主義者には、社会進化論において国際自由貿易を到達すべき原理と位置づけたイギリスの社会学者スペンサー（Herbert Spencer：一八二〇～一九〇三）、イギリスの著名な法律学者ダイシー（Albert Venn Dicey：一八三五～一九二二）、そしてリップマンやミーゼスなどがいる。ポランニーによれば彼らの解釈は、「市場システムの拡大に熱心な自由主義運動が、逆にその制限をめざすような保護主義的な対抗運動に出くわした、という点」（*ibid.*:151/ 新訳260）で共通している。

> スペンサーやサムナー、あるいはミーゼスやリップマンのような自由主義思想家は、二重運動について、実質的にわれわれと同様の記述を行っている。しかしながら彼らは、それについてまったく異なる解釈を与えている。われわれの見解によれば、自己調整的市場の概念はまったくのユートピアであり、その進行が実際的な社会の自己防衛によって妨げられた、とする。それに対して、彼らの見解によれば、すべての保護主義は不寛容、貪欲、近視眼的思考に基づく錯誤であって、そうした錯誤さえなければ市場は困難を自ら解決したはずである、というのである。これら二つの見解のどちらが正しいのかという問いは、おそらく近代社会史におけるもっとも重要な問題であり、経済的自由主義こそ社会の基本的組織原理であるという主張の当否についての結論をも含むのである。
>
> （*ibid.*:148/ 新訳256）

経済的自由主義の矛盾

二重運動の解釈をめぐるポランニーと経済的自由主義者との対立は、市場社会の興亡をめぐるこうした歴史解釈上の要であるばかりでなく、経済的自由主義を社会の組織原理として肯定するのか否認するのかという問題の鍵をも握っている。このような認識を示したうえでポランニーは、経済的自由主義者の矛盾を示す四つの事実を指摘する（*ibid.*:152-155/ 新訳261-266）。

第一は、集産主義的な対抗運動には驚くほどの多様性と複雑さが見られた、という事実である。スペンサーが介入リストに載せている多様な条例には、種痘義務の拡張や救貧委員への種痘実施権の付与、地方税でまかなわれる飲食物分析官の設置、ガス工場の検査などについて定めた条例、食糧の衛生・非衛生を調べる検査官を任命する条例、煙突掃除夫条例、伝染病条例などがある。リップマンはそれらを誰かが仕組んで意図的に示し合わせるような反自由主義の陰謀の証拠として説明するが、それは事実と矛盾する。こうした条例はそれぞれが、近代の産業社会にともなって生じた市場的方法によって対処できない諸問題を処理するために、自然発生的に登場したものである。

第二に、産業上の問題が生じて解決が求められる状況においては、個人主義的原理が終始一貫して支持される世論が存在していても、自由主義的解決から集産主義的解決への移行が突如として起こりうる、という事実である。ダイシーが「徹底した集産主義的立法」（*ibid.*:153/ 新訳263）と呼んだ労働者災害補償法の制定は、その古典的な例である。

第三は、一定の産業的発展段階に到達したいくつかの国で、自由放任から集産主義へというきわめて類似した移行が見られたことである。公衆衛生、工場の労働条件、自治体事業、社会保険、海運助成金、公益事業、企業家団体などに関する「反自由主義的立法の時代」（*ibid.*:153/ 新訳263）は、自由貿易と自由放任の時代を経験したあらゆる国々に共通する経験となっている。反自由主義的立法の支持勢力は、ウィーンのように反動的・反社会主義者である場合もあれば、

★47 Lippmann 1944 の第II部「集産主義運動」を参照のこと。

バーミンガムのように急進的帝国主義者である場合もあったが、多様なスローガンのもとでまったく異なる勢力に突き動かされつつも、ほぼ正確に同じ内容の法措置が各国において実施されたのである。これらの傾向は、自由主義者の命題と矛盾する事実を提供している。

第四は、経済的自由主義者自身がしばしば契約の自由と自由放任の制限を主唱した、という事実である。経済的自由主義者は、労働組合法や反トラスト法を容認するなど、契約の自由や結社の自由の原理が自己調整的市場の要請と衝突する場合には、解決策としてそうした自由を統制あるいは制限することを選択し、自己調整的市場の要請を集産主義的手段によって優先してきた。また、自由貿易や競争でさえ、作動するには介入を必要としたのであった。

このようにしてポランニーは、市場社会の行き詰まりの原因やあらゆる困難の責任を市場に対する妨害・介入に負わせることで競争的システムと自己調整的市場を弁護する、「経済的自由主義に現在残されている最後の論法」(*ibid.*:150/新訳258)を解体しようとする。彼は、社会の自己防衛についての経済的自由主義者の解釈が「政治的民主主義に対する攻撃」の論理に転化する、と警告している[★48]。しかし、経済的自由主義の論法には、きわめて単純でわかりやすく世論に浸透する素地がある。その生命力はきわめて強力で、市場経済が存続する限り、さまざまな歴史解釈や新たなロジックを吸引して何度でも蘇生し時代に適合していく、ということをポランニーは直感していたかのようである。

自由主義者の弁護論者は、手を替え品を替えて次のように繰り返す。いわく、自由主義の批判者が主張する政策さえ行われなければ、自由主義はうまくいっていたであろう。あるいは、競争システムや自己調整的市場ではなく、そうしたシステムに対する妨害や介入がわれわれの時代の不幸をもたらすのである、と。

(*ibid.*:150/新訳258)

『大転換』は、経済的自由主義の論法を解き明かそうとしている。経済的自由主義は、その誕生の際にはスピーナムランド批判をエネルギーとし、市場経済の危機に際してはさまざまな介入主義を批判しながら、自らの正当性を主張してきたのである。時代を通じて共通するのは、経済的自由主義者が、公的扶助による財政の悪化やインフレや失業などの経済的失敗の責任を糾弾する手法で世論への影響力を獲得してきたことである。次に見ていくように、第一次世界大戦後の経済的自由主義者たちは経済的困難の責任を政治的民主主義の経済介入のせいだと論じたが、それは、『大転換』第III部におけるファシズム分析の要点を構成するものである。経済的自由主義が市場経済再建を「改革」として打ち出す強靭な力を持っていることを、『大転換』は批判的に描き出している。

5 市場経済と民主主義の対立――『大転換』第III部の世界

ポランニーによれば経済的自由主義者たちは、産業労働者や農民に市場経済への介入手段を与える団結禁止法の撤廃や普通選挙権の制定に難色を示してきたが、それは、市場経済の円滑な機能を妨げるかもしれないと確信していたからである。民衆の利害や労働者の立場を保護する制度を実現させる機会となりうる政治領域における民主主義（民衆政府）[★49]は、経済領域の自己調整的市場経済にとってつねに脅威の源泉なのである。ポランニーはこのように、経済と政治の分離という市場社会の制度的条件に立ち返って、「市場経済 対 民主主義」の対立および経済と民主主義との敵対的関係による、市場社会の危機的展開を分析する。

★48　この論点はポランニーの一九三〇年代の主要テーマの一つであった。本書第3章を参照。
★49　『大転換』のドイツ語版は、日本語版では「大衆政治」と訳されている“popular government”を「民主主義」と訳しており、第19章のタイトルが「民主主義と市場経済」となっている。

経済的自由主義と民主主義

すでに指摘してきたように、経済的自由主義の力の源泉は、競争的労働市場の柔軟性を弱めるものにあらゆる経済的不調和の責任を押しつけるところにある。経済的自由主義の経済学者は、経済領域と政治領域との制度的分離という市場社会の前提条件を脅かす、労働組合の活動や選挙で選ばれた政府による社会立法および土地立法を、不当な介入主義と呼んで非難してきた。「もし労働者が労働組合としてふるまわず、要求を引っ込め、労働市場の要請に応じて居住地と職種を変えるものとすれば、労働者はいつしか仕事を見出すことができよう」、というのが彼らの主張である。

このことは、ストライキに対する経済的自由主義者の冷ややかな眼差しに象徴される、とポランニーは『大転換』の第19章「民衆政府と市場経済」で述べている。経済的自由主義者にとっては、市場のフレキシビリティーを損なわせて自己調整的市場の作用を鈍化させる、然るべき労働生産性とは不釣合いな賃金水準を維持する政府の政策と労働組合の要請こそ、取り除かれなければならない害悪である。「ストライキによって賃金を決定するという方法」(*ibid.*:239/新訳414)は、経済的・社会的混乱を引き起こすだけである。このように、市場の自己調整機能を社会的調整の唯一の手段とみなす経済的自由主義者の目には、労働運動の正規の交渉手段であるはずのストライキが、社会的に有用な仕事に対する理不尽な妨害として映る。

市場社会はそのような経済介入を許容できない。そして自己調節的市場経済は、社会のなかで経済が自立的領域を形成し、社会の他の領域から介入を受けないばかりか、他の領域のあり方が経済の円滑な機能を妨げないことを要請する。したがって、労働組合による賃金決定への介入や産業労働者の利害を代表する民衆政府の経済領域への介入に道を拓く普通選挙の制定は、市場社会の根幹を揺さぶるのである。

すなわち、市場経済の法則は、労働する人びとによる経済生活へのいかなる介入をも禁じざるをえない。必然的に周期的に生じる失業や貧窮は、市場経済の自己調整メカニズムによって解決されるべきものであり、貧しい人びとが自己調節的市場経済に介入する権力を持つならば、このシステム自身が破壊されて文明や自由といった価値も消滅してしまうだろう、と。市場社会において労働者に選挙権を認めることは、市場経済の法則を信じる者たちにとって「致命的失策」でしかないのである（18-8）［★50］。

普通選挙制度の導入と市場社会の変質

改正救貧法から約半世紀が経過した一八七〇年代になって、普通選挙制度の導入が踏み切られたことにより、市場社会は転機を迎える。『大転換』第Ⅲ部に詳細に描かれているように、普通選挙制度が導入されて以降、市場社会の制度的緊張は増大し続け、市場経済システムは何度も危機に陥ることになった。ポランニーによれば、「自己調整的市場経済と民主主義のジレンマ」は、誕生からその崩壊に至るまで市場社会につきまとった根源的な問題であり、民主主義の市場経済システムへの介入は市場社会のアキレス腱だったのである。

『大転換』第Ⅲ部は、一八七〇年代〜九〇年代における市場経済の変質と政治の民主化（普通選挙制度の導入）がもたらした、社会的緊張の高まりの問題を扱っている。社会的緊張は、一九世紀後半の市場システムの失敗（世界農業恐慌によるヨーロッパ大陸における数千万の農民の生活の混乱、外国貿易と外国為替の圧力の高まり、大不況による倒産と雇用情勢の悪化）のなかで深刻化した。第一次世界大戦は、市場システムの失敗と社会的緊張の高まりがもたらした市場社会の危機の帰結である。こうした市場社会の危機の原因が分析されて取り除かれることもなく、第一次世界大戦後に市場社会が再建され

★50　この論点は、一九四〇年代初頭に書かれた草稿「ファシズムのウィルス」（18-8）でも確認することができる。ポランニーは、一八五七年のマコーリー卿と一〇〇年前のバークの見解が次の点で一致する、と指摘する。すなわち、団結禁止法は、イギリス急進主義の弾圧のみならず、労働者の政治参加の可能性を排除する市場システムを導入するための権力と強制の装置としても機能したのであり、それが撤廃された後の時代においても、普通選挙権を要求する「チャーチスト運動家に対する敵対が舞台を支配した」のであった。ポランニーの見るところ、市場社会は、「新たな経済が民主主義制度と相容れないことを主張する古典派経済学者の警告と共に始まった」。『大転換』で「市場社会」と表現される用語は、「ファシズムのウィルス」では「産業資本主義」となっている。

た。大恐慌によって市場社会は激しく瓦解し、ファシズムが首をもたげ、第二次世界大戦が勃発した。ポランニーは、第一次世界大戦後に市場社会を再建しようとした試みの失敗がファシズムと戦争をもたらした、と主張する。「自己調整的市場システムを打ちたてようとした経済的自由主義のユートピア的な試み」（*ibid.*:31/ 新訳49）の失敗を批判的に分析するポランニーは、第17章「損なわれた市場機能」で、一八七九〜一九二九年までの五〇年間に市場の自己調整機能が著しく衰えた、と説明している。

なかでも農業恐慌と一八七三〜一八八六年の大不況は、経済の自己調整に対する信頼を決定的に揺るがす結果をもたらした（*ibid.*:223/ 新訳388）。経済の自己回復力に対する不信が深まるなかで、土地・労働・貨幣といった擬制商品についての保護主義が現われ、市場そのものが競争的性質から独占的性質へと変質していった。最初に、労働と土地に対応する保護主義、すなわち社会立法と穀物関税が立ち上げられた。まもなく各国は、保護主義から帝国主義やアウタルキー（輸入に依存しない自給自足経済）へと方向転換を強いられていく。このようにポランニーは、一国の輸入関税が他の多くの国の輸出を阻んだことが、政治的に未保護の地域に市場を求めるよう多国に強いたことなどを例に挙げて、一九世紀末に列強間の闘争である経済帝国主義の傾向が激化した様子を描写する。市場経済の変質と保護主義の台頭、列強諸国間の対立、各国内での社会的緊張の増大が顕在化していく。ポランニーによればこれらの現象は、一九世紀末から第一次世界大戦までの市場社会の衰退局面を特徴づけるものである。

個人はますます組織にとって代わられ、人と資本は非競争的集団に統合されていった。経済的調整は時間がかかるようになり、また困難になった。市場の自己調整的作用は大きく損なわれた。やがて価格と費用の構造を調整する能力がなくなったために不況は長期化し、設備調整の順応性が損なわれて利益を生まない投資の清算が遅れ、価格と所得の水準を調整する力がなくなったために社会的緊張が生まれた。（*ibid.*:227/ 新訳393）

社会の自己防衛の原理から見れば、保護主義も介入主義も、ますます信頼できなくなっていく世界経済システムに依存することに対して諸列強がとった防衛的な態勢を示していた。

強力な政府のもとでの自由経済

だが列強諸国では、経済的自由主義の原理そのものに対する信頼が揺らいでいたわけではなかった。その逆である。ポランニーが着目するのは、雇用情勢が悪化する第一次世界大戦後の一九二〇年代のいよいよ機能しなくなった各国で、一九世紀市場経済の三つの基本的原則――国際的自由貿易、競争的労働市場、自由に機能する金本位制――に原理的に立ち返ろうとする、経済的自由主義に基づく市場社会の改革が試みられたことである。そのような市場社会の改革は、世界貿易を復興し、労働の流動性にとって避けることのできる障害を除去し、戦前の水準に為替相場を戻すことをめざしていた（*ibid.*:239-240/ 新訳414-416）。

経済的自由主義者の威信が最高潮に達した一九二〇年代には、対外債務の返済と安定した通貨への復帰が「政治における合理性」を示す標識とみなされていた。ポランニーによれば、ミーゼスなどの経済的自由主義者たちは、各国の通貨の信頼回復と財政の健全化を訴え続けた。彼らは、所得・雇用政策を重視する政府のことを「インフレ主義の政府」として非難し、緊縮財政と通貨を安定させる経済政策がいかに重要かを繰り返し説明したのだった（*ibid.*:240-242/ 新訳416-418）。

ポランニーは、「デフレーションによって職を失った人びとの窮乏、代償もなしに解雇された公務員の貧困、さらには国民の権利の放棄や憲法に規定された自由の喪失でさえ、健全な予算と健全な通貨、すなわち経済的自由主義の先験的な基本前提の実現のために支払うべき正当な代価とみなされた」（*ibid.*:148/ 新訳256-257）、と述べている。ここでポランニーが強調するのは、急進的な経済的自由主義者が「強力な政府のもとでの自由経済」の構築を理想としていたことである。

ここで「強力な政府」とは、文字通り、非常時における対処権力および市民的自由の差し止めを意味したのに対し、「自由経済」とは、実際には、字面とは正反対のこと、つまり物価と賃金が政府により調整されることを意味した（もっともこの調整は、自由な為替と自由な国内市場の回復という明確な目的のために行われたものであった）。

（*ibid.*:241/ 新訳417）

経済的自由主義者は、市場経済の回復を優先させることが何よりも重要だと主張し、労働組合やストライキによる賃金決定を市場への「介入」として拒否する。食糧や雇用を確保するような社会立法や関税を要求することは、自己調整的システムを機能不全に陥れた悪しき介入の典型である。しかし、自由経済の再構築のためには、物価と賃金が低く抑えられる強力な政府が避けられない。ポランニーは、経済的自由主義の主張をこのように整理している。

二つの介入主義

ポランニーの理解では、第一次世界大戦前後のヨーロッパ大陸で二つの「介入主義」が拮抗していた。つまり、通貨政策と雇用政策をめぐって「経済自由主義的介入主義」と「社会主義的介入主義」（*ibid.*:239/ 新訳414）が激しくぶつかり合っていたのである。経済自由主義的介入主義は、土地・労働・貨幣の市場の自由を妨げる政策すべてを排除して市場システムの自己調整性を回復するための、強力な政府主導を要請していた。それに対して社会主義的介入主義は、食糧や雇用や資源を国民のために確保するために公的統制を導入し、さらには通貨を管理することを要請していた（*ibid.*:225/ 新訳391）。一九二〇年代半ばには、経済自由主義的介入主義が優勢となり、経済自由主義的な市場社会改革が進められるなかで、社会主義的介入主義を要請する政治的民主主義の勢力も弱体化していった。

一九三〇年代の大転換とファシズム

だが、経済的自由主義に基づく政策合意は世界大恐慌の勃発によって中断する。イギリスとアメリカ合衆国が、自国を守るために金本位制を放棄し自国通貨の管理を導入して以降、他国はそれに追随して経済的自由主義の教義から転換せざるをえなくなったからである（*ibid.*:148-149/ 新訳257）。

しかし、経済的自由主義からの路線転換に乗り出した一九三〇年代には、「社会主義的介入主義」が力を持つことはなかった。というのも、「民主政治が市場経済システムの円滑な維持にとって邪魔である」という経済的自由主義の見解が政策と世論を支配した一九二〇年代を通じて、社会主義的介入主義が徹底的に打ちのめされたからである。

ファシズムとは、経済危機に顕在化する市場経済と民主主義との抗争に入り込んで、前者に味方するものである。一九三〇年代には、ファシズムへの抵抗の拠りどころとなる民主主義的諸力がすっかり姿を消していた、という点を『大転換』のポランニーは重視する。一九三〇年代の分析と同様に『大転換』においても、市場経済と民主主義との解決しがたい対立が、ファシズム出現の根源的原因として把握されているのである。

6　『大転換』における自由の問題——経済的自由主義・ファシズム・社会主義

自由の問題をめぐる二つの次元

ポランニーは、市場社会の終焉が人類に未曾有の自由の可能性をもたらすと考えている。なぜなら、国内的側面や国際システムを拘束していた経済の圧力が後退して、国民生活を自由に組織する権限を各国がかつてより多く持つようになるからである。国内的には自由を国際的には平和を目標として掲げ、その達成に向けて意識的に追求する努力を、ポランニーは生まれつつあったポスト市場社会のなかに見出している（*ibid.*:263/ 新訳460）。表４－３に見られるように『大

	個人的自由の意識的発展	万人のための自由の拡大
制度の次元 人間存在の意味と目的を具体化	・市場経済の副産物としての市民的自由の維持と拡大 ・新しい個人的自由 就労の権利、不服従の権利	・規制と計画による国全体の自由のレベルの向上 所得、余暇、安全のより公平な普及 ・増大する自由と減少する自由との均衡をとる問題
道徳的・宗教的次元 人間存在の意味と目的 自由それ自体の意味	・福音書による自由の認識 ・社会の認識と自由の限界	社会の現実の覚悟した受け入れと自由の再生 ‖ 責任を通しての自由

表 4-3　ポランニーによる自由の分類

転換』の最終章は、新たな自由の可能性を、制度的次元と宗教的・道徳的次元という二つのレベルで論じている［★51］。

制度的次元における自由の新たな可能性は、法や規制を通じて自由を拡大できるかどうかにかかっている。ポランニーは制度的次元における自由を、個人的自由（市民的自由）と万人のための自由とに分けて考察する。ここでの個人的自由とは、一九世紀の市場社会のもとでの個人的自由（宗教改革以来の伝統に属する自由）とまったく内容が同じというわけではない。例えば、失業や投機家の自由といった従来の悪いタイプの自由に対する抑制は擁護されねばならないし、権力を恐れず良心に従って行動する自由を守る「不服従の権利」や信条・人種を問わない就労の権利のような新しい個人的自由などは拡充され制度化されるべきである。そして、規制や計画化によって所得、余暇、安全をより公平にして「国全体の自由のレベル」（*ibid.*:263/ 新訳459）を引き上げるというような、万人のための自由も同時に制度化されていかなければならない。ポランニーは、規制と管理によって達成される「少数者のためではなく万人のための自由」を、「産業社会が万人に提供する余暇と安全によって生み出された新たな自由」と呼んでいる（*ibid.*:265/ 新訳462）。

規制と計画によって万人のための自由を拡大することについては、よく知られているように、「規制と計画は自由の敵である」、規制が生み出す自由や福祉は「隷従の偽装」（*ibid.*:265/ 新訳463）である、という経済的自由主義の側からの根本的な批判がある。この批判は、自由それ自体の意味を問い直すことになる宗教的・道徳的次元における自由の問題を提起している、とポランニーは述べている。経済的自由主義による自由の論法に対してポランニーがどのように反論しているのか、次に見ていくことにしよう。社会の現実と人間の自由との関連をいかに理解するか——これが、ポランニーの宗教的・道徳的次元における自由論の最大の論点となる。

市場ユートピアを超えて

ポランニーによれば、一九世紀市場社会は、利益と繁栄をつくり出すことに主眼を置き、市場の機能を円滑にさせることにもっぱら神経を尖らせた社会であって、自由は意識的に追求されたのではなく、あくまでも副産物であった。また、一九世紀の市場社会は、人間のつくり出した制度やシステムに対する責任を問うことができないという意味で、不自由な社会であった。そこでは、通貨暴落や解雇といった経済的苦難に対して「誰にも責任がない」とされたのであり、社会の現実に対する自らの係わりを表現する手段が奪われていた。しかし、ポランニーから見れば不自由な社会であっても、経済的自由主義者にとっては市場社会こそが自由な社会である。次の文章は、自由と契約関係を同一視して、経済的苦難を生み出す社会の現実への自らの責任を意識することから切断される、経済的自由主義の市場社会観がどうして生まれるのか、について分析している。

自由主義経済はわれわれの理想を誤った方向に導いた。それは、本質的にユートピア的な期待が実現できるかのように思わせたのである。しかし、いかなる社会も、権力と強制がなければ存在できないし、力が威力を発揮しないような世界もありえない。人間の意志と希望だけで形成された社会を想定することは幻想であった。ところがこれは、経済を契約関係と、そして契約関係を自由と同一視した市場社会観の結果であった。こうした社会観から、

★51　『大転換』最終章の自由論を検討した研究に、若森 2001b がある。

人間社会において個人の自由意志から生み出されなかったものはなく、したがってふたたび個人の自由意志によって取り除けないものはない、という根本的な誤解が生じたのである。〔中略〕有権者にも資産所有者にも、生産者にも消費者にも、失業や貧困の発生にともなって発生する容赦のない自由の制限（restrictions of freedom）の責任を負わせることはできなかった。普通の人間なら誰でも、〔中略〕社会における経済的苦難について、自分は責任をまったく問われることはないと考えることができた。

（*ibid.*:266/ 新訳464-465）

ここでは、経済的自由主義がなぜ自由と責任を切り離して理解するのか、どうして自由と権力を対極的に考えて権力や強制を否定する見解が生まれたのか、という点が、市場社会観に根拠を置いて説明されている。市場社会では、生産者、消費者、所有者といった経済人としての諸個人は、権力と経済価値〔★52〕の決定に関与し、強制力や経済的苦難を生み出す社会的現実のプロセスに巻き込まれている。しかしながら、市場社会ではこういった連鎖が見えず個人に自覚されることがない。そのため市場社会の諸個人は、自らの行為が失業や貧困、さらには自由の制限といった社会的影響を生み出している現実を否定してしまう。したがって、個人の自由と、個人の選択や行為の社会的影響に対する責任とは切り離されたままである。——これが、責任から解放された自由観が生まれることについてのポランニーの説明である。また彼は、権力と強制を個人的自由の敵として否定する自由観が生じるのは、「人間の意志と希望だけで形成された社会を想定することの幻想」がまかり通ってしまうからだ、と説明している。

前述のいずれのポランニーの説明からも、経済的自由主義が社会の現実（権力、経済価値、規制などの強制）を否定ないし最小化するような自由の捉え方をしている、ということがわかる。ポランニーから見れば、社会の現実を否定することのような自由の主張は、ユートピアであり幻想なのである。

権力・強制と自由をめぐる三つの立場——経済的自由主義・ファシズム・社会主義

権力と強制は悪であり、自由のためには人間社会における権力と強制の消滅が必要である、と主張する経済的自由主義者には、社会の現実が見えない。社会の現実を否定し、計画や規制を自由に対する脅威として非難し、ファシズムをも社会主義をも共に自由を否定する権力の極に位置づけることによって、また、市場社会が機能不全に陥ったあらゆる原因を市場に対する介入主義や政治的民主主義の側に負わせることによって、経済的自由主義者はファシズムの出現に加担した、とポランニーは考えている［★53］。彼によれば、「自由か、しからずんば強制か」、「社会の現実を否定して自由を優先するか、自由を否定して権力を優先するか」という、経済的自由主義者による自由の論法を前提にするならば、自由の意味をめぐる選択肢は表4－4に見られるように、強制を否定する経済的自由主義か、人間の自由を放棄して権力と強制を賛美するファシズムか、のどちらかに限定されることになる。

ポランニーによれば、「市場ユートピア」（*ibid*.:267/ 新訳465）の自由の幻想から脱却してはじめて、ファシズムと社会主義とを分かつ分水嶺が見えてくる。それは、①権力や強制を含む社会の現実を受け入れて自由を否定するのか、それとも、②社会の現実を受け入れ、なおかつ社会のなかで新しい自由の実現をめざすのか、という宗教的・道徳的次元における二つの選択肢である。

ポランニーは社会主義を、社会の現実を受け入れそのなかで自由を実現していく選択として位置づけているが、ここ

★52 『大転換』の最終章は、「権力」を集団の存続に必要な「全員協力の手段」の保障として定義し、「経済価値」を財の生産決定に先立って存在しなければならない財の有用性の保障（分業の保障）として定義している。ここでポランニーは、人びとが意見や欲望を持っていること自体が、社会の現実の骨格をなす権力や経済価値の形成に人びとを参加させる（当人の意志や願望に係わりなく巻き込む）、と論じている（*ibid*.:267/ 新訳465）。権力と経済価値への自らの関与を認識できるか否かが、責任を通しての自由か責任から逃れる自由かを分かつ基準となる。

★53 この見解はすでに一九三〇年代に確定していた。本書第3章参照。

経済的自由主義	・市場ユートピア的自由：権力と自由の対立的理解 ・権力の否定と人間の自由の擁護 ・責任と義務からの自由 ・自由と自由企業の同一視 ・市場システムと政治領域の分離 ・市場経済の創出と維持のための国家介入を要請
ファシズム	・市場ユートピア的自由の裏返し ・自由の否定と権力の肯定 ・キリスト教的な個人主義の否定 ・資本主義的経済領域に政治領域を吸収 ・民主主義と自由なき協調組合主義
社会主義	・市場ユートピア的幻想を超える新しい自由 ・責任を通しての自由（社会的自由） ・社会の現実を受け入れ、そのなかで自由の拡大を追求 ・産業社会において、キリスト教的社会観を継承

表4-4　経済的自由主義・ファシズム・社会主義の対立の構図
出所：Polanyi 2001 の第 21 章の議論を筆者が整理したもの

での社会主義は、正統派マルクス主義では見失われてきたオーウェン的社会主義（本章第3節）や、一九三〇年代にキリスト教左派との議論から得た「完全な社会はない」という認識に基づいて彼が構想した社会主義像（本書第3章3節）に近いものである。『大転換』は社会主義を、キリスト教的伝統（人格関係としての共同体の希求）の継続と民主主義（産業社会の民主化）の要請という論点を結びつけて、次のように定義している。

社会主義は、本質的に、自己調整的市場を意識的に民主主義社会に従属させることによって自己調整的市場を超克しようとする、産業文明に内在する傾向のことである。［中略］また、共同体全体という観点からすると、社会主義とは、社会を諸人格間の独自的に人間的な関係によって構築された組織としようとするこれまでの努力の継続にすぎず、西ヨーロッパにあっては、そのような努力はつねにキリスト教的伝統と結びつけられてきたものであった。

（*ibid.*:242/ 新訳418）

しかし、この社会主義的な意味での自由への道は、市場社会の崩壊やファシズムの消滅によって自動的にもたらされるような安易な道ではない。人間存在の意義と目的を具体化する制度的次元ではない、宗教的・道徳的次元における、自由の意味についての人間の意識改革こそが、規制や計画を通じて新たな自由を制度的次元で広げていくためにも必要なのである。ポランニーは、自由主義的資本主義としての市場社会の副産物やマルクスの社会主義像、あるいはロシア革命から生まれた社会主義の経験ではなく、「福音書」で啓示された自由が産業社会には適用できないことを認識したオーウェンによる社会の発見に託して、この自由についての意識改革を論じている。社会の現実を受け入れたうえで人間の自由がどこまで拡大できるのかが、『大転換』の最後の一ページで語られる。

覚悟して受け入れることと新しい希望——社会の現実と自由の関係の刷新

人間は自らの理想や目的を現実の制度に具体化する。ポランニーは、市場ユートピアを超える自由の意味の再生を求めて、「西ヨーロッパ人の意識における三つの本質的事実、すなわち、死の認識、自由の認識、社会の認識」（*ibid.*:267/新訳466）をとりあげる。この三つの認識について、『大転換』最終章の最後から五番目のパラグラフは次のような説明を与えている［★54］。

> ユダヤ人の言い伝えによれば、死の認識は旧約聖書の物語に啓示された。自由の認識は、新約聖書に記録されているイエスの教えのなかで、人格（person）の唯一性の発見を通じて啓示された。そして社会の認識は、産業社会に生きることを通してわれわれに示されたのである。誰か一人の名を挙げてこの偉大な啓示の功績をその人に帰する

★54　この一節はポランニーの思想の中枢にあるものだが、『大転換』のドラフトにコメントを寄せた友人や知人には唐突で抽象的な印象を与え、理解されなかった（Fleming 2001）。

ことはできないけれども、おそらくそれにもっとも近い立場にあるのはロバート・オーウェンであろう。社会についての認識が近代人の意識を構成するもっとも重要な要素なのだ。（*ibid*.:267-268/新訳466）

ここでポランニーが力を込めて伝えようとしているのは、肉体的な死という現実から創造的な生活という希望を引き出した人間は、次に、魂の喪失という肉体的な「死よりも悪いものがあるという」（*ibid*.:268/新訳468）現実に向き合ったことで、自由というさらに新しい創造的生活の希望を引き出したことである。今、人間が手にしている文化的な生活も自由な内面生活も、当たり前のように与えられたものではないのだ。『大転換』の最終章では、人間の直面する諸現実を「覚悟して受け入れること（resignation）」［★55］が、人間が生きていくうえでの新しい力の源泉になる、という趣旨の命題が何度も述べられている。この「覚悟して受け入れること」は、社会の現実と人間の自由との関連を解くうえでも要となる概念である。次の『大転換』の最後の一節では、現実を覚悟して受け入れることについて、圧縮された表現で述べられている。

覚悟して受け入れること（resignation）は、つねに人間の力と新しい希望の源泉であった。人間は死という現実を受け入れて、はじめて己の肉体的生命の意味を獲得した。次に人間は、失わねばならぬ魂というものを己がもっており、それを失うことは肉体的な死よりもいっそう恐ろしいことだという真理を覚悟して受け入れてはじめて、己の自由を打ち立てたのである。近現代の人間は、そうした自由の終焉を意味する社会の現実という真理を覚悟して受け入れるのである。しかし、この場合もまた、生命は究極的に覚悟して受け入れることから生まれるのである。（*ibid*.:268/新訳467-468，訳文一部訂正）

ポランニーによれば、死の現実や魂の喪失という現実を覚悟して受け入れたのと同じように、近現代人が社会の現実を覚悟して受け入れることは避けられないことである、と見ている。近現代人にとって「社会の現実」は「死と同じように」恐ろしい現実であり、自由が失われるような恐怖をともなう。ポランニーは、そこに「人間意識の改革」（*ibid*.:133/新訳224）を期待する。なぜなら、社会の現実を覚悟して受け入れるとは、現実に妥協して希望を断念するような受動的・消極的な態度ではなく、現実を積極的に受け入れることを通して新しい希望の可能性を見つけようとする態度という意味で、能動的で創造的な応答だといえるからだ。

しかし、社会の現実を覚悟して受け入れることを通して自由の新たな意味を新しい希望として見出すとは、どういうことであろうか。社会の現実を「覚悟して受け入れること」と、社会の現実を「認識」する、あるいは社会を「発見」することとは、論理的にどのような関係にあるのだろうか。「社会の現実」を覚悟して受け入れることから生まれる「自由の新たな意味」とは、何を指しているのか。より根本的には、『大転換』の最終章の最後に登場したポランニー社会哲学のコアにある思想や、社会の現実と自由との緊張関係を、いかに理解すべきなのだろうか。前述の引用文を読めば、このような疑問や問いが出てくるはずである。

ポランニーは、「オーウェンによる社会の発見」［★56］を追体験するというやり方で、社会の現実に対する覚悟した受け入れと自由の再生についての論理を語っている。ポランニーによれば、新たな力と希望の拠りどころとなる協同の原理を発見したオーウェンは、複雑な社会の現実を覚悟して受け入れた最初の社会主義者である。オーウェンは、一九世紀の産業社会ではもはや「福音書」の説く自由をそのままのかたちで実現することが不可能になっている、という現実

★55　"resignation"は『大転換』の旧訳では諦念、新訳では忍従と訳されているが、この用語は、『大転換』最終章における社会の現実と自由との関係を読み解くうえでのキーワードである。オックスフォード英語辞典（POD）によれば、"resignation"の動詞形"resign"には、諦める、辞職する、といった受動的な意味と並んで、「不可避的なことをぶつぶつ言わずに受け入れる」という積極的な意味があるが、ポランニーは明らかに積極的な意味のほうで使っている。本書では、このキーワードを「覚悟して受け入れること」と訳している。

★56　オーウェンによる社会の発見については、本章第3節で検討したように、『大転換』第10章「政治経済学と社会の発見」においても重点的に論じられている。

を受け入れ、個人の自由が新たに再生される社会的諸条件を希求したのである（*ibid.*:268/新訳467）。「社会の現実を覚悟して受け入れる」とは、権力や経済価値の形成、および、それらが生み出す媒介的で間接的な人間関係や苦痛や強制に非意図的に係わっていることを認識して受け入れたうえで、社会の現実における苦痛や強制や行為の結果への責任を不透明化する諸関係の縮減と除去に向けて積極的な努力を続けることを意味する。覚悟して受け入れるとは、現状肯定ではなく、現にある社会をより良い社会に変化させる継続的な努力を含意するものである。

ポランニーによれば、現実を認識し、それを覚悟して受け入れることから生まれる「新しい自由」は、「自由への要求（claim to freedom）」（*ibid.*:268/新訳467）の形態をとっている。新しい自由は、経済的自由主義に立脚した自由とは異なって、社会の現実に働きかけて権力や経済価値やその悪影響を抑制する制度改革（いっそうの制度的自由の具体化を含む）を要求する。つまり新しい自由は、「責任を通しての自由」[★57]という宗教的・道徳的次元における新しい自由として立ち上がってくるものなのである。ただし、人間の社会からすべての諸悪を除去するのは不可能であるし、透明で直接的で共同体的な人間関係に到達するのは永遠の「課題」である。したがって、新しい自由はつねに「課題としての自由」であり続ける。経済価値や権力を含む「社会の現実」と、将来に向けての課題であり続ける「責任を通しての自由」との関係は、互いに働きかけながら将来に向けて社会を改善する原動力を構成する。『大転換』最終章における社会の現実と自由との関係は、このように説明することができるだろう。

★57　『大転換』最終章では、一九二〇年代の「自由論」や一九三〇年代の「共同体と社会」を研究した者にとってやや不思議なことではあるが、ポランニー自由論の核心である「責任を通しての自由」という概念が表面的には登場していない。しかし、この概念がなければ、権力や経済価値、諸制度が構成する社会の現実と、そうした現実の改革をめざす当為としての人間の自由との緊張関係を理解することはできない（Thomasberger 2005b）。社会の現実と人間の自由をめぐる考察は、『大転換』最終章の議論では未完であり、最晩年のポランニーの中心的テーマの一つとなった。第6章を参照。

第5章「経済社会学」の誕生――『大転換』から『人間の経済』へ

ポスト『大転換』の思考の枠組みを探る

ポランニーは、一九四七年四月から五年間の任期でコロンビア大学の経済学部に客員教授として赴任し、一般経済史の講義を担当することになった。一九四〇〜五〇年代は英語圏でのマックス・ウェーバー受容の画期的な時代を迎えていたが[★1]、同時期のアメリカでは、ニューディール政策の立役者の役割を果たしたアメリカ制度主義学派[★2]に代わって、新古典派経済学のパラダイムが支配的な地位を獲得しつつあった[★3]。科学の世界における論理実証主義の圧倒的な影響下で「経済学の脱哲学化」あるいは「経済学の脱規範化」(塩野谷 2009:9)が推し進められ、経済学における歴史的・倫理的な研究を重視するドイツ歴史学派の伝統は忘却の対象となるか、「国家主義(あるいは文化的反動)の嫌疑」を受けて危険視されるかの知的状況が続いていた(八木 2006:iii)[★4]。そして、「リップマン・シンポジウム」(一九三八

★1 一九四〇年代中盤から五〇年代にかけて、ウェーバーの著作の英訳が集中的に行われた。『マックス・ウェーバー――社会学論集』(一九四六)、『マックス・ウェーバーの社会科学方法論』(一九四九)、『中国の宗教』(一九五一)、『古代ユダヤ教』(一九五二)、『マックス・ウェーバーの経済と社会における法』(一九五四)、トーニーの序文がつけ加えられたパーソンズによる『プロテスタンティズムの倫理と資本主義の精神』の新訳(一九五七)などがある。

★2 例えば、ホジソン 2004[1999] 第4章を参照。

★3 アメリカの経済学における「戦間期の多元主義から新古典派思想へ」という変化について学史的に分析した著作として、Morgan and Rutherford 1998 を参照した。

年八月二六〜三〇日）から「モンペルラン協会」の設立（一九四七）の経緯に象徴されるように、この時代は経済的自由主義の知の再編期でもあった（権上 2006）〔★5〕。

こうした諸潮流に対するポスト『大転換』的な思考の枠組みを探る必要が第二次世界大戦後のポランニーにあったことは、彼が人間の経済をその市場形態と同一視する「経済主義的誤謬」への批判を展開し、ミーゼス、ハイエク、ナイト（Frank H. Knight：一八八五〜一九七二）、ロビンズをその発信者として名指しで非難していることからも明らかである。ハイエクとロビンズとナイトがメンガーの『国民経済学原理』（初版一八七一）の第二版（一九二三）を英訳する機会を妨げた共犯関係にあったことを糾弾する内容の小論を、ポランニーは残している（Polanyi 1971［1958-60］）〔★6〕。また、シュンペーターが「交換の科学（カタラクティックス）」〔★7〕として経済学を定義し〔★8〕、経済科学は「希少性の経済学」であるとロビンズが定義したことの影響を、ポランニーは深く憂慮していた。

ウェーバーとの対話

コロンビア大学に赴任したポランニーは、こうした諸潮流に対抗するための貴重な知的鉱脈として、ウェーバーの経済社会学〔★9〕を拠りどころとした。ポランニーの経済史の講義ノートには、『大転換』後の彼の新しい関心が映し出されている。例えば、一九四七〜五三年の時期に書かれた「制度分析の道具箱」（31-1a）と「制度分析についてのレポート2」（31-1b）には、ヴェブレン（Thorstein Veblen：一八五七〜一九二九）、ミッチェル（Wesley Mitchell：一八七四〜一九四八）、コモンズ（John Roger Commons：一八六二〜一九四五）などのアメリカ制度主義学派の経済学、アリストテレスの経済論、そしてウェーバーの経済社会学が、「社会における経済の位置の変化」という『大転換』後のテーマの知的源泉であったことが示されている（31-1a:1-3; 31-1b:1-4）。ここでポランニーは、ウェーバーの経済社会学における類型論を、「社会変動」を説明しうる動態的な枠組みにつくり変えることが必要であり、社会変動を理解するうえで経済過程の「制度分析」が有効である、と論じている（31-1b:6-7）。コロンビア大学に赴任した初年度の一般経済史の講義内容は、「社会における経済の位置」というテーマ（Polanyi 1947c）に関するものであった。それは、ナイトやパーソンズなどが関与した英語圏におけるウェーバーの受容動向に注意を払いながら、ポランニーが『一般社会経済史要論』（Weber 1927[1923]）や『経済と社会』（Weber 1947[1922]）の英訳を解読した記録である［★10］。

翌年ポランニーは、同僚のアーレンスバークやピアソンと共に「社会における経済の位置の変化」という共同研究プロジェクトを立ち上げ、一九四八〜五二年の五年間にわたって社会科学研究のためのコロンビア大学評議会による援助を受けた。共同プロジェクトは、さらにその後、五年間（一九五三〜五七）にわたりフォード財団の資金を得て、「制度的成長の経済的諸側面」というテーマで継続された。人類学者のアーレンスバークとピアソンとの編著『初期帝国にお

★4　例えばポパーの『歴史主義の貧困』は、こうした社会科学における知的状況を肯定的に哲学的に基礎づける論理を示している（Popper 1960[1957]）。

★5　リップマン・シンポジウムを第二次世界大戦後の新自由主義的な統治術の重要な契機とみなす研究として、フーコー 2008[1978-79/2004]を参照。

★6　メンガーによる『国民経済学原理』の改訂構想とポランニーのメンガー論の関係については、玉野井 1979; 八木 1988; 2004 および塩野谷 2009 の第5章を参照されたい。

★7　交換の科学（カタラクティックス）についての説明については塩野谷 1995:151 を参照。

★8　アリストテレスを含めてヨーロッパ的な経済学の考え方を英語圏にどう注入したか、という点に関するポランニーのシュンペーター評価は、手厳しい（Arensberg, Polanyi, and Pearson 1957:239-42; Polanyi 1957b:94）。『経済発展論』での経済社会学的な叙述部分を削除したりシュモラーの経済社会学の意義を肯定的に評価するなど、シュンペーターは歴史学派に対する態度を二転、二転させたことで知られている（Shionoya 2008:15）。シュンペーターの著作における経済社会学への実質的な貢献をウェーバーの経済社会学と並ぶものとして再評価し、歴史主義の再構築という課題における重要な知的源泉として位置づけた近年の研究として、塩野谷 1995; 2009 を参照。

★9　ウェーバー経済社会学の解釈については、Swedberg 1998; Shionoya 2005; 小林 2006; 2010; 塩野谷 2009 を参照した。とりわけポランニーと関連のある、財や営利機会が誰（個人や集団）にどのように専属（appropriieren）されるのかという社会関係として所有秩序を捉えるウェーバー経済社会学の要点については、小林 2006; 2010 を参照した。

★10　ポランニーとウェーバーの関連を論じた先行研究は多くない。Humphrey 1969; Cangiani 2007; 2008; 小林 2001; 2010; 若森 2008; 2009; 2010a がある。小林 2010 の第Ⅶ章は、一九二〇年代のポランニーの自由論の「透明性の希求」というテーマを確認したうえで、後年の「経済過程の制度化」論をとりあげている。

ける交易と市場』（Arensberg, Polanyi, and Pearson 1957）は、こうした共同研究プロジェクトの成果である。

社会における経済の位置の探求

『初期帝国における交易と市場』に寄稿された諸論文のうち、「制度化された過程としての経済」（Polanyi 1957a）と「アリストテレスによる『経済』の発見」（Polanyi 1957b）では、ポランニーがウェーバーの経済社会学から引き出した「社会における経済の位置」というテーマの論点が明確に描かれている［★11］。一九五〇年代のはじめには、ウェーバーやアリストテレスとの対話を通じて展開されたポランニーの経済社会学ないし制度分析を単著としてまとめる『人間の経済』刊行の企画が進められ、一九五四年の時点で、遺稿集『人間の経済』（一九七七）に収録される原稿はある程度準備されていた。『初期帝国における交易と市場』を刊行した一九五七年に癌がみつかったため、ポランニーは闘病しながら『人間の経済』の執筆を再開することになった。しかし、『人間の経済』は彼の生前に完成されることがなかった［★12］。『人間の経済』は、ポランニー夫人のイロナから編集を依頼されたピアソンが、できるだけポランニーの構想と「内容目次」に忠実に従うという方針で、膨大な未定稿や同じ章に関する複数の異稿・断片を編集し、第Ⅰ部「社会における経済の位置」、第Ⅱ部「市場経済の三要素――交易・貨幣・市場」、第Ⅲ部「古代ギリシアにおける交易・市場・貨幣」［★13］の三部構成として刊行した遺稿集である。ピアソンは「編者はしがき」のなかで、編集作業が関連する草稿を「切ってはつなぎ合わせ、取捨選択をしていくような」過程であったこと、編集は、不完全な結果を免れないことを自覚しながらも、「ポランニーの胚芽のような産出力に満ちた考え」を公にする重要性を意識して行われたことについて語っている。『人間の経済』の構想はポランニー自身にとっても未完であって、章別構成がポランニーの手によるものではない、ということを忘れてはならないだろう。とはいえ、ポランニーの未完の仕事を編集し公刊した『人間の経済』においても、ウェーバーとアリストテレスの議論から触発されたポランニーの経済社会学の形跡をはっきりと確認することができる。

以下では、ウェーバーとの対話を通じてポランニーが引き出そうとした、独自の経済社会学と経済史が生まれてくる過程を追跡することにしよう。

1 英語圏におけるウェーバー的問題をめぐる対抗軸

ウェーバー『一般社会経済史要論』英訳版の問題点

『大転換』執筆時にポランニーが参照したウェーバーのテキストはドイツ語で書かれた原典であったが、コロンビア大学での一般経済史の講義準備のためにポランニーが再度読み込んだのは英訳であった。ウェーバーの『一般社会経済史要論』の英訳（一九二七）に原典の「緒論」がないことを知ったポランニーの驚きは、たいへんなものだったであろう。というのも、訳者ナイトが削除した「緒論」には、ウェーバー経済社会学の諸概念（経済行為、目的と手段、実物経済と貨幣経済、家計と営利原則などの根本概念、専有秩序から見た経済的給付編成の諸類型、支配の諸類型、経済の形式的合理性と実質的合理性の関係を含む経済史学の課題など）が明快に解説されていたからである［★14］。

★11　ポランニーの研究がパーソンズやスメルサーなど当時の新しい経済社会学を意識したものであったことについては、Harvey, Randles, Ramlogan 2007 が指摘している。

★12　遺稿集『人間の経済』（一九七七）刊行の経緯については、ピアソンによる「編者はしがき」を参照のこと（Pearson 1977:xxi-xxiii/訳 39-42）。

★13　古代ギリシアの経済制度の歴史研究に関するポランニーによる原稿は、発見されたとき、『人間の経済』とは異なる分類場所に束ねられていたが、イロナとピアソンの判断により、『人間の経済』第III部に収録されることになったという。ピアソンによる「編者はしがき」を参照。古代ギリシアについてのポランニーの草稿は、カール・ポランニー政治経済研究所に保管されている。

★14　ナイトによる英訳の「訳者はしがき」には、「高度に技術的な『概念の定義』の紹介」を省略した、と記述されている（Weber 1927[1923]:xv）。

ナイトによる英訳の刊行から二〇年の歳月を経た一九四七年に、社会学者タルコット・パーソンズによるウェーバー経済社会学の詳しい序論を付した『経済と社会』の第1部の英訳（Weber 1947[1922]）が刊行された［★15］。それに先行する一九三〇〜四〇年代初頭、ロビンズによる経済学の定義やナイトによる経済的動機の議論に対して、パーソンズは批判を続けていた（Parsons 1934; 1940; Knight 1940; 高城 2003:33; Emmett 2009）。経済学者と社会学者との間の経済学や経済行為の動機をめぐる論争には、ウェーバーの知的遺産をいかに継承するか、あるいは倫理的・歴史的研究を重視するドイツ経済学の伝統を英語圏でどのように受容するか、という問題が絡んでいる。このように理解した第二次世界大戦後のポランニーは、パーソンズによるウェーバー経済社会学の英語圏への導入を、英米の経済学における脱規範化・脱歴史化の傾向に抗する重要な契機として位置づけた［★16］。

ウェーバー継承をめぐる対立

ロビンズは、二〇世紀を代表する経済学方法論のテキストである『経済学の本質と意義』（Robbins 1952[1932]）の著者で、「希少性」の定義から経済学を定式化した経済学者である（*ibid.*:4-15, 21-23/ 訳6-26, 33-36; 馬渡 1990:266; 木村 2004:53-55）。同書においてロビンズは、ウェーバーの「社会科学と社会政策に係わる認識の『客観性』」論文、および「社会学・経済学における『価値自由』の意味」論文に言及しながら、経済分析から価値判断の問題を捨象することを提案した。

経済分析はウェーバーの意味において没価値的である。それが考慮に入れる価値は個人の価値判断である。個人の価値判断が何かさらに深い意味において尊重すべき価値判断であるか否か、といった問題は経済学の範囲に入る問題ではない。（Robbins 1952[1932]:91/ 訳138）

ロビンズは、経済学を「所与の諸目的を達成するために諸手段が希少であるということから生ずる行為の側面を取り扱う」学問であると定義し、目的と手段との関連において「単に『矛盾がない』」ことを意味する合理性の概念を、経済分析にとって有効な仮定として提示する[★17]。

ロビンズによれば、経済学は「目的それ自体を取扱う」ものではなく、目的に向かう人間の前進が「手段の希少性によってどのように制約されているかをたずねる」学問である(24-25/ 訳37-38)。すなわち、経済学は諸目的の間で中立的でなければならず、「確かめられる事実」だけを扱うべきであって、価値判断と義務の問題は倫理学に任せるべきである。ロビンズは、経済学と倫理学は分離されてはじめてそれぞれの学問的な貢献を果たしうる、と結論づけたのであった(Robbins 1952[1932]:148/ 訳222-223; 馬渡 1990:273)。

しかし、パーソンズによれば、ロビンズはウェーバーの価値中立命題を恣意的に解釈しており、その結果、ウェーバー経済社会学とは相容れない経済学を定義している。経済学から倫理学を分離するロビンズの経済学は、「経済行為の理論から目的を排除する急進的実証主義に陥る傾向がある」(Parsons 1934:512-513)。

このようにロビンズを批判するパーソンズは、①経済行為の目的が、政治的・宗教的・文化的な非経済領域を含む社会システム全体によって決定されること、②経済システムは社会システムのサブシステムであり、経済システムの機能はそうした社会システムの目的への貢献として評価されること、を強調した。ウェーバーの価値自由の名のもとに経済行為の理論から目的を排除するロビンズの経済学方法論と、目的と手段の関連についてのパーソンズによるウェーバー経済社会学の解釈とは、英語圏におけるウェーバー的問題の受容をめぐる対立軸を示している。

★15　パーソンズは、第二次世界大戦後にウェーバー経済社会学の諸概念を英語圏に導入する契機を担った重要人物であった(高城 2003:73)。なお、ウェーバーの『経済と社会』の編集事情については、小林 2010 第Ⅳ章を参照。
★16　ヴェブレンを名指しで批判する(Parsons 1947:35)など、パーソンズはアメリカ制度主義と距離を置く立場を表明している。この点はポランニーと立場が異なるが、両者ともウェーバー経済社会学の英語圏での普及に期待を寄せている。
★17　ロビンズに多大な影響を与えたミーゼスが、ウェーバーの社会的行為の合理性概念を自由主義的に純化したことについては、八木 2004:181-182, 190 および八木 2009:208 を参照。

ウェーバー経済社会学の基本的主張とポランニー

ポランニーによるウェーバー経済社会学の批判的継承に影響を与えたと思われる、英訳『経済と社会』に付されたパーソンズの「序論」によれば、ウェーバー経済社会学には、「伝統的」で「支配的な経済思想」とは対照的な二つの基本的主張がある（Parsons 1947:27）。すなわち、ウェーバーは第一に、近代西欧世界の制度的システムを自然的な発展段階の産物として説明することを拒絶し、貨幣の使用、市場構造、経済単位の市場に対する関係、原材料・設備・労働・法的権利・私的権利などの専有関係など、経済の社会的構造の分析枠組みを探究した。彼は、近代の市場経済だけでなく、（社会化などの計画経済を含む）非市場経済の分析も可能にした。第二に、ウェーバーにとって近代経済は、所得分配の歪み――近代的な専有の形態――から生じる「経済の形式的合理性と実質的合理性の対立」という不安定な緊張的要素を孕んでいる（*ibid.*:31）［★18］。なぜなら、「形式的合理性」が高度に実現されている近代経済では、購買力の所与の分配が実質的合理性の基準と一致する保証がないからである。可能な限りに高度な「市場の自由」を要請する競争的市場経済のプロセスは、所与の実質的基準に対立する所得分配をつくり出し、不平等を拡大する。不平等の拡大や飢餓の恐怖を生み出す近代経済の所得分配は、共同体や社会の価値体系（規範体系の倫理的要請）を表現する「実質的合理性」と一致しない状況をもたらすことになる（*ibid.*:31-32）。

ウェーバーが提起した経済社会学の基礎概念――経済的行為の定義、形式的合理性と実質的合理性の関係、経済的動機と非経済的動機の関係――や、それを踏まえたうえでの経済史の核心となる課題設定――さまざまな経済の社会的構造の解明――は、パーソンズによって英語圏で広く知られることになった。一九四七年のポランニーは、この英訳本を何度も読みながらコロンビア大学での経済史の講義を担当し、「社会における経済の位置」という研究プロジェクトを立ち上げたのだった。

2

講義「社会における経済の位置」（一九四七）

「経済行為の社会学的基礎範疇」を題材に

コロンビア大学赴任初年度の一九四七年から一九五三年にかけてポランニーは、ウェーバーの『経済と社会』第1部第2章「経済行為の社会学的基礎範疇」を題材にして講義を組み立てた（Swedberg 1998:214）。一九四七年の講義資料（Polanyi 1947c）は、ポランニーの死後、ドルトンによって公刊されている。ここでポランニーは、ウェーバー『経済と社会』第1部第2章の第14節「市場経済と計画経済」の議論を、「社会における経済システムの位置」という自らの課題設定のなかに組み入れた。

ポランニーが着目した、前掲「経済行為の社会学的基礎範疇」第14節におけるウェーバーの命題は、「衣食の道を失う危険を怖れることから労働を強制される」ことが、「市場経済的条件」下での「経済的行為を決定的に動機づけている」（Weber 1947[1922]:197/富永訳361-362）[★19]、というものである。「衣食の道を失う危険を怖れる」ことは、ポランニー流にいえば、労働者の飢餓の脅威である。ウェーバーは、労働者の飢餓の脅威が存在することを、市場経済に固有な制度的条件である、と述べているのである。

市場経済ではない経済の社会構造――例えば、古代社会の経済に見られるさまざまな計画経済、あるいはソヴィエト・ロシアの社会主義――では、非経済的な（宗教的・政治的・倫理的・慣習的な）労働の動機づけを拠りどころにせざるをえないだろう、ということをウェーバーの命題は示唆している。言い換えると経済行為は、市場経済下では形式的合

★18　この論点については、Cangiani 2007:37 および Swedberg 1998:36-39 を参照。

★19　Weber（1947[1922]）の訳出部分は必ずしも邦訳書に従っていない。以下、同様。

理性によって、非市場経済下では実質的な合理性によって営まれている。形式的合理性を最大化すると、社会秩序を安定化させる実質的な合理性を損なう。反対に、実質的合理性を追求すると形式的合理性が損なわれ、経済活動は停滞する。経済社会には形式的合理性と実質的な合理性という二つの規準が存在するが、ウェーバーは、この二つの規準の対立から生まれる「非合理性」の問題を発見したのだった（*ibid.*:197-198/ 富永訳362-363）。

あらゆる社会の経済が飢餓の恐怖を労働の動機づけにしているわけではないし、利潤の獲得欲を生産者の動機づけにしているわけでもない。形式合理性の最大化要求は、社会秩序の求める実質的な合理性と抵触することがある［★20］。パーソンズによるウェーバーの『経済と社会』の英訳版をこのように紹介しながら、ポランニーは学生に四つの問題を投げかけている。①労働者の飢餓の恐怖と生産者の獲得欲という「経済的動機」が出現した契機は何か？②市場社会を健全に維持するには経済的動機を鈍らせないことが重要なので、政府は非経済的動機の経済への介入を慎重に排除しなければならない（経済主義的分析）、と論じた思想家は誰か？③むき出しの経済的動機をけん制して、非経済的動機のなかに「埋め込む」必要性（社会学的分析）を提起した思想家は誰か？④ウェーバーはどういう思想家であるか？

ポランニーは、モンテスキュー、ケアリー、リスト、マルクス、シュモラー、ヴェブレンを社会学的分析の代表者に、ケネーとスミスは過渡的な位置に、そしてタウンゼント、マルサス、リカード、メンガー、ミーゼスを経済主義的分析に分類し、そしてウェーバーには社会学的分析と経済主義的分析の両方の要素がある、と分析している。

ウェーバーの批判的継承

しかし、ポランニーの見たところ、ウェーバー自身が「経済固有の合理主義的な面を強調」しすぎたために、彼の構築した「経済行為の社会学的基礎範疇」は、人間の経済史の全範囲に適用できるようには活用されず、「資本主義経済分析の道具」として経済学者らに評価されることになった。ポランニーによれば、ウェーバー経済社会学に含まれる社会学的分析には曖昧なところも残されており［★21］、経済学者に継承されてはいない。ポランニーは、「社会における経済システムの位置」という自らの研究課題が「一般経済史の諸問題を明晰にする」ウェーバーの意図を引き継ぐものだ、と自覚している（Polanyi 1947c:138/ 訳555）。

ウェーバーの経済社会学における経済主義的偏重から解放されて社会学的分析を積極的に継承していくには、経済理論から被りがちな「無意識の影響」から身を守る必要がある、とポランニーは述べている。「無意識な影響」とは、第一に、あらゆる経済行為を取引ないし交換と同一視する「経済主義的誤謬」であり（*ibid.*:120-121/ 訳529）、第二に、「経済的」という言葉を「利潤を生む（gainful）」と解釈することであり、第三に、何らかの「経済進歩の法則」を前提に経済史を描くことである（*ibid.*:121-122/ 訳530）。

ポランニーは一九四七年の講義で、社会における経済の位置についての研究が問うべき課題を、次のように設定している。

> 社会における経済システムの位置に関する問題は、いくつかの重要な問いを含んでいる。例えば、経済的諸制度の離床（separateness）あるいは埋め込み（embeddedness）の度合いとか、個々人がそれらの諸制度の運営に参加する現実の心理的動機とか、あるいは経済的諸制度の進化に関する［中略］重要な問いである。（*ibid.*:122/ 訳531）

★20 「経済的」という用語をめぐるポランニーによる「実体的」な意味と「形式的」な意味との区別が、ウェーバーの実質的合理性と形式的合理性との区別や一般的な経済行為と合理的な経済行為との区別に照応する、という見方を提示したのはHumphreys 1969:196である。しかし、この論点が掘り下げて検討されるようになったのは、近年の研究においてである。Cangiani 2007; 2003を参照。

★21 ポランニーは英訳の問題に絡む次の点に関して不満を述べている（Swedberg 1998:215）。例えば、ウェーバーは、「物質的な欲求・充足を用意し提供する」という「実体的な」意味で「経済的（economic）」という用語を使用する一方で、「処分する希少手段の諸用途の間で一つの選択を行う」という「形式的」な「合理性の基準」を説明している。あるいは、諸財の機能と人間によるサービスを区別することなく、「効用給付（utility）」概念を使用している。

一九四七年のポランニーは、ウェーバーの経済社会学的方向づけが、経済学と社会学を含む社会科学の方法、とりわけ経済制度の諸研究にとってきわめて重要であることを確認しながら、コロンビア大学での新たな研究を開始したのである［★22］。

3　制度化された過程としての経済――『初期帝国における交易と市場』（一九五七）の方法

コロンビア大学での共同研究のプロジェクト「社会における経済の位置」の研究成果を公表した『初期帝国における交易と市場』（一九五七）は、初期的・古代的・近代的諸経済の社会経済構造を読み解く枠組みの構築という、『大転換』後のポランニーが追究した研究テーマの到達点を示している（Maucourant 2005）。

ここでポランニーが提起した比較経済分析の枠組みは、三つの統合形態――互酬・再分配・交換――である［★23］。また、同書のなかでポランニーは、「経済の実体的（substantive）な意味」を、欲求を充足させる物的手段の継続的供給がもたらされる、人間とその環境との制度化された相互作用の過程、と定義している（Polanyi 1957a:248/ 訳369）。この定義が経済学者ロビンズによる「希少性の定義」と対極的なものであることを、ポランニーは強く意識している。以下では、同書に寄稿された「制度化された過程としての経済」（Polanyi 1957a）と「アリストテレスによる経済の発見」（Polanyi 1957b）を順次とりあげ、一九五七年時点でポランニーが到達した制度分析の仮説を確認したい。

さまざまな専有と統合形態

『初期帝国における交易と市場』の中心的な仮説を提示している論文は、「制度化された過程としての経済」である［★24］。

ここでポランニーは、諸社会における経済のパターンとその統合形態（互酬・再分配・交換）を、『大転換』とは異なる方法で関連づけようと試みている（Polanyi 1957a:250-256/ 訳375-384）。『大転換』との方法的な違いは、「制度化された過程としての経済」という制度主義的な経済分析の方法に基づいて、非市場経済だけでなく市場経済までをも「制度化された過程」として論じていることである（Harvey, Ramlogan, and Randlesm 2007:9）。

市場経済を制度化された過程として把握する試みは、自己調整的市場・擬制商品・二重運動によって市場経済を分析した『大転換』とは違った仕方で市場経済を捉えることを意味しており、ポランニーのこの試みの意味を正確に理解することが必要である。『初期帝国における交易と市場』においてポランニーは、ウェーバーの『経済と社会』第1部第2章「経済行為の社会学的基礎範疇」の第9節「経済の形式的合理性と実質的合理性」から第14節「市場経済と計画経済」までの議論を手がかりに、考察を行っている[★25]。その際、ポランニーが大いに参考にしているのは、ウェーバーの「専有（appropriiert）」である[★26]。ここで専有とは、モノに対する排他的支配を意味する近代的な所有概念ではなく、社会集団あるいは個人などのさまざまな「持ち手」に割り当てられている、財・貨幣・サービスに対する権利や義務の状態を表現している[★27]。

★22　『カール・ポランニー――社会における経済の位置の新しいパースペクティブ』（Harvey, Ramlogan, and Randlesm, eds., 2007）は、一九八五年のグラノヴェター論文によって急速に普及した「弱い埋め込み概念」と「新しい経済社会学」（渡辺 2002）に対抗する姿勢を明確に打ち出すには、ポランニーが『大転換』後に取り組んだ「社会における経済の位置」の研究課題の意図や方法を、アメリカ旧制度学派やウェーバーの経済社会学、そしてパーソンズとスメルサーの『経済と社会』に関連づけて解明していく必要がある、と提起している。

★23　経済学の価値中立の命題を保持しつつ、ポランニーの互酬性・再分配・交換という三つの統合形態についての知見を経済学者や経済史家が吸収すべきである、と提言したのはノースである。ノースは、取引費用の制度分析がポランニーの統合形態を吸収できると述べているが、他方で、経済学や組織論が市場以外の配分システムを無視すると、福祉国家や法人企業などの一九世紀後半から二〇世紀にかけての制度分析が困難な状況が続く、と警告している（North 1977）。

★24　Polanyi 1957a の訳出部分は必ずしも邦訳書に従っていない。以下、同様。

★25　『初期帝国における交易と市場』のポランニーは、遺稿集『人間の経済』にくらべて、ウェーバー経済社会学を参考にして持論を展開していることを明示的に述べていない。

★26　本書では、ポランニーの使用する“appropriative”および“appropriation”を専有と訳している。

ポランニーによれば、「過程（process）」と「制度化（institutedness）」という二つのレベルで経済を分析することが重要である［★28］。ポランニーは、人間とその環境との間の相互作用の過程を経済「過程」として捉え、経済過程が安定的に繰り返し生じる制度的な状況を経済過程の「制度化」の次元として把握する。そして彼は、①場所の移動と②専有の移動という二種類の移動から経済過程の制度化が説明できる、と述べている［★29］。

場所の移動は物の空間的移動であって、輸送過程だけを意味するものではない。そこには、人間の労働が他の財と結合してきわめて重要な役割を演じる生産過程が含まれている。専有の移動は、持ち手と持ち手の間の専有の移動である取引と、持ち手による処分とから構成されており、財の流通や所得分配や課税や貢納の分野を含んでいる。ポランニーによれば、経済過程は、場所の移動（生産過程と輸送過程）および専有の移動という二種類の移動から成る、経済の骨格である［★30］。論文「制度化された過程としての経済」のポランニーは、場所の移動と専有の移動という二種類の移動だけで「自然的、社会的現象としての経済過程のなかの可能性がすべて説明されうる」（Polanyi 1957a:248/ 訳370）、と考えていた。あらゆる社会に共通する経済過程の骨格をこのように説明することは、「社会のなかに経済が占める位置の変化を研究する」ポランニーにとって方法的に決定的であった（*ibid.*:250/ 訳373）。

経済過程の制度化の研究では、場所の移動と専有の移動から構成される経済過程に一定の秩序（安定性と統一性）を付与する統合形態を定義することが課題であった。こうした問題意識を持ってポランニーは、互酬・再分配・交換という三つの統合形態を説明している。互酬は、対称的に組織された構造（親族システム）を前提とし、対称的な集団間における財・貨幣・サービスの互酬的な専有の移動を表現する（*ibid.*:250/ 訳374）。再分配は、社会構造の中心性（あるいは共同体のなかの配分の中枢）を前提とし、「中央に向かい、そしてそこから出る専有の移動を指す」（*ibid.*:250/ 訳374）。交換は、価格決定市場（市場システム）を前提とし、持ち手の間における財の相互的移動（折衝や駆け引きをともなう）を指す。このように互酬・再分配・交換という三つの統合形態には、対称性・中心性・価格決定市場という制度的配置が対応している。ポランニーは、社会集団や社会構成員などのさまざまな「持ち手」のランダムな経済行為を一定の経済の統合形態を支持するように方向づける、社会構造の制度的配置を想定している［★31］。

従来のポランニー解釈は、経済が社会に埋め込まれている非市場経済における経済過程の制度化を分析するうえで有効な統合形態として互酬と再分配を、経済が社会から離床した市場社会の分析に有効な統合形態として交換を、対比的に用いて説明している点に注意を払ってきた。すなわち、埋め込まれた経済と離床した経済とを制度形態によって比較して、人間の経済の歴史における市場経済の「特異性」を浮き彫りにすることがポランニーの狙いである、と指摘してきた［★32］。しかしながら、『大転換』後の新しい展開を考慮するならば、強調すべきはむしろ、経済が社会に埋め込まれているか離床しているかにかかわらず、経済過程を制度化の観点から分析することができるし、またそうすべきであるという、方法をめぐる彼の主張にあるように思われる。

互酬・再分配・交換という比較分析のフレーム・オブ・レファレンスは、「経済過程はつねに、それが極端に『埋め

★27　Parsons 1947 および小林 2010 の第4章を参照。小林によれば、形式的合理性と実質的合理性と並んで、専有あるいは専有の対象物の割り当て（専属）の概念がウェーバーの経済社会学において重要である。小林は、大塚久雄（大塚 1968[1955]）が Appropriation を「占取」と訳したことを批判した川島武宜の Appropriation 解釈（川島 1982[1973]）と吉田民人の「制御能」論（吉田 1991）をとりあげ、ウェーバー経済社会学の専有論が法的権利と義務の社会的過程の動態として捉えられる、と指摘する。そして、社会関係のあり方としての所有秩序という一つの権力の合意形成を制度的に分析するアプローチとしてウェーバー社会学を再構成しうる可能性について言及している（小林 2010:24, 188-190）。

★28　『初期帝国における交易と市場』の編者共同論文「社会における経済の位置」（Arensberg, Polanyi, and Pearson 1957:239-42）は、「経済的」という用語の定義を「経済化による定義」から「実体的定義へと転換」させることの意義について強調した。

★29　小林の指摘によれば、この箇所の邦訳は「占有の移動」となっているが、「専属の移動」と理解するのが適切である（小林 2010:212）。

★30　この二つの移動が経済過程を構成するという議論は、ウェーバーの『経済と社会』第1部第2章第15節「経済的なサービスの諸類型」の議論と対応している。ウェーバーの専有論とポランニーの議論との関連は、本章の第4節で再度とりあげる。

★31　制度が諸個人の行動を方向づけることで統一性を生み出すというアメリカ制度主義の立場から、経済過程の制度化の議論を展開している。

★32　野口は、『［新訳］大転換』の「訳者あとがき」で、この立場を改めて支持している。

込まれて』いようと極端に『離床して』いようと、社会的に歴史的に制度化されている」（Harvey, Ramlogan, and Randlesm 2007:10）ことを示す、ポスト『大転換』的な思考の枠組みなのである。

『大転換』とは異なる「市場経済」把握

『初期帝国における交易と市場』（一九五七）のなかでポランニーがはじめて制度化の観点から市場経済を理解する考察に本格的に取り組み、市場経済の制度主義的考察を繰り返し行っていることに注目したい。例えば、変動価格を生み出す「価格決定市場」という「制度的配置（institutional arrangement）」について言及したものに、次のような叙述がある。

> 駆け引きと折衝は取引行動の中枢を成すと考えられてきた。このことは正当である。交換が統合的であるには、両当事者の行動ができる限りそれぞれに有利な価格を生み出す方向に向かっていなければならない。そのような行動は、設定価格での交換行動とまったく対照的である。ところが、「利得」という言葉の曖昧さによってこの差異は覆い隠されやすい。設定価格での交換に含まれるのは〔中略〕いずれかの当事者の利得以上を出るものではない。一方、変動価格での交換は、明白な対立関係を含む当事者間の態度によってはじめて得られる利得を目標とする。この種の交換につきまとう対立の要素は、たとえどんなに薄められても、拭い去ることはできない。
>
> （Polanyi 1957a:255/ 訳381-382）

ポランニーはここで、①当事者間の交換行為が経済全体でみても統合的であるのは、設定価格ではなく変動価格が支配的であること、②人びとが変動価格に反応して行為をするのは、自分の側に有利な価格で交換することから利得を獲得しようとする誘引が社会構造に存在すること、③変動価格での交換は、当事者間の明白な対立関係を含んでいること、を説明している。利得を目標としてなされる交換行為、および市場における行為者間の対立を通じて形成される変動価格というポランニーの議論は、ウェーバーが『経済と社会』第1部第2章「経済行為の社会学的基礎範疇」第11節「営利の概念とその諸形態　資本計算」において、市場状態のもとで営利を目的としてなされる営利的交換の特殊な形態としての資本計算について語っている内容と、きわめて類似している。

> すべての資本計算は、市場の営利によって価格機会を指向しており、そしてその価格は、利害の闘争〔価格闘争と競争的闘争〕および利害の妥協を通じて市場において形成される。〔中略〕それゆえ、資本計算はそのもっとも形式的に合理的な形態においては、人間の人間に対する闘争を前提にしている。
> （Weber 1947[1922]:178/ 富永訳340）

ポランニーが、交換・変動価格・市場システムという概念によって市場経済を制度化された過程として捉える際に、こうした、価格形成論を含む前掲「経済行為の社会学的基礎範疇」の第6節「交換手段・支払手段　貨幣」から第14節「市場経済と計画経済」にかけて書かれたウェーバーの「市場経済原理」の説明を参照していただろうことは、容易に推測できる。とりわけ、「市場状態・市場性・市場の自由・市場規制」（第8節）と「資本計算」（第11節）の市場状態論の議論は、『大転換』で強調した「市場経済と政治との制度的分離」という一九世紀的市場社会の特徴づけに縛られず、より一般的な市場社会の議論を制度分析から展開する際に、手本となったはずである。

次節で見ていくように、遺稿集『人間の経済』におけるさらなる展開を考慮しても、こうした制度主義的なポランニーの新しい市場社会論が未完成に終わったことは否定できない。とはいえ、人間の経済における三つの統合形態のうち、互酬と再分配は埋め込まれた経済の統合形態として注目されてきたのに対して、市場経済の統合形態としての交換のほうは、「制度化された過程としての経済」（一九五七）のなかでポランニーがあれほど重視しているにもかかわらず、ほとんど関心を持たれてこなかったように思われる。ポランニーが同論文のなかで、①市場経済を『大転換』のように自己調整的市場・擬制商品・二重運動という三概念からではなく、交換行為・変動価格・市場システムによる制度化の観点から展開しようとしていること、②この新展開においてウェーバーの経済社会学を参考にしていること、の二点を忘れてはならないだろう。

アリストテレスの経済論

次に、『初期帝国における交易と市場』に寄稿されたもう一つの論文「アリストテレスにおける経済の発見」を検討し、そこにおける「社会における経済の位置」の問題圏を確認する。ポランニーは、晩年のメンガーがそうしていたように、『政治学』第1巻や『ニコマコス倫理学』第5巻などのアリストテレスの著作に着目していた。ポランニーによれば、アリストテレスは、「経済が社会のなかに占める位置の問題について真正面から提起した」最初の思想家であった（Polanyi 1957b:66/ 訳263）。アリストテレスが捉えた社会における経済の位置に関する問題とは、公正な価格や交易から生じる貨殖の問題である。アリストテレスによれば、それらは重要な政策的課題であり、ポリスの市民によって真剣に熟議されるべき対象であった。ポランニーの解説によれば、アリストテレスの時代には「初期の市場交易」が出現しつつあり、市場的な慣習や思考様式によってポリスの規律が脅かされる危険性をいち早く警告したのがアリストテレスだった（*ibid.*:67-68/ 訳265）。

ポランニーは、アリストテレスが提起した共同体の経済に関する二つの政策的な問題を要約している。一つは、人間の欲望や必要をどのように定義するのか（欲望や必要は無限なのか？　無限でないとすればそれらはどのように制限されるべきなのか？）、という問題である。もう一つは、商業的な交易をどのように制限して公正な価格を設定するのか、という問題である（*ibid.*:65-66/ 訳262）。これらの問題に対するアリストテレスの解答は、共同体との関係において経済を実質的に定義する、というものだった。

経済の実体的な意味に固執することが、アリストテレスの議論全体の基点であった。（*ibid.*:82/ 訳292）

アリストテレスの考えでは、「生活必需物資を確保する、一つの制度化された過程が経済」なのである（ibid.:81/訳291）。したがって、第一の問題に対してアリストテレスは、人間の欲望や必要は無限ではないと答え、手段の「希少性」ではなくポリス（共同体）の目的が経済を制度化する、と主張した。そして、第二の問題について、財やサービスが「交換される比率」は共同体の身分関係や地位を反映したものでなければならない、と主張した。アリストテレスによれば、「商業的な交易は金儲けという不自然な［中略］限界を知らない衝動から発生するものであり、価格は正義の規則に従うべき」（ibid.:65-66/訳262）なのである。

ポランニーの解釈によれば、「交易の諸制度は正しいものであり、何が良き生活かについての理解が正しい限り、人間の経済に希少性の要因が入り込む余地はない、とアリストテレスは考えた」（ibid.:81/訳292）。アリストテレスの規準は「自然に合致するか否か」であり、「共同体の存続と自足性」に役立つ事柄は自然に合致するとみなされて肯定される。そして、共同体の存続や自足性を損なうとみなされる事柄は、不自然であるとして否定される。交易も価格も、「共同体の紐帯を強化する」ように制御されるべきなのである（ibid.:82/訳293）。こうした交易と価格をめぐる政策的課題に対するアリストテレスの解答は、人間集団（共同体）の生活の継続を最優先する観点から与えられるものであった。

ポランニーによれば、アリストテレスの経済論は中世の時代まで強い影響力を保っていたが、「市場制度が現実に確立し、それにつれて古典派経済学が勃興した」一九世紀以降には、価値がない、と批判されるようになった（ibid.:65/訳261）。希少性の克服を重要な経済問題であると考えるのか、あるいは経済が共同体に役立っているかどうかを問題にするのか。ポランニーによれば、一九世紀以降の近現代の経済学者たちとアリストテレスとの間には、「希少性の原理」対「共同体の原理」という、経済を束ねる原理についての和解しがたい対立が存在する。アリストテレスのいう共同体に基づく経済生活の原理は、手段の希少性を確信する近現代の経済学者たちには受け入れがたいのである［▲33］。

一九五七年以降のポランニーは、奴隷制度に照明が当てられがちな古代社会の経済像を覆す研究を進めていった。彼が描写しようと努めたのは、ウェーバーの「古代資本主義」の特質では見られない、民主政と市場との関連や、共同体の存続の観点から交易や市場を規律づける制度的な創意工夫である［★34］。

4 『人間の経済』におけるポランニーとウェーバー

『大転換』後の「ポランニーの第二の大きな研究テーマ」は、初期的・古代的・近代的諸経済の社会構造を読み解く枠組みを構築することであった。ポランニーはこの研究を、コロンビア大学での一般経済史の講義を中心とする一九五〇年代に進展させ、アーレンスバークとピアソンとの共著『初期帝国における交易と市場』（一九五七）の刊行によって一応の到達点に達することができた（Maucourant 2005:14-15）。しかし、同書が公刊された年に病に倒れたために、その後の『人間の経済』の刊行計画は中断し、ピアソンによる遺稿集としてそれが一九七七年に刊行されたことについては、本章の冒頭で述べたとおりである。

ポランニー自身によって完成された著作でないとはいえ、『人間の経済』には「社会における経済の位置とその変化」の理論と命題の再展開や、第二次世界大戦後の経済的合理性の支配、といった新たな考察が含まれている。そこでは、ウェーバー経済社会学の基礎概念――とりわけ、形式的合理性と実質的合理性の区別、専有の概念、そして開放的関係と閉鎖的関係の区別――が活かされ展開されているのである。

形式的合理性による実質的合理性の支配

すでに検討したように、一九五七年段階のポランニーは、統合形態としての交換概念によって、経済過程を組織化する一つの「制度的配置」として市場経済を把握するようになった［★35］。これは、『大転換』で規定された市場経済とは異なる、新しい論理展開である。『大転換』では、市場システムが自立的に機能するには、その他の領域の制度は市場の機能を妨げないようにしなければならない、という経済システムと社会の他の領域（とりわけ政治システム）との間に要請される特殊な関連を説明する際に、「市場経済は市場社会においてのみ機能する」（Polanyi 2001[1944]:60/ 新訳100）と表現していた。

第二次世界大戦後のポランニーは、経済システムが政治や倫理の領域を支配する傾向がますます強化される、社会の現実を説明しなければならなかった。『大転換』後に執筆された論文「経済的決定論の信仰」（Polanyi 1947a）や「時代遅れの市場志向」（Polanyi 1947b）では、「社会的諸関係が経済システムのなかに埋め込まれる」（Polanyi 1947b:70/ 訳65）といった表現が見られる。一九四〇年代後半のポランニーは、経済的メカニズムが、諸階級の所得や経済的動機（飢餓の恐怖、利潤期待）を直接的に決定するばかりか、国家や政府、結婚や育児、教育とか宗教の組織といった社会の他の領域の諸制度にも強い間接的影響を与える、と論じるようになった（Polanyi 1947a:100）。この認識がさらに深まり、社会の理想や人間の行為の諸目的が「経済合理性」によって支配される事態を批判的に分析するのは、『人間の経済』においてである。『人間の経済』では、第1章「経済主義の誤謬」第1節「経済と市場」および第2節「経済主義への転換」のなかで「経済的決定論」がとりあげられ、続く第3節「経済的合理性」で、経済的合理性が社会システム全体を支配するに至った事態の論理的解明が試みられる。ここでポランニーは、ウェーバーが『経済と社会』第1部第2章第9節でとりあげた形式的合理性と実質的合理性との対立の議論を継承するかたちで、この論点を考察している。ウェーバーはこの節で、経済活動の効率性を貨幣計算によって量的に評価できる形式的合理性と、「倫理的・政治的・功利主義的・快楽主義的・

★33 だからこそポランニーは、近現代社会の経済を批判する視座を与えるアリストテレスの著作を重視したのである。
★34 こうした試みは、『人間の経済』の第III部に収録されることになった草稿で展開されている。本章第5節を参照。
★35 ポランニーの制度主義的方法がウェーバーの制度主義的観点からの新古典派経済学批判の意識的継承であることは、Cangiani 2008 が指摘している。

身分的・平等主義的など、その他何らかの究極的目的〔★36〕を設定して、経済行為の結果をそれとの関連において〔中略〕測定する」実質的合理性とを、原理的に異なるものとして区別する（Weber 1947[1922]:170/ 富永訳331）。

ポランニーの議論との関連で重要なのは、ウェーバー経済社会学では、形式的合理性が一義的に定義されているのに対し、さまざまな社会集団の財供給や経済活動のあり方を価値評価する実質的合理性が実に多義的である、とされていることだ。ウェーバーによれば実質的合理性は、それぞれの社会集団に応じて、倫理的・政治的・功利主義的・社会主義的といった多様な価値尺度として現われるのである。ポランニーは、ウェーバーの二つの合理性の議論を継承したと思われる次のような枠組みで、手段と目的に関して述べている。

> 合理的行為は、それ自体としては目的を手段に関連づけるものである。経済的合理性は、明確に希少な手段を想定している。しかし、人間社会にはそれ以上のものが含まれる。人間の目的は何であるべきか、そして彼はその手段をいかにして選ぶべきか、経済的合理主義は、厳密な意味で、これらの問いに対する答えを何も持っていない。なぜなら、これらの問いは倫理的で実際的な秩序に関する動機や価値判断を含意する〔中略〕からである。
>
> （Polanyi 1977:13/ 訳I:49）

ウェーバーの議論を参照しながらポランニーは、人間の経済の歴史には実質的合理性が形式的合理性を統制する可能性も、形式的合理性が実質的合理性を支配する可能性もある、と捉えるようになった（Cangiani 2007:38）。市場社会の危機が頂点に達した第一次世界大戦後には前者の可能性が、自由主義的資本主義の再建（Polanyi 1945b）を掲げるアメリカ主導で市場社会が再構築された第二次世界大戦後には後者の可能性が生じた、ということができる。

『人間の経済』のポランニーは、所得配分のあり方や経済活動を評価する実質的合理性のさまざまな価値評価尺度（政治的・倫理的・審美的・哲学的な尺度）が後退し、目的選択における功利主義的尺度（功利主義的目的）が支配的になった戦後を、経済的合理主義の深化と捉えている。このような認識の背後には、ウォール街の主導ではなく民主的で透明な政治的意志決定によって経済システムを制御しようとしたニューディールの信念の敗退、という戦後のアメリカの現実があった（Cangiani 2008:21）。

ポランニーは、希少な手段の諸用途を選択する経済的合理性が人間社会の目的を決定するようになった、と論じるようになる。そして、経済的合理主義が社会のすべての領域に浸透した事態について、経済主義的文化という「市場の精神」が「文化全体の種子」となって「人間社会の本質的構造」（Polanyi 1977:10/ 訳44）を包摂した、と表現している。

専有と社会組織

『初期帝国における交易と市場』（一九五七）のポランニーは、ウェーバー経済社会学の専有概念を継承していることを明示しないで、諸社会において位置を変える経済の実質的な範囲を場所の移動と専有の移動によって記述する方法を解説していた。彼は、市場経済を含むすべての経済を三つの統合形態によって制度化された過程として把握し、「社会における経済の位置」の研究を大きく前進させたのであった。しかし、遺稿集『人間の経済』では明示的に、ウェーバー経済社会学の専有概念を継承したことが示され、そのうえで統合形態が基礎づけられている（小林 2001 7-8）。すでに述べたように、ウェーバーの専有論は、『経済と社会』第1部第2章「経済行為の社会学的基礎範疇」の姿である。ポランニーは『人間の経済』の第2章第5節「実体的経済」［★37］のなかで、ウェーバーの専有概念について次のように解説している。

★36 “Forderung”についてのパーソンズによる英訳は“ultimate ends”であるのに対して、富永訳では「何らかの要求」と訳されている。目的‐手段関係を重視した英訳を尊重し、ここでは「究極的目的」と訳している。

専有（appropriation）は、マックス・ウェーバーによって、一つの幅を持った現実的な語に置き換えられた。その本来の意味は財産の合法的な獲得ということであったが、それは事実上所有に値するものすべてを、全体的にせよ部分的にせよ、それが物的なものであれ、権利であれ、威信であれ、単に有利な状況を利用するという偶然の機会であれ、処分するということを含む意味に拡張されたのであった。専有の移動は「持ち手」間の移動として生じうる。［中略］物と人間とは、部分的にせよ全面的にせよ、一つの専有の領域からもう一つの領域へと移動する。経営と管理、財の流通、所得の分配、貢納と課税、これらはすべて専有の分野である。（Polanyi 1977:32/ 訳83-84）

右記の文章は、ウェーバーが「経済行為の社会学的基礎範疇」において分析した、専有の対象（労働利用機会、物的生産手段、管理サービス）とそれが専有されるありとあらゆる場合（第19～24節）の分類を要約したものだと思われる。ポランニーは、ウェーバーによって定義された専有が、人間と財の「制度化された移動」（*ibid.*:35/ 訳I:88）である統合形態を理解するうえで重要である、という認識を明記している。

第3章「統合の諸形態とそれを支える構造」では、互酬・再分配・交換という三つの統合形態が、（場所の移動と専有の移動によって生まれる）財と人間との移動がつくり出す相互依存の型の違いとして説明される。そして、統合形態が効果的に機能するにはそれを支える制度的構造が必要である、という点が指摘される。次の第4章「社会に埋め込まれた経済」では、専有の対象となるさまざまな権利と義務がどのように生じたか、という新しい論点が示される。

ここでポランニーは、身分社会と契約社会を対比したヘンリー・メインの二分法を想起させながら、初期社会・古代社会・封建制のもとでは身分制度や親族関係によって各人の権利と義務が決定されるのに対し、一九世紀以来、契約が権利と義務を決定するようになった、と述べている（*ibid.*:48/ 訳I:106）。これは一見、平凡な内容に見えるが、専有の対象となる権利と義務をいかに決定するかという社会秩序の観点から、ポランニーが経済過程とその統合形態に言及している、重要な箇所である。専有の移動と場所の移動、それによる人間と財の移動、これらの前提となるべき権利と義務がいかに決定されるか、を根源的に問うことは、社会における経済の位置とその変化というポランニーの研究にとって、核心的な問題であった。この点に関連して、『人間の経済』を編集したピアソンは、一定の社会関係のなかで専有の対象となる権利と義務が決定される仕方のことを「専有の権限の社会的組織（social organization）」と名づけ、その方法的重要性を次のように説明している。

専有の権限の社会的組織は、経済を社会システムとして捉える考え方に対して、問題を解く鍵を与えている。それは、［中略］社会のなかの経済の位置を次の意味において定義するような制度上の母体を設定する。すなわち、経済過程に参入し、そこを通過し、さらにそこから出て行くような財と人との移動を是認する権利および義務の社会的根源を位置づける、という意味においてである。（Fearson 1977:xxxii/ 訳Ⅰ:57）

後年のポランニーが、ウェーバーの『経済と社会』第1部第1章「社会学の基礎概念」の第10節「開放的関係と閉鎖的関係」（Weber 1947[1922]:129-31/ 阿閉・内藤訳66-71）および第2章「経済行為の社会学的基礎範疇」を参考にしながら、専有概念と統合形態の再展開を試みていたことは、今や明らかである。「社会における経済の位置とその変化」の研究は、ウェーバー経済社会学、さらにはテンニースやメインによる共同体と社会の比較研究を鉱脈に、「財と人との移動を是認する権利および義務の社会的根源を位置づける」方向を探っていたのである。

★37 『人間の経済』の訳者である玉野井芳郎は、“substantive economy”を「実体＝実在としての経済」と訳出している。本書では“substantive”を「実体的」と訳している。

5 古代ギリシアの経済制度――『人間の経済』第Ⅲ部の制度分析

スローガン化された古代社会の経済像に抗して

『人間の経済』第Ⅲ部に収められることになった古代ギリシアの経済制度についての歴史研究もまた、ウェーバーを強く意識した著作である。例えば第17章は、そのままずばりウェーバーの「古代の『資本主義』」論を扱っている。ポランニー自身の手によって完成された書物ではないためか、最終章であるにもかかわらず、この17章には『人間の経済』の結論らしき見解が見当たらない。しかし、この章を読めば、ウェーバーが描いたギリシアやローマ帝国の衰退と没落の分析とは異なる、ポランニーの古代ギリシア研究――制度分析の適用――が見えてくるのである。ポランニーはどのような分析を描いているのだろうか。

一九四〇～五〇年代の英語圏におけるウェーバー受容のなかでは古代資本主義の没落論に照明が当てられていたが、ウェーバーの経済史には多様な要素がある、とポランニーは確信していた。例えば、『経済と社会』（都市の類型学）におけるる古典古代の都市についてのウェーバーの分析は、奴隷制に依存した古代資本主義の没落論の枠組みを有しているが、穀物の管理交易や民主政と市場の連関など、実に示唆に富む古代経済の制度的工夫を描いている。

一九五〇年代後半に書かれたとみられる「著者はしがき」のなかで、『人間の経済』の狙いは、「一〇〇年以上あまり前に『大転換』でとりあげられた最初の問題意識」を第二次世界大戦後の状況に適合するかたちで受け継ぐことだ、とポランニーは述べている。その問題意識とは、あるがままの事実を市場的な概念にはめ込むという危険を冒すことなく、異なる時代と地域の経済制度を比較することが経済史家の使命だ、という意識である。というのも、第二次世界大戦後の経済学の「新古典派化」が経済史・経済人類学・経済社会学の領域に甚大な影響を与えている現実のなかで、戦後の経済史では、古代社会が「暗黒時代」という「スローガン化された歴史」（Polanyi 1977:xlvii/ 訳I:16）として描かれるようになり、古代社会の没落と近代資本主義の勝利の歴史が経済史の定番となったからである。『人間の経済』のポランニーは、こうした古代社会の経済像を覆す試みに挑戦している。

古代ギリシアの四つの命題

『人間の経済』第Ⅲ部でポランニーは、古代ギリシアの政治と経済、すなわち公共性と経済生活に関して次の四命題を提示している（若森 2009）。

①人間の経済は、社会構成員の飢餓を回避し生存を充足するための、物的な財やサービスの安定的で継続的な供給を制度化した過程である。人間の経済には、「互酬性・再分配・交換」の三つの統合形態を基本とする、「交易・市場・貨幣」のさまざまな利用の仕方や制度化の方法がある。互酬性→再分配→交換といった時系列的展開を想定することは間違っている。

②人間の社会は、交易・貨幣・市場を巧みに組み合わせ、制御し、束ねながら経済生活を制度化してきた。例えば民主政の最盛期であった古典期アテネの場合、経済生活の基礎には、穀物を海外から安定的に確保してポリスの市民に公平に提供するという、都市国家の責任に基づく「再分配」の統合形態での「交易・市場・貨幣」の制度化があった［★38］。

③「互酬性」という相互扶助的な社会関係が破壊されるにつれて、個人は貧困と飢餓の脅威に直接晒されるようになる。個人的飢餓の脅威が蔓延すると、社会は個別的な利害によって分断され、汚職と不正の時代を招くことになる。

★38　ポランニーにおける古代経済、とりわけ食糧供給についての関心は、ルソーの問題意識と重なる。ルソーの経済学的思考において食糧市場の問題が非常に重要であったことについては、フレーデン 2003［1998］を参照。

④都市国家アテネの市民にとって飢餓の脅威は、それまでの経済過程の制度化が機能不全に陥ったことを意味し、国家の衰亡を暗示した。

以上の四命題は、社会における市場の位置というポランニーの主題に関連している。彼の古代社会の制度分析の鍵となるのは、飢餓問題にどのように諸社会が対処したのか、あるいは対処できなかったのかという点であり、社会構成員や市場に期待された役割についてである。命題①は『人間の経済』の全体的なテーマの前提である。紙面の関係から、本章では命題④のアテネ衰亡に関するポランニーの分析の詳細は省略する。

ヘシオドスの時代と労苦

ポランニーによれば、紀元前七〇〇年頃に活躍した『仕事と日々』の著者ヘシオドスは、「五時代説話」に基づいて、「鉄の時代」の「労苦」を克明に描写した人である。「五時代」とは、「黄金の時代」、「白金時代」、「青銅の時代」、「英雄の時代」、そして「鉄の時代」を指す。すなわち、黄金の時代の人びとは、豊饒な大地で労苦も悩みもなく暮らし、眠るような穏やかな最期を遂げた。その後、第二の白銀の時代、三番目の青銅の時代、四番目の英雄の時代が続く。これらの時代の人びとは戦争に明け暮れ、殺し合った。そして、第五の時代が鉄の時代である。この時代の人びとは、昼も夜も労苦と悩みにつきまとわれ、身をやせ細らせて働き続けなければならない［★39］。

ヘシオドスの生きた時代は、鉄の伝来による農業の技術的進歩によって人間の労働が強化された時代であり、『仕事と日々』には「農業の原初的形態に現われた人間の自然への隷従」（Polanyi 1977:149-150/ 訳II:271）が克明に描写されている、とポランニーは解説する。鉄製の農具の普及によって「豊穣な灌漑地――そこでは鉄製の犂は必要なく、何度も刈り入れができた――から外れたところで穀物を栽培するように」なったが、そのことによって、それ以前の牧羊者や半遊牧の作物摘み取りの人たちが経験してきたような、人間と自然との生活の緩慢な流れは一変し、人びとに「うんざりするような骨折りの仕事暦」が強要され始めたのだ。というのも、農業技術の進歩が可能にした耕作地の拡大によって、人びとは生計を維持するために貧しい土地からも刈り入れを行わねばならなくなったからである[39]。「土地は、四季と植物の生命の厳格な進行を通して人間に命令を与える」存在になり、「天候の気まぐれ」は、人間の「土地への隷従」を耐えがたいものにする。こうした結果、人間は、「屈辱的な不確実さという永遠の心配事にとりつかれてしまったのだ」(*ibid.*:149-150/ 訳II:271)。

このようなヘシオドスの詩のなかに、当時としてはきわめて「新奇な」数々の助言を読み取ることができる、とポランニーはいう。例えば、「仕事は決して恥ではない、無為こそ恥である」(*ibid.*:154/ 訳II:279)と述べたヘシオドスは、「孤独な飢えという新たな脅威の出現」を捉え、それに対処するには、身寄りにも友人にも頼らず、借金をせず、結婚も慎重に対応し、ただひたすら禁欲的に自ら勤勉に働き、納屋をいっぱいにするしかない、と助言した。また、ヘシオドスは、地上には二つの争いがあって、一つは非難されるべき「戦争と口論」という争いが、もう一つは賞賛されるべき「競争」という争いが存在する、と説明した。ヘシオドスは競争の効力を賛美し、次のように謳ったのである。

> 甲斐性のないものをも仕事に向かわせる。すなわち、仕事に就かないでいる者が、耕作に植え付けに、また家を立派に整えることに精出す隣人を見ると、この者は働く気になるし、隣人は富を求めて精を出している他の隣人を妬むようになる。かくして、この争いは人間どもにとって良いものである。陶工は陶工と、木工は木工と張り合い、乞食は乞食を、歌人は歌人を妬む。
> (*ibid.*:155-156/ 訳II:283)。

ポランニーによれば、怠け者の人間が飢えを避けるための良き方法として「競争」を提案したヘシオドスは、スピー

★39　五時代説については、廣川 1975:45-46 を参照した。

ナムランドの時代の救貧論争における古典派経済学者の見解を先取りしており、飢餓の恐怖と競争が労働の刺激になるという考え方に行き着いている〔★40〕。「飢えというものが人間の条件の一部であることを発見」したヘシオドスは、労働や結婚についてのマルサス主義的な考えの先行者であったが、そのような考え方は、当時の孤立した家政が直面した生計の厳しさを反映するものだ、とポランニーは解釈する。ヘシオドスが描いているのは、共同体の荒廃にともなって現われた「個人的な貧困」の内容なのである。それは、生活に関する見通しのなさであり、不安と飢餓の恐怖に苛まれる民衆の姿であり、相互扶助集団の解体にともなう互酬や再分配の制度の瓦解である。ヘシオドスが生きた時代の人びとは「所属する」集団を持たず、個人個人となり、それと共に、「経済生活の運不運の問題」が、集団的な問題ではなく個人的な問題となったのである。ヘシオドスが目撃した人びとは、ポランニーが『大転換』で描いた「経済貧民(pauper)」と本質的に同じなのだ。

次にポランニーが着目するのは、借金と飢餓を避けるために日々勤勉に働かねばならない限り、人びとは政治(ポリス的生活)について思いを馳せることができない、というヘシオドスの叙述である。ヘシオドスはこう断言していた。すなわち、「うちに一年分の蓄えが備わっていない者には、争いや広場《アゴラ》で行われる事柄にいちいち心を注いでいる時はない」、と(*ibid.*:153/ 訳II:277)。つまり、飢餓の脅威と労苦が民衆の肩のうえに重くのしかかっていた当時、労働と貧困から自由な少数の富める者たちが政治を牛耳っていたことが、『仕事と日々』に描かれているのである。ここでは、富者が政治を担い多数の貧者が経済(労働)を担う分業体制が前提されており、政治的アゴラで過ごす時間的余裕のある民衆など、想定されてはいない。民衆は、政治に参加して社会を改革する可能性から切り離されてしまっている。つまり、一人ひとりが飢えることを心配しなければならない状況にあっては、社会構成員の権利と義務の相互関係が互酬性のもとに組織されていた「部族時代のイタカの民衆集会は、忘却の彼方に去ってしまった」(*ibid.*:152-154/ 訳II:266-277)。個人的な飢餓の脅威は、人びとを公共生活から遠ざけ、個人の経済生活へと隔離し閉じ込める。そのため、多数の人びとの労苦や孤独の叫びや不満は公共的な空間で発せられることはない。ポランニーの解説によれば、富者のための政治が行われていたヘシオドスの時代は、飢餓の脅威と不正が蔓延する時代だったのである。

アテネの民主政と市場

第二次世界大戦後のポランニーは、ロビンズの希少性の経済観に対抗する経済倫理への関心から、アリストテレスの熱心な読者となった。その思想は、ポランニーの目には、個人的な飢餓の誕生を詠んだ先のヘシオドスとは対照的な議論を展開しているように映った。古代期末期における荒廃期のギリシアに生きた詩人ヘシオドスとは異なって、アリストテレスは古典的アテネの最盛期を描いた政治哲学者であった。ポランニーにとってアリストテレスは、民主政アテネの最盛期において「交易・貨幣・市場」がどのように制度化されていたのかを記録した人物であり、飢餓の脅威や利得の追求といった経済的動機や希少性の経済概念を拒絶した制度の経済学者である。

ポランニーは、アリストテレスの著作を引用しながら、民主政というポリスの「良き生活」に従属していた古典期アテネの経済制度の運営の仕方を紹介している。アテネ人にとって、良き生活とは公共生活に参加することを意味しており、経済は、この目的の手段となるように社会に埋め込まれていた。このようにポランニーは、奴隷制度に着目したウェーバーとは違って、アリストテレスの著作をアテネの民主政との関係で解読して自分の制度分析に活かしている。さらに、アテネの民主政について、ルソーが『社会契約論』で示した議論［★41］に類似したかたちで、次のように説明している。

★40　ヘシオドスの助言は、ポランニーが『大転換』で登場させたタウンゼンドやマルサスの「飢餓が勤労を導く」という主張に酷似している。本書第4章を参照。

★41　ルソーは『社会契約論』において次のように記している。「ギリシア人にあっては、人民のなすべきことはすべて人民自らが行なった。人民はたえず広場で集会した。彼らは温暖な風土に住み、少しも貪欲ではなかった。労働は奴隷が代わって行っていた。人民の大問題は、彼らの自由であった」（ルソー 1986a[1762]:111）。

［中略］官僚制的要素は徹底的に排除されていたから、国家の役職は市民が籤によって交替で行った。［中略］籤による選挙は真の民主主義の具現と考えられていた。なぜなら、それによってすべての男子は出自、階級、特殊な能力に係わりなく、平等に役職を保有する機会を持つからである。［中略］正義とは、自分たちに縁遠い制度のうちにではなく、市民なら誰でも良く知っているもののうちに具現されていたのである。
（*ibid.*:173-174/ 訳II:311-312）。

ヘシオドスの時代には、貧しい市民が政治に係わる余裕はなかったはずである。ここでポランニーは、定期的に終日、公共の業務に従事することを市民に課すアテネのポリスにおいて、人びとは「どうやって自分の食糧を獲得し、糊口をしのいでいけただろうか？」、と問いかける［★42］。奴隷制度の存在が、ルソーやウェーバーが示したようにアテネの民主政を維持するうえで重要であった事実を、もちろんポランニーは否定しない。しかし、奴隷制が存在すれば民主政が自ずと可能になるわけでもない。ポランニーは、政治が民主的であるには「経済生活も民主主義的に制度化されなければならなかった」、という命題に絞って議論を展開しているように見える。ポランニーは、アテネ人が解決しなければならなかった問題を次のように定式化している。

アテネ人の精神にとっては、矛盾しているようにもみえるが、次の二つのことが必要だった。――一方では、食糧の分配がポリス自身によって行われなければならない、しかも他方では、官僚制が入ってくることは許されない。なぜなら民主主義とは、民衆による民衆の支配を意味したのであって、その代表や官僚による支配を意味するのではなかったからである。代議制も官僚制も、そのアンチテーゼとみなされていた。人民主権の考えに依拠するすべての近代思想の源であるかのルソーは、この原理に頑として執着した。だが、いったいどうしてこの国家による分配は、官僚制を抜きにして行われるのだろうか。アテネでは、食糧市場がその答えを与えるものとなったのである。

アテネの民主政は、貧者の連合である民主主義勢力の支持者であり指導者であったペリクレスの言葉に見られる、次のような考え方に基づいていた。

われわれだけは、公共の活動に関与しない者を、閑を楽しむ人とはいわないで、ただ無害な人とみなす。そしてわれわれ自身、政策の立案者であることは稀だとしても、決議を求められれば健全な判断を下すことができる。［中略］アテネはギリシアが追うべき理想であり、わが一人一人の市民は、このうえない品格と柔軟さで人間の広い諸活動に適応する能力を持っていると思う。（*ibid.*:174/ 訳II:312）

こうしたアテネの民主政の特徴づけは、ルソーが「自治」の観点から『社会契約論』において高評価した把握と重なっているように思われるが［★43］、当時のアテネには、民主政を理想とみなさない貴族や富者も多数存在した。ポランニーは、貴族や富者と民衆との対抗関係が古典期アテネの歴史を突き動かす原動力であった、と捉えている。領地的家政を行う貴族や富者は、貧者の連合である民主主義勢力を崩そうと奔走した。アリストテレスが描いた貴族キモンは、貧者に散財することによって民衆の公共心の買収を試みる典型的な寡頭政支持者であった。寡頭政支持者たちはアテネの公共生活を自分たち富者のものとするために、貧しい市民たちに私財を再分配し、公共生活の買収を試みたのである。ポ

★42　この課題は、ルソーが『社会契約論』や『政治経済論』で提起した問題と同型であるように思われる。

★43　ただし、ルソーは『政治経済論』において次のようにも述べている。「［中略］アテネは実際には民主政ではなくて、学者と雄弁家の支配するきわめて圧制的な貴族政であったからである」（ルソー 1986b[1755]:207-208）。ルソーの思想における人民集会の重要な位置づけについては、鳴子 2001 第7章を参照。

ランニーはアリストテレスの把握を踏まえて、次のように古典期アテネの民主政を規定している。

古典期のアテネ人にとって民主政とは、領地的家政を、ポリスに組織された民衆《デモス》の力によって置き換えることを意味した。

(*ibid.*:171/ 訳II:307)

アテネに存在した食糧市場・貨幣・穀物交易が、「領地的家政を、ポリスに組織された民衆の力に置き換える」ために管理されて制度化されていた、という事実にポランニーは注目する[★44]。つまり、「ギリシア的意味での民主政には、富裕者による公共的機関の買収を避けるための物質的安全装置が必要だった。唯一の効果的な保証は、陪審員となったり人民集会で投票したり評議会で行政を行ったりする政治的に活動的な民衆を、富裕者が自分の力で養わないようにしておくことだった」(*ibid.*:172/ 訳II:310)。このようにポランニーは、古典期アテネの民主政の経済的基盤を奴隷制として押さえるウェーバーとは違った側面、すなわち市民に対して「物質的な安全装置の役割」を果たした市場の役割を解明することに、制度分析の重点を置いている。

アテネの民主政は市民の公共奉仕《ライトゥルギー》を前提としているが、そのために、市民を飢えの脅威から守る責任がポリスに生じたのである。アテネ市民は公共生活への貢献に対してポリスから支払われた貨幣を持って市場に行き、食糧と交換した。食糧の価格は、公布に基づいた公定価格であった。アテネの市場が市民のための食糧供給装置として機能していたとすれば、貨幣もまた、食糧を確保するという特定の目的のために支払われた支払手段として制御されていた。貨幣の価値を決定するのは、ポリスの公的な決定と布告であった。貨幣の価値が公布によって二倍になったり半分以下になったりしたのは、ポリスが交易者の影響力を制限し、経済生活を支配するためであった。官僚制をも貴族政をも退けて民主政を維持するために導入した市場が、商人の思惑に左右されたり利害関係者の貨殖の道具になったりする可能性をいかに排除するか、という制度的な工夫が求められることになる。ポランニーは次のように述べている。

官僚制はまったく必要でない、それでいて国家は市民に生計の糧を供給できた。民主的形態の再分配は、だから市場の利用いかんにかかっていたといえよう。(*ibid.*:173/ 訳II:311)

穀物の管理交易

アリストテレスが記録しているように、もっとも悩ましいアテネの重要な政策的課題は、穀物交易をいかに管理するか、ということであった。海洋帝国アテネの外交政策にとって、穀物の安定的確保という目的は最重要事項であった。アテネは主食である小麦を全面的に輸入に依存していたが、小麦を安定的に確保するという課題はアテネのアキレス腱でもあり、宿敵マケドニアはこの点を執拗に攻めてアテネを飢饉と滅亡の窮地に追い込んでいくのである。この論点の詳細については、『人間の経済』の第14章と第15章を読まれたい。

さて、穀物交易が管理交易として厳格に営まれているアテネにあって、海外交易に従事する者は市民ではなく、指定された居留区に停泊するメティック(居留外人)と呼ばれる外国人であった。居留外人は、在留許可を与えられてはいたが市民資格を与えられず、アテネ市民が住まう場所から離れた居留区に住むことが義務づけられていた。というのも、古代ギリシア人は、市場が欲望の誘惑をともなう経済制度であって、公共奉仕への動機づけを損なって市民を貨殖に走らせることが十分にありうると理解していたからだ。

ギリシア人は、「交易・貨幣・市場」をポリスのために奉仕させるには「市場を抑制し規制するポリスのいっそう強

★44 ポランニーによれば、交易・貨幣・市場が単に存在したかどうかという事実それ自体は、その社会の経済的特質を示さない。それらが何の目的のためにどのように制度化されていたのか、飢餓の回避という社会問題がどのように解決されていたかを解明することが、分析にとっては重要である。

い内部規律」が必要不可欠である、ということを知っていたので、アテネ市民には交易をさせなかった。このようにポランニーは、「政治的アゴラを市場から分離すること」にアテネ人が懸命であった理由が、市場や取引の個人的誘惑から市民を遠ざけて公共的規律を維持するためだ、と解説している［★45］。

公共奉仕と文化的偉業

アテネの市場も交易も、市民に穀物を割り当てる再分配の統合形態の一翼を担っていたのだった。交易・貨幣・市場といった経済制度は、商人のためでも富者のためでもなく、大きな私財（食糧貯蔵庫）を持たない貧しい民衆が利用する公的な制度であり、アテネ市民の公共性への参加を保証するように運営されていたのである。市場は、政治から切り離された独自の領域を形成せず、大きな私財（食糧貯蔵庫）を持たない民衆が公共性から排除されない——経済貧民にならない——ように、社会に埋め込まれていたのであった。アテネ民主政とアテネ市民の公共奉仕を支えるために「交易・貨幣・市場」を制度化した期間がそのままギリシア文明の最盛期に重なっている、とポランニーは総括している。

> アテネに最大の喜びと飾りをもたらし、他の人びとに非常な驚きを与えたのは、ペリクレスの壮大な建築計画だった［★46］。アテネの名声を不朽のものとしたパルテノンやプロピュレイオンが誕生したのは、この計画からだった。
> （*ibid.*:180/ 訳II:321）

ポランニーによれば、この時期のアテネが残した文化的な偉業は、二〇世紀の経済学者のケインズ（John Maynard Keynes：一八八三〜一九四六）が『雇用・利子および貨幣の一般理論』（一九三六）のなかで主張した、有効需要の拡大を目的とした短期的な経済政策［★47］よりもはるかに洗練されていた。というのも、古典期アテネの文化遺産は、「民衆が民衆自身に贈った公共奉仕の結果であり、官僚制と代議制を回避した民主政の産物」だからである（*ibid.*:182/ 訳II:324）。こうした古典期アテネの民主政に関するポランニーの高い評価は、ルソーが『社会契約論』や『政治経済論』で示した、民衆による公共文化や人民主権を尊重する態度を想起させるものだ［★48］。

ポランニーの議論をまとめると、アリストテレスは希少性ではなく民主政の観点から経済制度を捉えていたことになる。貨幣の価値が半分になったり、商業に携わるものが限定されたり、穀物交易が厳格に管理されたりしていた古典期アテネの経済生活は、近現代の経済学者が否定的な評価をするような混乱を呈していたわけではない。「交易・貨幣・市場」に対する都市国家アテネの絶えざる介入は、民主政を維持し市民を飢えさせないという規律と安定的諸力を示している［★49］。ウェーバーの概念を借りて表現するなら、市民が政治に参加できるように穀物や貨幣が割り当てられていたのであり、「交易・貨幣・市場」はその道具にすぎなかった。この点を強調するところに、ポランニーの古代ギリシア論の特徴があるといえる。民主政を維持するために「交易・貨幣・市場」を巧みに組み合わせ、再分配の統合形態として経済過程を制度化した古代ギリシア人の経済。これを見事に描いたアリストテレスの著作は、ウェーバーの経済社会学と共に、ポランニーの制度分析の要であった。

★45　このことは逆に、ポリスの衰退が「交易・貨幣・市場」を制御する力の弱体化に帰結する危険を意味していた。
★46　ポランニーは、民主政の指導者ペリクレスの公共事業についての積極的所見を引用している（*ibid*.:323。傍点、ポランニー）。ペリクレスについてはブリュレ 1997 を参照。
★47　ケインズの経済政策や経済思想についての研究として、平井 2000 を参照した。なお、平井は、ケインズとポランニーの思想的特徴を比較している。
★48　ルソーの一般意志と人民主権の理論的構成については、川合 2007 第7章を参照されたい。
★49　ポランニーによれば、古代社会の「交易・貨幣・市場」が近現代とくらべて未成熟で混乱していると想定することは、重大な経済主義的誤謬を犯している。

6 現代社会学を包摂した経済史へ

『初期帝国における交易と市場』（一九五七）においても遺稿集『人間の経済』（一九七七）においても、ウェーバーの『経済と社会』第1部第1章「社会学の基礎概念」、および第2章「経済行為の社会学的基礎範疇」は、決定的に重要である。ウェーバーとの対話を通じてポランニーは、第二次世界大戦後に再構築された市場社会を『大転換』とは異なる方法で定義するところに到達できたのである。

英語圏におけるウェーバーの「経済行為」の「合理性」の解釈に絡んだ経済学者と社会学者との論争が、コロンビア大学に就任するポランニーを取り巻いていた重要な知的背景（ウェーバー、ロビンズ、パーソンズ）であった。一九四七年のポランニーは、ウェーバーの『経済と社会』第1部第2章「経済行為の社会学的基礎範疇」の第14節に類似した議論を駆使して「社会における経済システムの位置」の問題を設定したが、それは当時の社会科学の最先端の論争に参加する積極的な態度を示すのであって、理想の経済を過去に探し求めるという、現代から逃避する消極的な態度とはまるで異なる。後年に輪郭がはっきりと現われるポランニーの経済社会学は、「手段としての経済を人類の存続と人間の自由という目的に従わせるような、制度化に関連する諸政策に貢献する」ことを意図していたのである（Polanyi 30-1a; 31-1b:1）。

本章で検討したように、第二次世界大戦後のポランニーは、ウェーバーを最大の鉱脈にして、権利や義務の内容を取り決める社会関係の秩序の正当化や、専有対象の定義や専属の変化を、互酬性・再分配・交換といった三つの統合形態の枠組みで議論する理論的到達点に達した。社会のなかに経済が占める位置の変化を制度の観点から動態的に追究したポランニーの経済社会学は、社会が不可避的に含む強制と権力の制度分析でもある。

ポランニーにとってウェーバーの経済社会学やアリストテレスの経済学の貢献は、古代の非市場経済の制度分析に限定されるものではない。それらは、東西冷戦期のイデオロギーが妨げる現代社会の制度分析の道具となるだろうし、また、産業社会におけるさまざまな生産と分配の秩序について評価したり、人びとの異なる価値判断を調整する合意形成の枠組みづくりをしたりするための、最大級の知の鉱脈となるだろう。このように確信していたポランニーの経済社会学は、第二次世界大戦後の経済学が考察の対象から外してしまった問い、すなわち、経済社会の権力とか強制の問題や、経済の究極にあるものへの問いかけ、生産と配分の秩序やその合意形成をめぐる政策上の諸問題に応えようとしたものであった。

第6章 産業文明と人間存在——最晩年のポランニーの自由論

1 原子力の産業的利用の時代へ

コロンビア大学退職後のポランニー

一九五三年一二月八日、ニューヨークの国連本部で「原子力の平和利用」に関する国連総会が開催された。この総会での第三四代アメリカ大統領ドワイト・D・アイゼンハワーの演説は、国際原子力機関（IAEA）の基本理念を提示したことで知られている。その基本的理念とは、核分裂物質などの保管・貯蔵・防護を行う責務を国際原子力機関に持たせてそれらが武装集団などに強奪されないような安全体制を講ずることを前提にしながら、人類の平和と福祉の向上のために核分裂物質が使われる工夫を促進していくことである。農業や医療などの領域での核エネルギーの平和的利用や、核エネルギーによる電力の安定的供給がもたらす明るい未来像について、アイゼンハワーは高らかに謳い上げたのであった。

ポランニーはこうした時代状況を意識して、コロンビア大学を退職した一九五四年頃から、冷戦体制のもとでの核戦争の危機、原子力の産業的利用、大量生産、マスコミュニケーションに象徴される技術文明の問題を考察している。例えばポランニー政治経済研究所が保管する資料には、彼が原子力の産業的利用を危惧した様子が記録されている。

今日、原子力エネルギーの束縛が解かれたが、ポランニーはその産業的利用を心配している。中性子の危険性について私たちは欺かれている。〔中略〕原子炉は実際に爆発する危険があり、そうした事態になれば、けっして止まることのない放射能を抑制できないように思われる。制御できない恐ろしい放射能と一緒に中性子がつくりだされたのです。（45-5:23）

現代産業社会に関する二系列の考察

ポランニーは、原子力の産業的利用を前提とした冷戦期の高度大衆消費社会を批判的に考察した。彼は、技術文明に内在した「同調主義的傾向」が人間の自由と平和を求める努力の前に壁として立ち塞がっている諸問題について、「社会の現実と自由」という生涯的テーマに立ち返って検討し、講演や研究会を行い、多数の草稿や講演レジュメや覚書を作成している。これらの草稿や報告レジュメを「産業社会における自由」の社会哲学的考察と、「産業文明の人間化」や「産業社会における良き生活」に関する制度改革的考察とに分けることができる。

社会哲学的考察の系列に属する資料に、「ジャン・ジャック・ルソー――自由な社会は可能か?」（一九五〇年代）、「自由と技術」（一九五五）、「複雑な社会における自由」（一九五七）、「機械と社会の発見」（一九五七）、「未成熟な諦観についてのノート」（娘カリ宛の一九六〇年四月二五日付けの手紙）などがある。これらの草稿では、ポランニーの社会哲学の核心にある「死の認識、自由の認識、社会の認識」が、繰り返し展開されている。彼は、これに関する論点と命題を著作『自由と技術』として展開する企画を構想し、その準備として『大転換』から新たなテーマを引き出すために、前記の「複雑な社会における自由」〔★1〕および「機械と社会の発見」という二つの草稿を書いていた。『自由と技術』の構想は、こうした断片的な草稿を残しながらもついに執筆されることはなかったが、一九五六年から一九五八年までの約三年間にわたりロートシュティンがポランニーとの対話を記録した「ウィークエンド・ノート」という資料の解釈を通じて、この未完の構想についての一端を知ることができる。

また、制度改革的考察の系列に属する資料には、「『大転換』改訂のアウトライン」（一九五四）〔★2〕、「産業社会における良き生活」（一九五〇年代）、「『ゆたかさ』についてのアリストテレスとガルブレイス」（一九五九）、「アリストテレスのゆたかな社会論」（一九五九）、「ガルブレイスの、貧困よさらば」（一九五九）、「自伝的ノート」（一九六二）などがある。これらの草稿では、「産業文明の人間化」や、「経済を非経済的社会諸関係のなかに埋め込む」ことに関する論点と主題が検討され、現代産業社会で人びとが良き生活を追求するための諸条件が考察されている。

2　最晩年における「社会の現実と自由」の再展開——権力・選択・責任

西欧人の意識と三つの啓示

『大転換』以後にポランニーが人間の自由に関する比較的まとまった叙述を残している草稿または書簡は、「未成熟な諦観についてのノート」（一九六〇）と「産業社会における良き生活」（一九五〇年代）の二つである〔★3〕。より詳しい展

★1　「複雑な社会における自由」（37-3）は、『大転換』最終章「複雑な社会における自由」の続編としての位置づけが与えられており、四部——第I部「問題提起」、第II部「複雑な社会の成長」、第III部「ジレンマ」、第IV部「解決の方向性」——から構成されている。

★2　この改訂構想アウトライン（38-12）によると、改訂版『大転換』は全8章から構成される予定であった。改訂プランの特徴は次の二点にある。第一に、産業革命以降の市場経済の勃興から一九三三年の市場経済崩壊および大転換の時代に至る「二重運動」のプロセスを、歴史理論として新たに組み直す。その際、「市場経済と非市場経済」「経済の二つの意味」という対立概念を鮮明にする。第二に、改訂版の最終章を「人間的展望」と改め、市場や経済を非経済的諸制度のなかに埋め込むことや、時代の軸として経済よりも自由と平和が重要であることを明確に述べる（若森 1999）。何らかの出版事情があってか、実際にはこの改訂プランが反映されないままに、『大転換』第二版が一九五七年に出版されることになった。しかし本章第5節で見るように、「アリストテレスのゆたかな社会論」（一九五九）などにおけるポランニーの思索には、「人間的展望」を展開する『大転換』改訂プランの構想が活かされている。

開を行っている後者には、『大転換』最終章の説明を掘り下げた次のような文章がある。

現在のわれわれをつくった三つの啓示が存在する。肉体の死の発見、永遠の死の発見、社会の発見がそれである。われわれは、身体的生の有限性を覚悟して受け入れ、そこから、仕事、芸術、科学、道徳、個人的献身、人類の奉仕といった人間的生を創造してきた。われわれは自分の魂の発見と永遠の死を覚悟して受け入れ、そこから、自由という新しい生を創造してきた。自由は生の指針となった。自由とは、永遠の死に対する恐怖と永遠の生に対する希望から成る生である。そのような状況が自由であり、われわれは自由なしで生きることを拒絶する。複雑な社会において、われわれの意図的行為の、意図せざる結果が啓示された。これらのなかには、われわれを脅かす二つのものがある。権力と経済的価値決定がそれである。これらは、われわれが望もうが望むまいが、他者の精神的生活に強制を強いる権力の創出にわれわれを巻き込む。これこそ、われわれが苦しんでいる自由の喪失である。精神的生活は、意味を奪われるとき、消滅する。権力の創出と、その規模や使用に対する責任を取り除くと、われわれの意味の大部分は剝奪される。他者の生活の人間的価値に対して経済的価値を創出することへの自らの責任を取り除くと、われわれの意味の大部分は奪われるのである。

(42-13:2)

右記の引用文は、『大転換』最終章の自由論での説明よりも詳しく、西欧人の意識における「三つの啓示」について語っている。死の認識については、「肉体的生の有限性を覚悟して受け入れることが仕事、芸術、科学、道徳といった新たな人間的生の創造の源泉になる」という説明が与えられ、自由の発見については、「個人の唯一性の発見とそれを失うことによる永遠の死を覚悟して受け入れることが、個人的自由という新しい生の創造の源泉になった」と説明されている。ここで自由は、永遠の死に対する恐怖と永遠の生への希望との間の人間の状態として、そのような状態を生きる精神的生活として定義されている。こうした点は、『大転換』最終章には見出せないものである。そして興味深いのは、「社会」が、複雑な社会における諸個人の「意図的行為」から生じる「非意図的な諸結果」（45-3:16）という点から説明されていることである。

ここでポランニーは、産業文明の進展のなかで人びとが「自由の喪失」に苦しんでいる、と表現している。なぜなら、権力や経済価値を創出したことに対する責任を取り除けば、あるいはこれらを創出したことへの責任を認めないならば、人びとにとって意味の大部分が奪われるからであり、意味が奪われるとき、精神的生活は消滅するからである。ポランニーは、かつて第一次世界大戦に係わった彼らの世代の苦悩の起源を分析した「われわれの時代の使命」（一九一八）のなかで、意味を失ってしまった世界では生きられないことに苦悩が由来しており、意味を取り戻すには、われわれの行動のすべてが戦争を避けられないものにしたことに責任を負わねばならない、と指摘した（本書第2章を参照）。彼は最晩年の思索においても、責任からの自由ではなく、「責任を担うことを通しての自由」、あるいは人生の意味を消滅させない諸条件について考察している。

複雑な社会と避けられない選択

ポランニーは、講演「自由と技術」（一九五五）のなかで、複雑な社会の特徴について次のように述べている〔★4〕。

★3　最晩年のポランニーは草稿や書簡のなかで、複雑な社会における「複雑」とはいかなる意味か、「社会の現実」を覚悟して受け入れるとはどういうことか、権力や経済価値の形成がどうして自由の喪失になるのか、といった論点のどれかに焦点を当てて「社会の現実と自由」に言及していることが多い。こうした事情から、どれか一つの草稿を読めば「社会の現実と自由」についての理路整然とした理解が得られる、というわけではない。

★4　ポランニーは、「複雑な社会」を特徴づける複雑さについて明確な定義を与えていない。「自由と技術」や「複雑な社会における自由」、「ウィークエンド・ノート」などの関連文献から判断すると、彼は「複雑さ」を、分業の進展や機械化による相互依存関係の増大と、意図的行為の非意図的結果としての権力、経済価値の発生、という二つの契機によって理解している。

複雑な社会は、私たちの行為の社会的影響を直接的に追跡し明らかにすることができないという点で、家族的または部族的な状態とは決定的に異なっています。（36-9:10）

この「行為の社会的影響を直接的に追跡し明らかにすることができない」という一文章は、諸個人の行為から意図せざる社会的な影響がさまざまに生じる複雑な社会状況を表現している［★5］。ポランニーは、このような複雑さから他者への強制力が生じる事態を想定しているのである。彼が自由の問題として提起するのは、人びとが他者への強制に無自覚なまま巻き込まれてしまう状況である。これから見ていくように、一九五〇年代のポランニーの自由論は、諸個人の意図的行為の非意図的結果として創出された権力と経済価値が、「われわれを、望もうが望むまいが、他者の精神的生活に強制を強いる権力の創出に巻き込む」という論点を深く掘り下げている。

「ウィークエンド・ノート」には、「複雑な社会では、［中略］あなたが何を選択しようと、他者の生活に介入しています」（45-2:4）、「社会の現実は、私たちが日常生活において出会う不可避的な選択によって説明されます。あなたは、好むか否かにかかわらず、選択を避けることができません」（45-3:5）、というような言い回しが多く存在する。社会的分業と相互依存関係が増進した複雑な社会においては、自分の価値判断や欲望を持って自発的に選択したり行為したりすることの社会的帰結として、権力や経済価値の創出に加担してしまう。このことをポランニーは、「避けられない選択」とか「不可避的な選択」と表現している。

経済価値・権力・自由についての意識改革

最晩年の思索においては、『大転換』最終章の自由論のように、人びとの意志と願望によって生み出されたものではないが、集団の存続に必要な一定限度の一致を保障する権力と生産された財の有用性（社会的分業）を保障する経済価値とを受け入れ、そのうえで制度的次元の自由を計画化や規制によって拡大していく、という論法をとっていない。彼は、娘カリへの手紙「未成熟な諦観についてのノート」（一九六〇）のなかで、「権力や物質的価値を創出する私たちの機能の分析はまた、自由を創造する私たちの能力についての分析でもあります」（59-2:1）、と指摘している。ポランニーによれば、複雑な分業関係に基づく産業社会における権力や経済価値の創出過程を分析することは、自由の条件を考察することと表裏一体であり、複雑な社会における権力・経済価値・自由についての「意識改革」が必要である。この主張について彼は、次の二点から説明している［★6］。

第一に、複雑な社会の現実を構成する権力と経済価値は、経済的自由主義の主張とは違って、人びとの意志や願望によって形成されたものではない。しかし人びとは、自分の意志や願望から生まれたものではない、権力や経済価値といった共通の悪（個人の精神生活に介入する強制力）に対する責任を共同で引き受けなければならない［★7］。意志や願望によって社会をつくることができると考える市場ユートピアは、このことを理解できない。複雑な社会における自由の条件である権力と経済価値を認識するには、市場ユートピアに由来する幻想的な自由との決別が必要である。

第二に、他の人びとに対する強制力の創出にすべての人が否応なく巻き込まれる複雑な社会では、諸人格間の直接的で透明な共同体的関係を前提条件とする完全な個人的自由は存在しない。ポランニーは「ウィークエンド・ノート」のなかで、権力や経済価値といった強制力の創出にすべての人びとが不可避的に巻き込まれる事態を、キリスト教的個人的自由の終焉をもたらした複雑な産業社会の決定的な特徴として強調している。複雑な社会において新たな自由を創出

★5　最晩年の「社会の現実と自由」の思索には、ポランニーが一九三〇年代後半にキリスト教左派との対話を通して認識した複雑性の議論（本書第3章を参照）が濃厚に反映されている。

★6　最晩年のポランニーが強調する「意識改革」は、彼が一九三〇年代にキリスト教左派との対話を通して発見した、政治的・経済的強制力を不可避に生み出してしまう複雑な社会と諸人格間の透明で直接的な共同体との区別に基づいている。

★7　ポランニーは、一九三〇年代後半の「共同体と社会」以来、避けられない共通の悪に対する責任を分かち合うことを真の自由の尺度と考えている（本書第3章第3節参照）。

するには、諸人格の共同体と絶対的な個人的自由が消滅したという認識に立って、社会の存続に不可欠な権力や物質的生産の継続を保障する経済価値の存在に耐えながら社会のなかで自由をつくっていく、という意識改革が必要である。

最晩年のポランニーは、いかなる人びとも権力と経済価値の創出から逃れられないということについて、繰り返し言及するようになる［★8］。そして自由の諸条件をつくり出すことの関連で彼が示唆するのは、人びとがどのような価値判断を持つか、あるいはどのような財をより多く選択するかによって、権力のタイプや分業の編成が変わってくる可能性である［★9］。第二次世界大戦後のポランニーは、各国民がどのようなタイプの権力や分業構造を選択するかによって各国の資本主義は多様なものとなりうると考え、アメリカ、イギリス、大陸ヨーロッパのさまざまな経済制度を比較することに関心を持っていた（Thomasberger 2005b）。

ポランニーによれば、価値判断や意見の形成次第でさまざまな権力やその使い方を選択できる。言い換えれば、欲求形成の仕方が、財の選択を通して社会的分業のあり方（経済価値のさまざまな決定の仕方）に決定的な影響を与えるのである。したがって、自らの価値判断や欲求の表明や行為の様式を変えることを通じて世論や経済制度の仕組みに働きかけ、その積み重ねによって、現在の産業社会の権力や強制をより害悪の少ないものにしていくことが可能である。このように最晩年の自由論では、権力や強制のなかでよりマシなものを選んでいくという意味での自由の指針に、彼の関心が注がれている。

3 「ウィークエンド・ノート」の自由論——『自由と技術』の構想と「ルソー・パラドックス」

3-1 『自由と技術』の企画

ウィークエンド・ノートの概観

ポランニーは一九五七年に、ロートシュティンとの共著『自由と技術』の出版契約を交わし、現代自由論の企画を構想していた。この企画は、ポランニーの病気と死や『ダホメと奴隷貿易』（一九六六）の執筆に時間を奪われたことによって中断し、構想も未完に終わってしまった。だが、『自由と技術』が「複雑な社会における自由」という『大転換』最終章の社会哲学的考察の再展開［★10］であることは、ポランニー政治経済研究所が保管する各種の資料や草稿の研究を通じて、とりわけ「ウィークエンド・ノート」の検討を通じて明らかになりつつある［★11］。「ウィークエンド・ノート」とは、一九五六年二月から一九五八年八月にかけての二十数回の週末に、大学院生であったロートシュティンが、カナダのピッカリングにあるポランニーの自宅で彼の話を聴き取った記録である［★12］。「ウィークエンド・ノート」の各分冊の表紙には、ポランニーの話したことをロートシュティンが整理しキーワードを

★8　「ウィークエンド・ノート」第三分冊には、「避けられない選択のなかで私たちにできるのは、より小さな権力を持つように選択することだけであり、権力を持たないという選択肢はありません」（45-4:10）、との主張が記録されている。また、おそらく一九五七年から一九五九年にかけての時期に執筆されたと思われる覚書「自由について」のなかで、ポランニーは、「われわれは、ある権力か別の権力かを創出することができるにすぎない、あるいは、ある財または別の財に価値を置くことができるにすぎないのであって、政治的権力と経済価値というカテゴリーを取り消すことはできない。それらが世界にもたらしたものについての不平・不満は無益である」（30-1）、とする議論を展開している。

★9　本書の第3章第3節で引用した「共同体と社会」にも、社会の存続を保障する権力の形態は選択できる、という考えを述べた次の文章がある。「人間存在の不可避的な選択肢には、さまざまなタイプの権力の間で、また権力が行使される異なった使用形態の間で選択せざるをえないことが含まれている。われわれは権力を生み出さないという選択をすることができない」（21-22:9）。

★10　『自由と技術』は、「複雑な社会における自由」（一九五七）の冒頭部分でポランニーが明確に位置づけているように、「『大転換』の哲学的見方を、その最終部分で書かれている短い暗示を超えてさらに展開する」（37-3）ことを意図したものである。

★11　「ウィークエンド・ノート」には、社会主義を自由の道徳的問題の解答として議論する『大転換』最終章の叙述を反省し、新しい自由論の構想が『大転換』の主張の再展開ではないことを強調する文章がある（45:20-21）。

★12　ロートシュティン（Rotstein 1994）によれば、「ウィークエンド・ノート」は全体で二五分冊（約八〇〇ページ）から構成されている。しかし、ポランニー政治経済研究所に実際に保管されている分冊は一九分冊であり、第五〜八分冊、第一〇分冊、第一六分冊が欠けている。

振って内容を分類した、目次風の項目が添えられている。主な項目に、『大転換』とアメリカ、社会の現実、現在の危機（冷戦と国際情勢）、自由と技術、コロンビア大学の学際的プロジェクト、「経済的」の二つの意味、ルソー・パラドックス（ルソー問題）、パーソンズ、『人間の経済』の企画、スターリン（Joseph Stalin：一八七八〜一九五三）、サルトル（Jean-Paul Sartre：一九〇五〜一九八〇）、バーナード・ショウ（George Bernard Shaw：一八五六〜一九五〇）、マルクス（初期マルクス）、オーウェン、大衆社会、マンハイム、新しい西洋などがあるが、もっとも多くとりあげられた項目は「自由と技術」、「オーウェン」、「ルソー・パラドックス」、「新しい西洋」である。第一分冊（45-2 Feb. 25, 1956）から第四分冊（45-4 Aug. 25, 1956）までの会話の中心は、「社会の現実」および「『大転換』とアメリカ」である。

これらの分冊から、『大転換』の続編を構想するなかで『自由と技術』の企画が生まれた事情や、「社会の現実」というポランニー独特の道徳的宗教的概念から「ウィークエンド・ノート」の論点と基本的主張が引き出されていることが読み取れる〔★13〕。「自由と技術」の項目に注目しよう。この項目が最初に登場するのは第九分冊（45-7 April 6, 1957）からで、第一一分冊（May 25, 1957）と第一二分冊（June 22, 1957）、および、同じ時期の会話記録と推定される「『自由と技術』に関するノート——ジェネラル・コメント」（45-15）において集中的に議論されている。しかし、それ以後の議論の中身は希薄で反復が多く、第一九分冊（45-14 Dec. 21, 1957）にまとまった議論があるだけである。また、『自由と技術』の企画に関する討論が盛り上がったのは、出版契約を結んだ一九五七年六月前後の時期だということがわかる〔★14〕。第一三分冊（45-9 July 20, 1957）から第一八分冊（45-13 November 2, 1957）までの議論の中心は「オーウェン」〔★15〕の項目である。第二〇分冊（45-16 Feb. 15, 1958）から第二四分冊（45-20 August 23, 1958）までの主たる関心は、ポランニーがポール・メドウと共同で取り組んだ新企画「新しい西洋」に向けられている。

先行研究

「ウィークエンド・ノート」と『自由と技術』を『大転換』後のポランニー研究にとって不可欠な資料として位置づけ、

その内容と主要論点を最初に紹介したのは、ロートシュティンである。彼は、『大転換』最終章の「複雑な社会における自由」というテーマが最晩年のポランニーにとっての大きな関心事であり続けたことを証言し、このテーマが古いキリスト教的自由の消滅と産業社会における新しい自由の再生というポランニー独特の自由論に深く関連するものであり、産業社会の現実と人間の自由の諸条件を考察したものであった、ということを簡潔に示した（Rotstein 1990; 1994）。「ウィークエンド・ノート」と『自由と技術』の関連草稿の本格的な検討を開始したのは、佐藤光『カール・ポランニーの社会哲学』（二〇〇六）である。「ウィークエンド・ノート」の会話と思索の記録を大衆社会論の観点から整理した佐藤は、「社会の現実」という『大転換』および「ウィークエンド・ノート」のキー概念をマンハイム、オルテガ（José Ortega y Gasset：一八八三〜一九五五）、フロム（Erich Seligmann Fromm：一九〇〇〜一九八〇）などの諸説と関連させながら論じ、「ウィークエンド・ノート」をポランニーの現代社会論として位置づけた。しかし、これらの先行研究は、「ウィークエンド・ノート」の新しい自由論を読み解く鍵になると思われる、複雑な社会における複雑性と権力との関連に関する論点、および「ルソー・パラドックス」[★16]の解明には着手していない。『自由と技術』の関連草稿や「ウィークエンド・ノート」

★13　「ウィークエンド・ノート」では、社会の現実は一義的ではなく、少なくとも、ⓐ「社会の現実は権力と経済価値によって構成される」（45-3:15-16）、ⓑ「社会の現実は不可避的な選択によって説明される」（45-3:5）、ⓒ「社会の現実は意識改革である」（45-6:12）、ⓓ「社会の現実はルソー・パラドックスによって表現される」（45-4:16）、という四つの命題で展開されている。「ウィークエンド・ノート」の特徴は、「社会の現実 対 自由」というポランニー終生のテーマが、『大転換』最終章のようにⓐの命題との関連だけでなく、ⓑ、ⓒ、ⓓの命題との関連においても議論されていることである。

★14　第九分冊（45-6 April 6, 1957）の会話記録が書かれた直後の一九五七年四月二四日に、『自由と技術』のアウトラインを描いた二つの草稿、「複雑な社会における自由」と「機械と社会の発見」が執筆された。

★15　ロートシュティンは、「ウィークエンド・ノート」のオーウェン論を発展させた論文を執筆している（Rotstein 1973）。

★16　ポランニーは、『大転換』執筆時とほぼ同じ頃の一九四三年に、講演原稿として「ジャン・ジャック・ルソー——自由な社会は可能か？」と題する最初の草稿を書いたが、一九五〇年代にこの草稿の最初と末尾の箇所に改訂を加えた。アメリカ時代のポランニーは、個人の自由と社会の存続とのジレンマという「ルソー・パラドックス」を繰り返し考察していた。

の研究は始まったばかりである。晩年のポランニーは、未完の『自由と技術』の構想[★17]をどのように展開させようとしたのか。その思索の軌跡を辿るには、誤読の可能性を残しつつも「ウィークエンド・ノート」の自由論を再構成する、という作業を避けて通ることができない。

以下本節では、「ウィークエンド・ノート」と「自由と技術」でとりあげられた、技術文明の「全体主義的傾向」とそこにおける自由の条件について考察し、ついで、技術的に複雑な社会において自由を制度化する論理をポランニーがルソーの政治学から導き出そうとした試みについて検討する。

3-2　技術文明の全体主義的傾向と自由の条件

技術文明の最新段階

ポランニーは、「自由と技術」（一九五五）、「ウィークエンド・ノート」の『自由と技術』をめぐる議論、「複雑な社会における自由」のなかで、一九四五年から一九五五年までの技術文明の最新の段階を次のように把握する。

国際的次元では、①核の産業的利用、②アジア・アフリカの自立と産業的覚醒、③東西冷戦の緊張、という三つの産業文明に由来する原因が複雑に絡み合って、人類の生存と平和がかつてないほどに脅かされている。そして国内的次元では、アメリカの大量生産・大量消費社会に象徴されるように、「効率、自動化、適応」という「機械の要請」（37-3:1）に従って経済領域のみならず社会全体がつくり変えられている。そしてそれにともなって、これまた人類が経験したことのないような類の「新しい全体主義的傾向」が出現している。

このように把握するポランニーは、人類が直面している諸問題の主軸はもはや経済ではなく、平和と自由のような「道徳的・政治的問題」（*ibid.*）であることを強調している。彼は、平和と新しい国際関係の問題を別の企画[★18]に譲り、「ウィークエンド・ノート」および『自由と技術』の構想では、技術文明の全体主義的傾向と産業社会における自由の条件を考察している。

技術的に複雑な社会の全体主義的傾向

ポランニーによれば、彼が「技術的に複雑な社会」あるいは「技術的社会」、「機械社会」と呼ぶ第二次世界大戦後の新しい産業社会は、責任に基づく自由を抑圧することで発展した一九世紀の市場社会とは違った意味で、人びとの良心に基づく精神的生活を極度に萎縮させ、自由をかつてないほど脅かしている。彼がとりあげるのは、身体への強制力ではなく、思考への強制力としての権力である。例えばテレビやラジオなどの大量伝達技術が世論形成を画一化する道具となることを通じて、人びとが隣人と異なることを恐れ、マイノリティに対して不寛容な態度を身につけるようになる、といったように、技術的社会が同調主義的傾向を有している、とポランニーは警鐘を鳴らす。ここで彼が強調するのは、「他者によって支持される私的意見は権力の源泉」(45-3:15)であり、他者の思考と精神に強制力として働きかける世論の形態での権力の形成に加担することから誰も逃れることができない、という点である。技術的に複雑な社会には、隣人と「異なることの自由」を萎縮させる傾向、すなわち世論という匿名の権力を無制限に生み出す同調主義的傾向がある、とポランニーは繰り返し指摘している(37-3:6)[★19]。

マッカーシー旋風の吹き荒れる一九五〇年代前半のアメリカの文脈を踏まえた「ウィークエンド・ノート」には、物質的な豊かさを効率的に生み出す技術的社会で人びとが他者を強制するように強いられる連鎖を冷静に観察する、ポランニーの様子が記録されている。最晩年のポランニーは、世界のなかで圧倒的な豊かさを誇るアメリカで自由の危機が

★17 「ウィークエンド・ノート」における『自由と技術』の構想は、序章「機械社会における自由の喪失とルソー問題」、第I部「機械が社会に与えた影響」、第II部「機械の衝撃に対する社会の対応」、最終章「成熟した人——ルソー問題を超えて」から成っている。

★18 終章を参照されたい。

★19 「ウィークエンド・ノート」のポランニーは、このような個人の精神的生活を危機に陥れる無制限の権力と同調主義の発生を、他者を強制するように強制される(compelled to compel)」(45-14:4)仕組みから説明している。

進行していることを確信しながら、技術文明の全体主義的傾向に抗うための諸条件を考察したのである。

機械の絆の深化——技術・恐怖・権力の相互作用

それにしても、人間の物質的福祉の向上に役立つべき技術が、複雑な社会ではなぜ自由を抑圧する装置に変質するのだろうか。どうして技術的社会が無制限の権力の発生源となるような恐怖を生み出すのか。この問いについてポランニーは、交通機関が麻痺したり電気・ガス・水道が止まるなど、技術文明に依存した社会生活がひどく混乱する状況を想定しながら解き明かそうとする。

「自由と技術」と「ウィークエンド・ノート」第一二分冊と第一五分冊には、この論点について考察した議論がある。ポランニーは、技術文明と技術的社会をほぼ同じ意味で使用しながら、「技術・恐怖・権力の相互作用」から、技術が個人的自由の脅威として介在する過程を説明している（45-8:9; 45-11:18a）。ポランニーによれば、技術文明に依存した社会生活の混乱が人びとをパニックに陥れ、底なしの恐怖心を与える危険がある。パニックや恐怖心は大量伝達技術を介して世論を形成していくが、それは混乱を極めながら暴走する。やがて世論は、国民の生活保障の名のもとに、技術システムを掌握する国家や巨大組織に対して無制限の権力を与えてしまうのである。

ポランニーにとっては、日常生活の巨大技術システムへの依存や大量伝達技術が、それ自体問題であるのではない。それらが複雑な社会の人間関係に与える影響が問題なのである。本来は人間の自然支配の物的道具であり人間に安全と安寧を与える手段であるはずの技術が、複雑な社会を支える不可欠な連鎖の役割を果たしている。言い換えれば、技術によって人間関係が媒介されるようになる。近代産業文明の進展にともなって、いわば「機械の絆」が次々と社会生活の不可欠な部分に導入されたために、人間と人間を直接取り結ぶ社会の絆は衰え、社会のあり方は不安定で脆弱なものとなった。ポランニーは、「社会の複雑さが技術という人工的事実によって下から支えられる」（36-9:10）事態が、社会の絆および社会のあり方を不安定にして人びとの尽きることのない恐怖心を生み出している、と分析している。

自己調節的市場は、効率、自動化、調節といった機械の特性によって刻印された社会の最初の領域であったといえる。しかし、今や、経済のみならず社会そのものが機械を中心に再構築され、社会はその形態と目標を機械の要請から引き出しているように見える。（37-3:1）

「ウィークエンド・ノート」の会話記録によれば、技術的に複雑な社会は、機械の絆に社会の絆が置き換えられる三つの段階を経験してきた。第一段階は、一九世紀に始まった産業分野における機械による強制関係、第二段階は、日常生活が依存する暖房、電気、水道、輸送などの集権化された生産・供給システム、そして第三段階は、全生命の物理的破壊が可能な原爆、および、人びとの思考に働きかけることですべての精神を支配できるテレビ［★20］、である（45-8:8）。この最後の段階は、技術文明に固有な全体主義的傾向が個人の自由を圧殺しようとする段階である。このように、技術が社会の絆を機械の絆に置き換え、この機械の絆にすべての生活が依存することの不安定さと、この「社会自体の機械化」（*ibid.*）の不安定さがもたらす恐怖心から人びとを保護する際限なき権力、およびそれによる自由の喪失について、ポランニーは論じている。

全体主義的傾向への抵抗と市民的・制度的諸自由

ポランニーは「自由と技術」の構想のなかで、技術的に複雑な社会における全体主義的傾向にいかにして抵抗するのか、と問題提起する。それに対する彼の解答は、市民的諸自由または制度的諸自由の拡大によって全体主義的傾向を阻

★20　ポランニーは社会自体の機械化の第三段階における、テレビの精神的生活への影響を厳しく評価している。「第三段階は、第二段階の技術的存在の不安定さを極端にまで高めます。例えば、テレビ鑑賞は諸個人の自由な精神的・知的能力を消滅させます」（45-8:8）。

止しなければならない、というものである。

ポランニーは、全体主義的傾向への抵抗の砦となる市民的諸自由や制度的諸自由を拡大するためには、複雑な社会ではすでに失われている「個人の精神的自由の絶対性」や、社会との関連を度外視して自らの「良心に従って生きる自由」に固執する一九世紀的なキリスト教的自由[★21]から決別しなければならない、と指摘している。このような個人の「絶対的自由」と市民的諸自由や制度的諸自由との区別をいかに認識しうるかが、技術的社会の全体主義的傾向を阻止するための決定的な鍵を握っている、とポランニーは繰り返し述べている。

もし私たちが絶対的自由を断念して市民的諸自由を獲得しようと努めなければ、全体主義の発展を阻止することはできません。
（45-15:14）

ポランニーによれば、市民的な諸自由の制度的拡大に努めることが、技術文明の全体主義的傾向に抗して自由を擁護するための現実的な手段なのである[★22]。このように機械の絆による社会の絆の置き換えの傾向に抗するものとして市民的諸自由の拡大を対置するポランニーは、市民的諸自由の制度的拡大が精神的生活の再獲得につながる、と考えていた。ポランニーは、制度および制度的連関を、人間が責任を持って自由に思考し行動できる空間を保障する重要な支柱として理解している（Thomasberger 2003:11）。

残余的自由――他者への強制に加担するよう強いられない、ということ

制度的諸自由に関連してポランニーは、技術的社会における他者への強制に巻き込まれる連鎖からいかに自由でありうるかという観点から、「残余的自由」という概念を検討している。残余的自由とは、戦争や冷戦体制のように社会の存続の原理がすべてに優先される非常事態においてさえも、社会に還元されてはならないものとして残される個人的自由の領域である。具体的には、市場経済の副産物として生まれた、言論の自由、良心の自由、集会の自由、結社の自由といった制度的自由のなかでも、複雑な社会におけるさまざまな強制力から人びとの良心に基づく選択や行動を擁護する「不服従」の権利をポランニーは重視し、良心的拒否の権利や人身保護を政治領域に限定させずに経済領域にまで拡大する必要性を主張している。これは、『大転換』最終章から最晩年の草稿まで貫く強い主張である。

ポランニーが「自由の最終的な喪失」として考えていたものは、政府や世論の形態での権力によって自分の自由が脅かされるということではなく、他者に対する強制力の創出に自らが巻き込まれる事態を示している。この点に関連する明快な叙述が「ウィークエンド・ノート」にある。

> 非常に重要な点は、私たち自身が強制されることが私たちの自由の終焉を意味するのではなく、他者を強制するように私たちが強いられることが私たちの自由の終焉を意味する、ということなのです。（45-9:29）

この「自由の最終的な否認」（45-14:4）についてのポランニーの言及は、翻って、究極的には「他者を強制するように自らが強いられないことが自由である」という彼の自由認識を示している。最晩年のポランニーが明確にしたのは、他者を強制するような権力の形成に自らの良心に反して参加している状況こそが自由の喪失の問題の核心にある、という論点なのである。

★21　キリスト教的自由を定義した、ポランニーの次のような文章がある。「内的生活という用語を説明するとすれば、われわれは実際、希望と恐怖の混合物としての自由について語っているのである。そして、これは自由の定義である」（45-15:1）。

★22　草稿「複雑な社会における自由」には、次のような文章がある。「道徳的絶対の名のもとに社会の現実を無視し、力なく見せかけの自由を受け取るのか、それとも、そのような絶対的なものを断念して社会の現実を受け入れ、そのうえに制度的諸自由を構築するのか、というジレンマにわれわれは直面している」（37-3:5-6）。

4 「ウィークエンド・ノート」のルソー・パラドックス

民主主義と自由の制度化——「社会の現実」の再展開

ポランニーは一九四〇年前後から、市場経済の拡大と社会の自己防衛、その根底にある市場経済と人間の自由との対抗を主題とした『大転換』を執筆する。それと並行して、民主主義を通して社会の現実のなかに自由と平和を創出する制度化についての思索を続け、「ジャン・ジャック・ルソー——自由な社会は可能か?」(一九四三)、「議会制民主主義の意味」(一九四五)や「普遍的資本主義か地域的計画か?」(一九四五)、「経済決定論の信仰」(一九四七)などの諸論考を残している。

こうした『大転換』では除外されていた民主主義と自由の制度化に関する論点が、「ウィークエンド・ノート」や『自由と技術』に関連する草稿でまとまって考察されている。最晩年のポランニーの試みた理論的革新は、「社会の現実」という概念を再考し、民主主義と自由の制度化の議論に結びつけることであった。『大転換』の時とは違って、「社会の現実」は、「社会存続の原理」と「個人的自由の原理」のジレンマ的状況を表現する概念として使用されている。そしてポランニーによれば、社会存続の原理と個人的自由の原理のジレンマを解決することは、ルソーが未解決のままに現代人に託した難題なのである。

ルソーによる「普通の人びと」の発見

ポランニーは、第二次世界大戦中の一九四三年に、ベニントン大学でアメリカ人の学生を前に「ジャン・ジャック・ルソー——自由な社会は可能か?」と題して講演した。彼は、戦時ほど、社会の存続と個人の自由という二つの重要な原理の両立に関してルソーが提起した問題を考察するのに適した時期はない、とルソーの現代的意義に言及している。

ポランニーの評価によれば、ルソーは自由についてのリアリストであった。

ルソーは、願望や自発的意志による社会形成を幻想として退け、自由な社会のための諸条件を考察した。ルソーにとっては、領土の大きさ、人口数、気候、豊かさなどの条件によって規定される統治形態の多様性、および統治形態に適応した生活様式に人びとを導くための教育・訓練が、自由な社会にとって不可欠である。また、直接的民主主義の理想の形態を採用できるのは貧しい小国だけだ、とも認識していた。ポランニーはルソーをこのように紹介したうえで、ルソーの画期的な偉業は、「マルチチュード（多数の群衆）を意味する政治用語でも、貧民を意味する経済用語でもない、人類の正当な代表者としての『普通の人びと』[★23]」を「発見」したことである、と述べたのであった（18-24a:11）。

ポランニーの解するところによれば、ルソーの画期的な認識とは、「『普通の人びと』――あるがままの人びと――が感じたこと、考えたこと、行ったこと、彼らの労働の仕方や生活の仕方、伝統や忠誠心にはすべてに価値があり、それらは純粋で健全である」（*ibid.*）という認識であり、民衆を政治学の唯一の堅固な基礎として位置づけたことである[★24]。

ベニントン大学での講演から約一〇年後の一九五〇年代中頃に再論述された原稿「ジャン・ジャック・ルソー――自由な社会は可能か？」[★25]の冒頭の新たに書き加えられた箇所で、ポランニーは、現代の知的世界が極端な個人主義者と極端な全体主義者とに引き裂かれている状況や、民主主義の意味を構成する自由と平等の原理が対立的に解釈される状況に批判的に触れたうえで、ルソーが発見した普通の人びとの日常世界を織り成す文化のなかではさまざまな価値

★23　ポランニーは、『大転換』と「ウィークエンド・ノート」では主として「普通の人びと（the common people）」を使っているが、「ジャン・ジャック・ルソー――自由な社会は可能か？」では「民衆（people）」を使っている。両者は同じ意味で使われている。

★24　ポランニーは、このような見解は『社会契約論』のなかで明示的に論述されているわけではないがそこから引き出しうるものである、と考えている。一九五〇年代の改訂原稿「ジャン・ジャック・ルソー」は、良き生活の尺度としての民衆の生活という視点を提起している。「ルソーは、民衆をすべての人間的価値の担い手として賞賛した。彼は、民衆の文化と民衆の実際の生活のなかで表現される文明を弁護した。［中略］ルソーにとって民衆は尺度であり、民衆がそのように認められることを彼は望んでいた。ルソーの理想とする良き生活は、民衆によって営まれる生活だったのである」（18-24b:1）。

の不一致や対立が緩和され調整されるだろう、という主張を展開している。

ルソーの民主主義に含まれているように見える問題、すなわち相互に矛盾する諸価値の間の不一致は、民衆の文化の発見によって緩和されるでしょう。自由と平等の原理は、私たちの誰もが係わっている普通の人びとの文化の内部では、一九世紀の教養のある階級の文化に顕われたほどには相互に敵対的ではないのです。

(18-24b:1)

ルソー・パラドックス

「ウィークエンド・ノート」のポランニーは、前述のようなルソーによる「普通の人びとの発見」を踏襲して、自由と平等を両立不可能な原理として捉える見解を拒絶している。個人主義者か全体主義者か、という二分法をも彼は退けている。彼が模索するのは、自由と平等の対立を調整する制度改革的な方向である。ポランニーによれば、自由と平等は抽象的で普遍的な定義を抽出しうるものではなく、各国やそれぞれの地域に根を下ろして日常生活を営む普通の人びとの具体的な文化や諸制度のなかに具現されるものなのである。自由と平等という矛盾するかに見える二つの価値。この二つの価値の関係をポランニーが「ルソー・パラドックス」と呼んで、強調点やニュアンスを異にするさまざまな表現で語っていたことは、「ウィークエンド・ノート」に記録されている。典型的な説明としては次の文章が明快である。

私の謂わんとするルソー・パラドックスは、『人間は自由なものとして生まれたにもかかわらず、いたるところで鉄鎖に繋がれている』というルソーの文章によって表現されています。ルソーはここで自由の条件について言及しているのです。

(45-14:10)

ポランニーによれば、ルソーの文章にある「自由」とはキリスト教的自由であり、「鉄鎖」は権力、経済価値、法、諸制度などの強制力を含んでいる社会を意味する。ルソー・パラドックスは、自由と鉄鎖とのパラドックスであり、いかなる強制力も拒絶し良心に従って生を営むキリスト教的自由と権力や制度によって存続を保障される社会とのパラドックスを意味している。

ルソー・パラドックスは「市場的世界の外観的自由」で覆われることが多いが、戦争など市場的世界の外観が外されるときに、個人の生命の犠牲か、国家の勝利か、というジレンマ的状況として人びとに意識される。あるいはまた、第二次世界大戦後の人びとは、自由と平等の二律背反や、絶対的な個人主義と個人の自由を認めない全体主義との対立を意識しているが、ポランニーにいわせれば、これらは戦後のルソー・パラドックスの表現形態である（45-14:2）［★26］。このような二律背反的な状況をどのように受け止め、個人の自由と社会の存続を両立させることができるだろうか。ポランニーが強調するのは、この問題はルソーによっても「解決されていない」、ということである。「ウィークエンド・ノート」第三分冊は、ルソー・パラドックスに対する『社会契約論』の解答を次のように確認している。

> 一般意志が唯一の永続的原理である。人間は、教育と立法を通して自由と平等になるように強制されねばならず、したがって全体意志は放棄されねばならない。［中略］個人は、教育を通して一般意志に順応しなければならない。そうなれば、個人は一般意志が要求するものを自ずと望むようになるだろう。（45-4:28）

★25　カール・ポランニー・アーカイブにはコロンビア大学時代に書かれた二つの原稿が存在する。一つは八節から構成された、全一六ページの完成された原稿（18-24b）である。もう一つは、節構成が未完成な、原稿（18-24b）よりも先に書かれたと推定できる全一三ページの原稿（18-24c）である。しかし、後者の原稿には、自由と平等が民衆の文化のなかで両立しうることに関する興味深い叙述が存在する。

★26　現代思想においてルソー・パラドックスは、個人の自由を無視して社会の存続を主張する「全体主義」と、社会の存続を無視して個人の絶対的自由を主張する「超個人主義」との分裂（45-9:24-26）、あるいは、自由と平等の二律背反（45-4:31）としても描写される、とポランニーは説明している。

ポランニーはこのルソーの解答を、個人が自分の存続を図るように行動する側面が無視されている、と批判する［★27］。ポランニーによれば、ルソー・パラドックスは、「個人が自分自身の存続を保障するように行動するとき、諸個人から構成される社会はいかに存続するか」（*ibid.*:27）という問題として定式化されるべきなのである。

願望や理想の制度化と相互制約

「自由と平等が両立しうるか」というルソー・パラドックスの解決は、複雑な社会における自由の可能性に関する鍵を握っている。このようにポランニーは考えている。

利害は二律背反のなかにあるものです。複雑な社会において自由はいかにして可能か。これは、自由と平等の二律背反と同じ問題です。それ［解答］は、複雑な社会の圧力のなかで自由と平等を維持することにあります。

（45-4:31、［　］内は筆者）

複雑な社会において人びとは、意図的行為の非意図的結果として、他者の精神的生活に介入する権力や強制力の創出に巻き込まれる選択を避けることができない。経済的自由主義者の主張のように社会は諸個人の理想や願望によって形成されるのではなく、さまざまな理想の制度化が必要である、という文脈での、例えば次のような主張が「ウィークエンド・ノート」の第一分冊に記録されている。

社会は理想や願望によって無条件に形成されるのではありません。人間の願望や理想が制度化されるとき、それらは不可避的な矛盾——例えば、平等と自由、進歩と安定、伝統と柔軟性——を形成します。これらは個別に理想として正当化されるものですが、そうしたことは単に言葉のうえのことにすぎません。制度的状況ではそれらは相互に制限し合います。これは人間の文化の本質であり、人間のさまざまな理想の相互的制限です。一九世紀に考えられたように、諸個人間の理想が互いを制限するのではありません。人間の願望と理想は、それらが制度化され現実のものになる限りで矛盾した関係になるのです。［中略］これは社会の現実の帰結からいえることです。（45-2:2-3）

右記引用文では、社会の現実が人間の理想や願望を相互に制限する「制度的状況」として規定され、制度的状況をつくり出す理想の相互的制限は人間の文化の本質として理解されている。選択や行為の非意図的結果として権力や経済価値を生み出すことが避けられない複雑な社会では、制度的自由の拡大は、市場での選択でも計画化や規制でもなく、さまざまな理想や原理を矛盾として両立させるような制度の創出によって可能になる。「ウィークエンド・ノート」第三分冊の次の文章は、この点を強調している。

複雑な社会において自由を実現することは可能ですが、相当な努力が必要です。自由を選択と同一視し、市場を選択肢の最大の提供と考えるのは子供じみています。自由は、意図した行為がもたらす意図せざる諸結果によって制限されます。実際の具体的な社会では、このことが明らかです。私たちは具体的な諸制度を創出しなければなりません。（45-4:24）

複雑な社会において自由を実現するには相当な努力が必要だ、ということを明らかにするために「社会の現実」とい

★27　社会の存続は社会の共通価値を内面化した諸個人の行動によって保障される、というパーソンズの社会学的説明に対しても、同様の不満が述べられている（*ibid.*）。

う概念を強調してきたポランニーは、これを社会科学の制度分析の概念につくり変える必要性について認識するようになる。最晩年のポランニーは、社会の現実を、人びとが生活において出会う「避けられない選択」の網の目として、人びとの願望や理想が制度化された状況として再定義するようになったのである。

『大転換』との比較

ここで『大転換』と「ウィークエンド・ノート」の議論を比較しておこう。

『大転換』では、自由と平等のジレンマが問題にされることはなかった。社会の現実を受け入れたうえで、所得、余暇、安全のより公正な移転、再編という規制と計画化によって新しい自由が実現される、と想定されていて、社会を構成する諸個人間での自由と平等をいかに調節するかという問題は議論されなかった。これに対して「ウィークエンド・ノート」では、「複雑な社会において、自由と平等、進歩と安定、伝統と柔軟性といった対立を、制度化を通じていかに両立させるか」という問題として設定できたことから、社会の現実と自由の問題を動態的に議論できるようになった。このように総括することができるだろう。

最晩年のポランニーは、第一に、市場社会、ファシズム、ロシア社会主義、ニューディールといった歴史的な社会の現実に加えて、市場経済と権力に関する対立的な見方――一方の、社会の現実を否定し意志と願望による社会の形成を主張する市場ユートピア、他方の、個人の自由を完全に否定する全体主義（ファシズムとスターリン主義）――を、社会の存続と個人の自由とのジレンマの観点から議論できるようになった。そして第二に、計画と市場の対立図式を乗り越えるような、資本主義と社会主義を超える産業社会に共通な自由の問題を議論できる枠組みが出てきた。今や、自由一般ではなく、自由の条件と自由の制度化のあり方が問われるようになったのである。「ウィークエンド・ノート」のルソー・パラドックスは、効率という経済問題から自由と平和という政治的・道徳的軸に関心が移行しつつある時代に照応した問題設定であるといえよう。

普通の人びとの文化の役割

ところで、社会の存続と自由の拡大とのジレンマを制度化の論理によって解決する「ウィークエンド・ノート」の方向性、端的にいえば自由の制度化の論理は、「普通の人びとの文化のなかでのルソー・ジレンマの緩和」という考え方と照応している。すでに指摘したように、ポランニーによればルソーは、「新しいヒーロー」としての「普通の人びと」とその文化を発見し、抽象的な次元では両立不可能な自由と平等が「普通の人びと」の文化のなかでは両立しうる、としている。ルソーは社会の存続と自由のジレンマを未解決なままにしているけれども、『社会契約論』は、このジレンマを「普通の人びと」の文化によって解決する可能性を示唆している。「ジャン・ジャック・ルソー――自由な社会は可能か?」は、「普通の人びと」の文化によって調整される自由と平等の両立について、次のように述べている。

民主主義は、イギリス、アメリカ、フランス、ロシア、中国、インドに見られるような、きわめてさまざまな生活様式を意味している。しかし、これらの国の体制が旧体制やその貴族主義的理念と区別されるのは、「普通の人びと」の文化の理想を基準としている点である。〔中略〕自由と平等は、それらがいかに相違していても、文化という具体的な媒介のなかで共存しうるし、同時的な開花を求めることができるのだ〔★28〕。

（18-24c:12-13）

「ウィークエンド・ノート」第一二分冊の次の文章も、同じ考えをこう表現している。

ルソーは自由の問題を未解決なままに残しています。しかしルソーは、「普通の人びと」の文化の有効性を発見

★28　フランス語版（Polanyi 2008）に収録された「ジャン・ジャック・ルソー」は、英語の草稿（18-24c）を翻訳したものである。

しました。〔中略〕すべての国は「普通の人びと」の文化を持っています。このことは、ロシア、アメリカ、イギリス、フランスで共通していえることです。

（45-8:12）

ポランニーは「ウィークエンド・ノート」のなかで、人びとの理想や願望が制度化される理論的根拠をさまざまな理想の相互的制限としての「人間文化の本質」に求め、さらに、この人間文化の本質を、さまざまな理想の両立、具体的には自由と平等の両立を可能にする「民衆の文化」のなかに見出している。最晩年のポランニーは、ルソー・パラドックスの解決が世界共通の普遍的な仕方で行われるのではなく、「普通の人びと」の文化の特徴に媒介されて、各国各地域における制度化による自由の拡大が多様で独自的なものになることを示唆した。

ポランニーの思想の核心と基礎には、「普通の人びと」の意識ある行為と責任を、人間の自由と平和の構築を支持する尽きることのない源泉として捉える、という特徴がある。普通の人びとは、『大転換』の二重運動を読み解くキーワードであったが（第4章参照）、晩年のポランニーがルソー論に基づいて構想した「複雑な社会における自由」や『自由と技術』におけるキーワードでもある。「ウィークエンド・ノート」における技術と自由をめぐる議論と会話の記録は、「自由論」や「共同体と社会」を執筆した一九二〇年代から一九三〇年代にかけてのポランニーにとってと同じように、最晩年の彼にとっても、民主主義と人間の自由の問題がいかに重要であったか、を示している。

5　産業社会と良き生活

産業社会の現実とポランニーの闘い

ポランニーにとって第二次世界大戦後の新しい社会の現実は、『大転換』最終章の前半部分で描いたような、自由と平和への大いなる可能性の幕開けではなかった。それは、ヒロシマ・ナガサキに象徴される核兵器に左右される人類存続の不確かさや、軍拡競争をともなう東西冷戦体制、マスコミュニケーションと大量生産、技術的に複雑な社会が抱える潜在的パニックや恐怖、そして世論における同調主義的圧力、といった新しい全体主義的傾向の出現であった。彼は、市場社会の崩壊によって見えてきた産業社会の現実とそこにおける人間の自由の条件を社会哲学的に考察した、『自由と技術』の構想に関連する一連の草稿や会話記録「ウィークエンド・ノート」に続いて、産業社会の改革と産業文明の人間化についての経済社会学的な研究に取り組んだ。

『自由と技術』の刊行を見送った一九五八年以後も、ポランニーは、ダルトン、ホプキンス、メドウ、ロートシュティン、ピアソン、ボハナンたちと産業社会の新しいあり方を研究する学際的な研究プロジェクトに取り組み、「産業社会における良き生活」の問題についての報告と討論を一九五八年から一九五九年にかけて組織した[★29]。その研究成果が、ポランニー自身の一連の草稿「ガルブレイス覚書」（33-7b）、「ガルブレイス『ゆたかな社会』」（33-8）、「ガルブレイスの、貧困よさらば」（37-11a）、「アリストテレスとガルブレイスのゆたかさ論」（37-11b）、「アリストテレスのゆたかな社会論」（37-11c）として残されている。関連する未公開草稿としては、すでに一部を紹介した「産業社会における良き生活」（42-13）や「経済学とわれわれの社会的運命を形成する自由」（37-4）などがある。

ポランニーのこれらの草稿と学際的な共同研究の記録（33-7; 33-8; 33-9; 33-10; 33-11）に共通する主題は、資本主義のもとでの競争も社会主義のもとでの計画化も、戦後の産業社会は自由や生の充足といった規範よりも効率第一主義を推進している、という認識に立って、産業社会を改革するための根本的な課題を、効率対自由の要請という対立的な思考軸から検討することであった。ここでいう自由の要請とは、草稿「産業社会における良き生活」によれば、「連続性や規

★29　この産業社会の改革を検討する学際的プロジェクトは、ポランニーとメドウが共同で推し進めた「新しい西洋」（37-12a）や「共存」のプロジェクトに発展した。

律や効率を生産者の人格的存在に合うように調節すること」（42-13:2）を意味している。

ガルブレイスへの注目

ポランニーたちがアメリカ制度主義学派の流れを継ぐガルブレイスの『ゆたかな社会』に注目したのは、一九五八年に公刊されベストセラーになったこの書物が、産業社会の現実を批判しながら、「産業社会は自由で人間的でありうる」という命題を考察しているからである。ポランニーによれば、効率を絶対的なものとして掲げる資本主義のみならず、社会主義がめざす豊かさの約束の地としての共産主義を表現する「各人は能力に応じて働き、必要に応じて受け取る」（マルクス『ゴータ綱領批判』）という公式においても、効率が社会的倫理の裁定者として君臨しており、自由のような「生活に意味を与える他の規範」には副次的な意義しか与えられていない。彼は、ガルブレイスの『ゆたかな社会』の意義を次のように表現している。

ガルブレイスの本は、自由という今日の最重要課題を議論するきっかけを、不意打ちのように与えている。産業社会は効率を、あまりにも長い間、自由の物質的な代替として受け入れてきた。資本主義も社会主義も、人格的生活の問題に真剣に立ち向かってこなかった。人格的生活はずっと前から、人間に物的なものをますます多く与えることに隷属している。技術的進歩の道の終着点は、それにともなう、自由のよりいっそうの縮小であるように見える。（37-11a:2）

ここで「人格的生活（personal life）」の問題とは、過剰な効率を抑制し自由を支持することによって「生活に意味と統一を回復すること」（37-4:1）であり、「商業化された娯楽産業への無意味な同調を超えて、われわれ自身の存在をつくり上げることを享受すること」（37-11a:3）である。生産者の人格的生活の要素として、ポランニーは具体的に、学習や才能のための機会、家族・友人・精神生活のための時間、転職や別の産業分野で再スタートする可能性、才能や特別な知識の開発、改善・発見・イノベーション・組織的知識への貢献、賞や奨学金によって促進される文芸書の執筆、マスメディアへの出演、定期刊行物への投稿、などを挙げている（42-13）。

完全雇用・依存効果・社会的アンバランス

ポランニーはこのように、効率と自由との対立という産業社会に固有な矛盾にメスを入れ、人格的自由（personal freedom）の私的消費への埋没を批判的にとりあげているガルブレイスの本が、生産の増加と生産性の上昇によって貧困や飢餓から脱却することが課題であった一九世紀のリカード的世界とは対照的に、第二次世界大戦後の衣食住の充足という豊かさの事実と完全雇用または準完全雇用を前提条件として展開されていることに注目する（33-8 2）。彼はこの前提条件から、二つのことを引き出す。

第一は、ガルブレイスによって描写された完全雇用を前提とする市場経済が、『大転換』で展開された、人間・自然・貨幣の擬制商品化および市場化と社会の自己防衛との二重運動という一九世紀的市場社会とは大きく異なっていることである。ポランニーは、失業や飢餓の脅威が経済的動機となって生産の絶えざる増加が追求されるのではなく、完全雇用を達成するために高水準の生産が要請され、高水準の生産に照応する需要を引き出すために生産の側が広告・宣伝を通じた依存効果によって欲求と必要を人為的に創出している、というガルブレイスの論理に注目している。

ポランニーによればガルブレイスは、物質的豊かさが達成されたのに、貧困を「社会のなかの自然」と考えていたリカード時代の産出最大化という効率規範がなぜ依然として規範として妥当しているのか、と問い、その答えを、生産の増大が財貨よりもむしろ雇用や所得などの経済的保障のために要請される仕組みに求めている。ポランニーは、ガルブレイスの『ゆたかな社会』を読むことを通じて、大量生産と大量消費が連結したフォーディズムという経済システムを把握した、ともいえる。彼は、一九世紀的市場社会を「第一次的世界」、完全雇用を前提とする市場経済を「第二次的世界」と呼び、経済問題としての不平等への関心に焦点を当てるガルブレイスの「第一次的世界」の説明（『ゆたかな社会』第7章）と『大転換』の展開との補完的関係を強調している（33-8:2）。

第二は、ガルブレイスがゆたかな社会の新しい病として分析した、重要度の低い財に対する欲求を技巧的につくり出す依存効果、私的消費と公的消費との社会的アンバランス、インフレーション、という三つの問題［★30］のなかで、ポランニーはとりわけ社会的アンバランスの問題に注目している。彼は、教育・住宅・医療といった公共的消費は不足しているのに私的消費の分野では取るに足らない財が過剰に生産され消費されるアンバランスを、主として依存効果から説明するガルブレイスの議論を超えて、効率と自由との対立の観点から説明している。ポランニーは、「効率を侵害するという強迫観念が自由への目に見えない妨害になっている」（37-11a:3-4）と指摘しながら、次のように述べる。

> 経済メカニズムの技術的あり方のために、われわれは、欲求と必要の質をかたちづくることや効率という偶像を拒絶すること、重要度の低い財よりも余暇時間の増加を評価すること、自由と人格性を日常生活にまで拡大することを妨げられている。（33-8:2）

ポランニーは具体的に、子供たちのための良い教育、労働・研究・創造的活動の機会、余暇を享受するすべての人のための自然・芸術・詩との広い触れ合い、言語・歴史の享受、自己を賤しめないで暮らすことができる保障、市町村や政府や自発的なアソシエーションによって提供されるサービスが「必要」である、と指摘する。そして、効率性への強迫観念を払拭してこれらの「欲求」を実現していくことを、産業社会における自由の制度化の問題として位置づけている（37-11a:3）。さらにポランニーは、ガルブレイスが、経済的保障のための産出高最大化という効率規範を緩和するために、失業保険制度の充実を生産と雇用および生産と所得を切り離す制度として提案していることにも注目していた。

アリストテレスとの比較

ポランニーは、ガルブレイスの『ゆたかな社会』を以上のように読むことを通して、この本が人びとの関心を呼んでいるのは、それが、経済理論や経済政策における貢献よりも「産業社会における良き生活とは何か」（37-11c:7）という道徳的・哲学的問題を提起しているためである、と考える［★31］。ポランニーによれば、この道徳的・哲学的問題の含意は、ガルブレイスとアリストテレスとの比較によってより鮮明にすることができる。両者の議論は、経済の現状の批判であること、経済を構成要素として含む社会についての規範的原理を前提にしていること、社会を経済に関連させる欲求と必要の理論を含んでいること、という三点で論理的かつ構造的に比較することが可能である。

ガルブレイスは、現代の産業社会の規範的原理として完全雇用を置き、広告や宣伝によって人為的に欲求がつくり出される依存効果を通じて欲求と必要のあり方が歪められること（私的支出の増大と教育などの公的支出の減少という社会的アンバランスが生じること）を問題にしている。それに対してアリストテレス［★32］は、共同体の目的としての良き生活を都市国家（ポリス）の規範的原理として置き、良き生活という目的のための手段であった物的財が交易と貨幣取引の導入によって金儲けのための手段に変質することを批判している。ポランニーによれば、ガルブレイスもアリストテレスも「良き生活の概念の復権」が問題の解決策であるという結論に達しているが、アリストテレスの分析のほうが深く徹底的であり、ガルブレイスの良き生活の概念に、「産業社会における自由の拡大・深化という真の現代的要請」（37-11c:6）

★30　『ゆたかな社会』の主題と論理をガルブレイスの全体像のなかで解明した文献として、中村1988および根井1995がある。
★31　後年、ガルブレイス自身が『良き社会』という本を刊行し、良き生活について次のように述べている。「良き社会では、すべての市民は個人的自由、基本的福祉、人種的、民族的な平等、つまり価値ある人生を追求する機会を享受できなければならない。そうでなければ［中略］個人の自由は完全に否定されてしまうのである」（Galbraith 1996:4/ 訳20）。
★32　ポランニーは、アリストテレスが「良き生活」について論じた文献として、『政治学』の第1巻と『ニコマコス倫理学』の第5巻を挙げている（37-11c）。本書第5章で見たように、ポランニーは「アリストテレスによる経済の発見」のなかで、アリストテレスの「良き生活」について詳しく論じている。

をつけ加える必要がある。

ポランニーは、「アリストテレスのゆたかな社会論」の最後のところで、産業社会における良き生活にとって自由が決定的な要素になる理由を、アリストテレスの生きた紀元前四世紀のギリシアと質的に区別される現代の産業社会の三つの特徴から、以下のように引き出している。第一に、現代の産業社会は、アリストテレスの時代よりもはるかに複雑な「効率的技術」を使用している。第二に、「大量生産と大量・大衆伝達に内在する全体主義的または同調主義的傾向」のなかでは、自由は良き生活にとって極めて重要な要素を成す。第三に、「効率と自由にとっての貨幣の重要性は、アリストテレスの時代とくらべて決定的な知的進歩を表わしている」(37-11c:3)。

第一と第二ではそれぞれ、技術的に複雑な産業社会に固有な矛盾である、効率と自由、および、同調主義的傾向と人格的自由との対立がとりあげられている。第三の自由のための貨幣の役割という論点は、ポランニーの他の論文や草稿には見られないものであって、とりわけ注目に値する。ポランニーはここで、貨幣が「財政の媒体」として社会全体にとって重要な役割を持つことを、次のように説明している。「これまで衰退させられてきた人間社会の他の重要な領域に生産を関係させるには、教育や政府、防衛、健康、通信・伝達、旅行、研究、芸術と趣味、自然、内面的生活といった文化的領域に経済的手段を誘導していく財政に依存するところが大きい」(37-11c:8)。彼は、自由のための貨幣の役割に、産業社会における良き生活の推進役を期待しているのである[★33]。

さらにポランニーは、産業的に発展した諸国が経済効率を新興諸国と競う現状に疑問を投げかけ、物質的豊かさを達成した社会は良き生活を目標として掲げよう、と提案している。

西欧は、自分たちがすでに達成した物質的豊かさを必要としている新興諸国と、なぜ効率を競うのだろうか?なぜ、新しいより人間的な文化という良き生活をそれに代わる目的として設定しないのだろうか?(37-11b:9)

産業社会における自由のプログラム

ポランニーは、産業社会における自由の実現のために、二つの柱から成るプログラムを提案している。第一の柱は、自由のための費用と生産の効率に関するものであり、第二の柱は、市民的不服従の権利を含む人格的自由の領域を効率至上主義の産業分野に普及させていくという課題である。

第一の柱では、「自由のための費用は、人間的必要と自由への必要によって要求される物質的財とサービスに関する費用、および、経済過程で実施される効率縮減に関する費用という、二つの非常に異なる形態をとる」(37-11c:9) ことが指摘される。ガルブレイスの社会的アンバランス論は、自由のための二つの費用のうち、物質的財とサービスに関する費用を議論していたことになる。技術は、重要度の低い財を差し引いた、社会的に必要とされるミニマムの物質的財を最大の効率で生産すべきである、とポランニーは主張している。これは、生活に意味を与える規範よりも効率を上位に置くことなく、自由のための費用を引き下げる努力を意味している。効率と自由との関係についてのポランニーの考えは、次の文章に明確に示されている。

技術は、物的福祉のミニマムを供給すべきである。そして、このミニマムは最大の効率的方法によって達成されねばならない。しかし、これは効率という一つの規範の支配を意味しないだろうか。そうではない。効率は、生活に意味を与える他の規範と競争しなければならない。それらの規範は、ある一定の限度まであれやこれやの点で効率の犠牲を要求するかもしれないし、しばしばそうするであろう。そのような規範のなかで、自由は最上位に位置

★33　ポランニーによれば、自由の手段としての貨幣の役割は特殊目的貨幣の利用によって発揮される。市場社会の多目的貨幣は効率の手段であるが、自由の手段ではない。

するのである。（37-11a:4）

効率は、社会の最高の規範から降格されて、他の理想や目標、価値との競争関係においてのみ受け入れられるようになる、と強調されている。ポランニーは、自由の拡大が効率の犠牲と費用をともなうことを強調し、自由のための物質的財の生産、および教育や健康などのサービスをまかなう財政に関する経済計算が、経済学の主要な課題として浮上する、と提言する。

第二の柱では、経済過程における効率の縮減を必要とする自由の領域を、政治的ならびに純粋に知的な分野から産業分野にまで拡大する諸制度として、①良心的拒否の権利、②企業権力の濫用から労働者の権利を擁護する人身保護、③個人生活のさまざまな必要のための有給ないし無給の休暇制度を雇用契約に取り入れること、④産業における自由の拡大に必要な効率の縮減をできるだけ少なくすることによって、技術を人間の必要に適応させるように努めること、⑤市場から自由な領域を、政府や企業組織や労働組合から教育、防衛、医療、芸術の分野にまで拡大させること（37-11c:10）、が提案される。

このうち①と②は、『大転換』の最終章で分析された、個人の精神的生活を社会の強制的要素から守るための「不服従の権利」の制度化に関するものである。ここからも、「諸個人は権力を恐れることなく、自由に自己の良心に従うことができなければならない」（Polanyi 2001:263/ 新訳461）ということを、産業社会における自由の条件として晩年のポランニーがいかに重視していたかがよくわかるだろう〔★34〕。彼は、「あらゆる犠牲を払っても、たとえそれが例えば生産の効率、消費の節約、あるいは行政の合理性という側面における犠牲であっても、個人の自由は支持されるべきである」（Polanyi 2001:264/ 新訳462）という『大転換』最終章での提言を、産業社会と良き生活に関する諸草稿でも繰り返し主張しているのである。

ポランニーによれば、いかなる民主主義社会においても権力や強制は存在しており、それとの係わりを個人は拒絶することができない。だからこそ権力と強制を絶対的なものにすべきではないのであり、異論を唱える個人には身を引くことができるような「避難場所《ニッチ》」か、あるいは異議を唱えたまま生活できるような「次善」の選択肢が与えられていなければならない。③の個人生活のさまざまな必要のための有給ないし無給の休暇制度について、ポランニーは具体的な説明をしていないが、今日におけるワークライフ・バランス（仕事と生活の調和）の保障に相当するような、育児、疾病治療、介護、技能訓練などの必要性にともなう休暇制度を念頭に置いていると思われる。④と⑤は、経済を経済的および非経済的諸制度に埋め込むことで産業文明を人間化するという、晩年のポランニーのテーマに係わるものである［★35］。

産業社会における良き生活

以上のような、ガルブレイスの『ゆたかな社会』を思索の踏み台とした「産業社会における良き生活」論は、資本主義的であれ社会主義的であれ、効率至上主義に偏向した産業社会の現状を批判し、産業社会における良き生活にとって自由が決定的な要素になることを明らかにすると共に、自由の拡大が費用と犠牲をともなうことを強調するものであった［★36］。ポランニーは、単純に自由を効率に優先させているのではない。効率と自由との対立をいかに調整するかが複雑な産業社会にとってますます大きな課題になっていくことを、彼は深く認識していた。

ポランニーによれば、自由は無償で手に入るのではなく、そのための費用の増大と産業効率の低下という犠牲が必要

★34　このように、制度的な次元での不服従の権利の保障が個人の自由の内容の核心に置かれるのは、「自由と技術」の関連草稿や「ウィークエンド・ノート」、あるいは一九五九年のガルブレイス論において繰り返し登場する、ポランニー的自由のプログラムの具体化の特徴でもある。

★35　ポランニーは、『大転換』の改訂プランの第7章「人間的展望」第2節「経済を非経済的諸制度のなかにふたたび埋め込むこと」のなかでも、市場から自由な制度として労働組合、大企業、政府を挙げている（38-12）。

★36　社会的費用の観点から産業社会の改革を研究し、自由のための費用の経済計算の重要性を提起する晩年のポランニーの研究プロジェクトは、カンジャーニ（Cangiani 2006b）が指摘するように、当時彼が読んでメモをとっていたカップの影響を受けていると思われる。

である。彼は、ガルブレイスの議論を借りて、自由の拡大を選択するのにともなう責任の認識（選択した結果について責任を負うことが人間の自由の意味である）を人びとに提起したのではないだろうか。この意味で、最晩年の「産業社会における良き生活」論は、本書第2章で検討した一九二二年の「社会主義経済計算」末尾の、「人類は、自分の理想のためにどれだけの費用がかかるか自ら知っている場合にのみ、自由であろう」という主張を、再展開したものだといえよう。

自由の拡大を含む理想の達成には費用が要るという理由から、ポランニーは、産業社会において良き生活をつくっていくうえで計画経済のほうが市場経済よりも有利である、と考えていた。なぜなら、民主的計画は、豊かな社会において生み出された技術的効率性と人間存在の要求との矛盾という真実を隠すことなく明示して自由のための費用を提示するが、市場経済は、技術効率性と自由の要求との矛盾を表現できないし、自由の拡大を選択することから生じる責任と費用を認識できないからである。もちろんポランニーは、市場経済においても、効率と自由との矛盾が「原理的には」市場過程の緊張や歪みを通じて、例えば、税金の徴収による私的投資と公的支出との社会的バランスの回復や賃金上昇による労働時間の短縮などによって解決される可能性を認めていた。しかし彼は、市場システムのもとでは、そのようなバランス回復を要請する社会的規範の形成——われわれの欲求と必要をつくり上げ、物質的必要と倫理的必要を調和させ、労働と余暇を均衡させ、自由とその限界を認識すること——がきわめて困難である点を強調したのである（33-8:2-3）。

産業社会における自由の社会的費用を意識しながら、自由を決定的な要素とした良き生活について提唱する、ポランニーの「自由のプログラム」。それは彼が、経済を社会の目的に従属させ、産業文明を人間化し、経済を経済的・非経済的制度に埋め込むといった方向性を一体的に構想していたことの証しである。

> 経済を経済的および非経済的諸制度のなかに埋め込むとは、経済を人間的共同体の目的のための手段として意図的に従属させる創意工夫を通じて、産業文明を乗り越える道筋を実現してゆく考え方である。（30-1a:3）

人間の自由と良き生活（共同体の目的）の手段として、経済や技術をいかに制御しうるだろうか。原子力エネルギーを産業的発展のために利用する時代の生き証人となった最晩年のポランニーは、技術文明の全体主義的傾向や効率性至上主義と闘いながら、産業文明の人間化という切迫した時代のテーマに挑戦したのであった［★37］。

★37　「経済を社会にふたたび埋め込む」というポランニーの命題は、時代に対する対抗命題であろう。死の直前のポランニーは、社会主義に再度希望を見出し、社会主義が機械時代における自由の問題の鍵を握っている、と考えるようになった。彼は、ソ連邦共産党第二二回大会における綱領改正のなかに、経済を社会に埋め込むという命題を読み込んでいる。「これは、単なる所有的観点を超える、生活の質としての社会主義、つまり経済が非経済的社会諸関係に埋め込まれている社会主義の再定義を意味する。物的欲望とその充足、すなわち生産の技術は、社会の絆の付属物である。それらは、人間の条件に基づく生活に固有な社会諸関係の網の目の単なる付属物になっている」（38-2:4）。

終章　ポランニーの知的遺産

1　ポランニーが取り組んだ課題は何か

死の数年前、ポランニーは「自伝的ノート」と題した小さな草稿を書いている。そこで彼は、自分の取り組んできたさまざまな研究テーマや多岐にわたる思索は、「曲がりくねった不連続の道」のように他人の目には映るかもしれないが、「人間存在についての対極性」という「思想の究極的な軸」で捉えるならば一貫した一筋の道を見出すことができるだろう、と述べている。「人間存在についての対極性」とは、「事実 対 価値」、「経験 対 規範」、「社会 対 共同体」、「科学 対 宗教」から構成される対抗軸を意味しているが、この草稿で彼は、この対抗軸に依拠して思索を続けてきた結果、経済を社会に意識的に従属させる「埋め込み」命題が生まれた、ともいっている（30-1:1）。

ポランニーの埋め込み命題は、初期社会における経済制度に関する研究（第5章参照）だけでなく、社会主義・民主主義・人間の自由が市場経済とは根本的に相容れないことを分析した、彼のすべての研究のなかで展開されている。本書の構成でいえば、この命題の社会哲学的起源は、「市場経済 対 人間の自由」の対立命題や機能的民主主義（透明で直接的な人間関係を拡大する道具としての民主主義）について考察した一九二〇年代の思想（第2章参照）にまで遡及することができる。またそれは、「民主主義と資本主義の機能的不適合」という観点から協調組合主義的資本主義《コーポレイティブ・キャピタリズム》の出現を批判的に分析した一九三〇年代の思索（第3章参照）や大著『大転換』（第4章参照）においてもそれぞれの文脈のなかで考察されており、さらには、産業文明における人間存在の自由の問題を考察する最晩年の社会哲学（第6章参照）においても追究されている。コロンビア大学時代にポランニーと共同研究を行っていたピアソンは、遺稿集『人間の経済』（一九七七）の編者序文のなかで、ポランニーの仕事を次のように総括している。

ポランニーの学究としての意図は真剣なものであり、また人を動かさずにはおかないものであった。そして、それは多くの分野における学者たちを刺激し続けている。だが、彼の仕事のすべてにおいてより深い意味を持ち、一貫したテーマを成すものは、社会哲学および政治哲学の領域にある。ごく簡単にいうなら、彼の関心は、近代西欧の市場システムが人間社会それ自体の一般的機能と統一性（integrity）とを剝奪してしまったこと、そして経済価値を支配的地位に押し上げ、人間と自然をともども商品に変えてしまったこと、すなわち彼が『大転換』のなかで述べたように、すべてが自己調整的市場という「悪魔のひき臼」に投げ込まれる飼料になってしまったことであった。彼の歴史研究の全体を背後で牽引していたのは、つねにこうした状態があったわけではない、という確信だった。また、社会の統一性を維持しながら人間の経済に必要なものを生産し分配することが可能だったということ、さらに、市場の出現に先立つ歴史は、人間の運命を多彩な社会的・政治的・文化的制度へと再転換させていく可能性を探る、多くの手がかりを与えてくれる、ということの確信であった。それゆえに彼は、自由と正義とは市場秩序と解きがたく結びついているのだという自由主義の公理に対して、挑戦したのであった。

（Pearson 1977: xxxv-xxxvi/ 訳I:62-63，傍点筆者）

さて本章では、まず、ポランニーの経済学と社会哲学の中心命題を確認する。次に、諸章を振り返ることを通じて、本書で提起したポランニー像を総括したいと思う。

2　ポランニー経済学の中心命題——市場社会の限界

ポランニーの経済学の核心には、市場社会の限界に関する中心命題がある。「経済決定論の信仰」（一九四七）のなかで、ポランニーは第二次世界大戦後の自らの思想的立脚点と中心命題とを総括したが、それらを要約すると次の三点にまとめられる。

①一九世紀において市場システムは社会システムの中枢に位置し、倫理や政治といった非経済的な領域からの介入を受けないことを条件に機能していた。しかし、そうしたシステムは二〇世紀の前半に崩壊の危機に瀕した。

②市場システムのもとでは、経済の要請に従うことが優先させるべき政治的課題となり、社会の組織原理となっていた（経済決定論）。市場システムは人間観や社会観をひどく歪め、傷つけた。第二次世界大戦後においても、人間観や社会観の歪みや傷は癒えていない。

③市場システムによって歪曲された人間観や社会観は、人類が生き延びるために解決すべき産業文明の諸問題に取り組む際の障害となっている。

ポランニーは、市場システムが人間の自由や政治的民主主義や国際平和を維持し発展させる唯一可能な方法であると信じて疑わない態度や、原子力など人間の制御可能性を凌駕する産業文明の諸問題を需給調整の問題に還元する態度のことを、「経済決定論」と表現している。

一九三〇年代のファシズム分析や『大転換』で彼は、市場システムの機能が政治的民主主義としばしば衝突した過程や、市場システムから利益を得る立場にある大国や国民がファシズムへの宥和政策を容認したとする仮説を提示し、民主主義や国際平和を保障できなかった市場システムの限界を分析している（第3〜4章参照）。そして原子力の産業的利用が始まる一九五〇年代には、電気・水道・ガス・運輸・交通など遠隔技術サービスの提供に依存する大量消費社会の「押しボタン式の生活」（36-9:10）に潜む非常事態の問題を、「自由と技術」というテーマで考察している（第6章参照）。

ポランニーの見るところ、経済決定論は、「技術的に複雑な社会」を維持するために巨大な権力を必要としてきた産業社会の現実を無視しており、人間社会の維持、地球環境の保全、そして技術文明における人類の「存続（survival）」という重要な目的を遂行するためのさまざまな手段や可能性にとっての障害となっている。人類はこれから先も——個人的にも集団的にも——生き延びていかなければならないが、そのためには経済的決定論に歪曲された人間観や社会観を矯正しなければならない（Polanyi 1947a:96）。こうした認識は、経済史・経済人類学・経済社会学から構成されるポランニー経済学の基礎となっているものである。

『大転換』の救貧法論争を扱うところでポランニーは、産業革命期の人びとが相互扶助組織や公的救済制度を解体して競争的な労働市場を創出することを歓迎するようになった、非市場社会から市場社会への転換の局面を描き出した。ポランニーは、マルサスやリカードの古典派経済学者が「最初の」経済的自由主義者であり、その後も時代の変化に対応したさまざまな経済的自由主義者たちがイギリスやアメリカで輩出されてきた、と把握する。それは例えば、社会進化論者のスペンサー、オーストリア経済学者のミーゼスやハイエク、アメリカの政治評論家リップマンや経済学者のナイト、そしてイギリスの経済学者ロビンズなどである。『大転換』ではミーゼス、リップマン、スペンサーが経済的自由主義者として言及され、第二次世界大戦後の『初期帝国における交易と市場』や『人間の経済』では、ロビンズやハイエクやナイトが経済的自由主義者の論客として登場している。ポランニーは、自らの死後も新たな経済的自由主義者たちが生まれてくるだろうことを予感していた。いくつもの時代のなかでさまざまな経済的自由主義のヴァージョンが現われるのであるが、貧しい人びとを労働に向かわせる動機として飢餓の脅威と貧困が必要だと想定している点で、あるいは競争的な市場秩序が広く浸透した社会を理想像として掲げる点で、つねに一貫している。ポランニーはこうした考え方を「市場ユートピア」と表現したのだ。

『大転換』が市場ユートピアに対する根源的な批判を展開した古典的名著となったのは、ポランニーがそこで、「文化破壊」、「二重運動」、「市場経済と民主主義の対立」といった市場社会を不安定にする諸要因について徹底的に説明しているからである。ポランニーによれば、市場経済は人間の文化的諸価値としばしば衝突し、経済危機においては民主主義や平和が市場経済の機能にとって邪魔になる。しかし、経済的自由主義者たちには、市場を邪魔するあらゆるものが諸悪の根源であるかのように認識されるのである（第4章参照）。

「柔軟性（flexibility）」、「適応（adaptation）」、「経済合理性（economic rationality）」といった概念、あるいは効率性や経済成長と発展といった概念は、ポランニーにいわせれば、市場システムを機能させる装置としての役割を担う用語である。そうした用語が自由や責任や正義や公正といった装いをまとっていることもある。これらの市場システムをシステミックに支える諸概念が政財界からメディアに流されて、一般の人びとは、不安定な就労と生活を余儀なくされることを避けられないものとして、あるいは経済発展のためのやむなき犠牲として簡単に受け入れるようになり、社会の荒廃がますます進んでいくことになる。富と利得を生み出す市場システムには、適応／柔軟性／変化のもたらす耐えがたい苦しみを普通の人びとに強要し、彼らの生活や文化を破壊する作用があるのだ（Block 2001; Stiglitz 2001）。

第二次世界大戦後、コロンビア大学でポランニーが着手した経済社会学と初期社会の経済制度の研究は、経済決定論の呪縛から人間観と社会観を解き放つための知的戦略として行われ、（市場社会においては中枢を占める）経済の位置を変化《シフト》させるような、「現代社会学を包摂する普遍的経済史の構築」という課題に向かっていった。経済史、経済社会学、経済人類学を軸とするポランニー経済学が、ここにおいて出揃ったことになる（第5章参照）。

ポランニーがこうした研究を通じて解き明かした問題は、経済成長それ自体が目的であるような市場社会や、技術的効率そのものが目的であるような産業社会では、「何のための経済か、何のための技術か、何のための経済成長か、何のための技術的効率か」といった「経済の究極にあるものへの問いかけ」や「技術の究極にあるもの」への問いかけが、「理想的で非現実」で「科学的問い」ではないとしてシステミックに禁じられていることである。とりわけ戦後の経済学においては、希少性の経済学や選択の経済学が「科学」であるとされて、倫理的な問いかけや目的論が排除されてしまう。そのため、経済合理性や技術的効率性が人類の平和や人間の自由を脅かす危険があるときでも、それらを制御する倫理や論理は非科学的で専門的でもないと軽んじられることが多く、世論を変えるだけの説得力を持たない。

最晩年のポランニーは、市場システムが人間の自由や政治的民主主義や国際平和を維持し発展させる唯一可能な方法であると信じて疑わない態度を、懸命に反駁する。そして、原子力の産業的利用を市場システムの軌道に乗せて推進していこうとする動きを、人間の自由と人類の存続を危険に陥れるものだと認識した。ポランニーが折に触れてアリストテレスやルソーの政治学に言及し、複雑な社会における人間の自由やゆたかな社会における良き生活について議論したのは、こうした状況に対する異議申し立ての表現だったと解釈できるだろう（第6章参照）。

市場システムに制約され、拘束され、歪められた人間観と社会観を強いられることが、どれほどの悲惨や危険をともない、いかに人間の自由と民主主義と平和の可能性を制約してきたか。ポランニーは、実に執念深くこの問題を検討したのであった。それは、社会主義理論家・ジャーナリスト・教師・経済史家・経済人類学者・経済社会学者といった多様な専門家の顔を持つポランニーが、生涯にわたり一貫して関心を持って追い続けたテーマであった。これまでの諸章で論じてきたように、経済・政治・文化の諸領域から成る多様で複雑な諸社会の運命や人類の将来に係わる問題を、市場システムから莫大な利益を引き出す技術と知識を有する専門家たちの判断に委ねてしまうことは、ポランニー的な意味で人間の自由に反している。

ここに入るものはあらゆる希望をおいてゆけ！（Lasciate ogni speranza）

ダンテが描いた「地獄」の扉に刻まれたこの文言を、ポランニーは「経済決定論の信仰」の最後に引用する。「地獄」をポランニー的に表現すれば、それは、市場の変化にいかに適応するかという自由以外の人間の自由を望むことができない状態である。市場がもたらしてくれるチャンスやツキから見放されることに人間が恐怖し、市場システムを絶対化する精神状態である。地獄から人間を解き放つ扉を開けるにはどうしたらよいのかという問いかけに対して、ポランニー経済学が示す解答は一貫している。それは、人類の運命に対する責任を普通の人びとのもとに取り戻すことであり、世界が直面する諸問題の解決を、市場システムを熟知する専門家に委ねてしまわないことである。

普通の人びとの文化や日常生活の関心から疎遠となった、高度に技術的な社会システムの制御に依存する産業社会では、非常時においては全体主義的傾向が世論を埋め尽くし、個人の自由を擁護する残余の可能性も残らないだろう。このように認識するポランニーによれば、普通の人びとが「自分の社会を新たに創出しつくり上げていく自由」(37-4) を得ることが、産業社会の全体主義的傾向に対抗する砦となる。人間の自由を拡大するために社会科学者となったポランニーは、戦後の経済学者が経済決定論を知的に洗練させる専門家の役割に終始している現実に、警鐘を鳴らし続けた。

3　ポランニー社会哲学の中心命題――社会の限界と人間の自由

ポランニーの社会哲学の核心には、社会の限界と社会的存在としての人間についての命題がある。ポランニーの定義に従えば、人間とは、有限の肉体的生命を持つ個体的存在であると同時に個人の内面生活を永遠に生きる人格的存在であり、かつ、自らの意図した行為の非意図的な帰結である社会的影響に対して責任を問われる社会的存在でもある。ここで重要なのは、社会が――いかなる社会であれ――不完全であると見る、ポランニー社会哲学に横たわる認識である。不完全な社会を避けて生きることができないという社会的存在としての人間の条件は、人類最初の世界大戦となった第一次世界大戦の経験からもたらされた。戦争は、自らの行為の非意図的な社会的悲惨さに対して誰もが責任を免除されないことを、個人の内面生活における人格的な自由を拠りどころにしていた人びとに示した。第一世界大戦後のポランニーは、「社会の現実を受け入れてなお人格的自由を希求して生きることはいかにして可能か?」という問いを通して社会哲学を展開するようになる（第1～2章参照）。

ウィーンからイギリスに移り住んだ一九三〇年代半ばにポランニーは、キリスト教徒の社会主義者たちと交流を深め、キリスト教社会学と初期マルクスの思想を同時に研究する。そこでポランニーは、人格関係としての共同体を規範的なカテゴリーとして認識し、経済的・政治的強制を不可避的に含む社会の実証的カテゴリーと区別するようになる。この区別はポランニーの研究方法に重要な変化を与え、制度主義的な研究の方向性を拓くことになった（第3章参照）。複雑な、ますます増えていく分業の相互依存関係のなかにあっては、個人の意志や善意から発した行為であっても、その意図せざる結果として、他人を暴力や強制に巻き込むことが避けられない。ポランニーは、経済的・政治的強制を含む複雑な社会の認識に基づいて自由観を展開する。自由とは、他者への権力や強制、収奪や暴力という意図せざる社会悪を縮減する努力として現われるものだ、と考えるようになる。そしてポランニーは、透明で直接的な人間関係の実現、および強制や暴力の存在しない社会を想定する社会主義について、批判的に捉えるようになる。人間は、完全な自由や完全な共同体を現実の社会で実現することができない。こうした謙虚な認識こそ、社会主義が必要とするものであり、社会制度の不断の改良の原動力となるものである。またそれは、人格関係としての共同体を求めるキリスト教の倫理的呼びかけを味方にすることができるのだ。このようにポランニーは、自由の限界と社会の限界を認識することを、社会主義的実践の源泉と把握するに至るのである（第3章参照）。

ポランニーの社会哲学は、社会的諸現実——典型的には、経済価値の暴力的な変動や政治権力の望ましからぬ諸帰結——を、諸個人の行為の意図せざる諸帰結として受け止める。政府や法律や市場システムといった社会秩序、あるいは社会諸制度は、人間の願望や諸個人の意図をそのまま反映したものではありえない。諸個人の行為の社会に与える影響は計り知れないほど複雑であり、人間の願望や意図に即して社会や歴史が形成されることはありえないのである。

しかし、意のままにならない現実の社会のなかで人間の自由が存在しうるとすれば、自由はいかにして（あるいはどういう意味において）可能なのか。社会的存在として生きざるをえない人間は、不本意な社会的現実にもかかわらず、いかにして自由でありうるのか。このようにポランニーの社会哲学は問いかける。この問いに対してポランニーは、意図せざる社会的諸帰結がもたらす害悪を縮減する課題に対して責任を持つことこそが人間の自由の課題である、と答えている。社会的存在としての人間が意志に反して生み出したさまざまな害悪が社会に避けられないものとして存在するが、そうした望ましからぬ諸帰結にどのような態度で向き合い、害悪の縮減に向けてどのように責任を果たしていくのか――このように人間の自由の問題が提起されるのである。

ポランニーは、権力や強制や暴力といった社会の現実を市場システムが消してくれるわけではない、と主張した。市場システムのヴェールによって、諸個人は、権力や強制や暴力といった社会の現実に対する責任を免除されているような幻想に一時的に浸ることができるだけである。市場社会における「幻想的な自由」をこのように批判的に把握するポランニーは、共同体（権力や強制のない規範的カテゴリー）と社会（権力と強制を含む実証的カテゴリー）との緊張関係を受け入れたうえで、人間が良く生きていく可能性を人間の自由の問題として定式化する。社会的存在としての人間は、人間の願望や意図や理想をもってしても、意図せざる諸帰結として権力や経済価値の諸害悪を創出する。これらに対する制度的な解決や制御を図ることは、人間の自由の拡大というポランニーの社会科学の課題と不可分なものである。娘カリに送った一九六〇年四月二五日付けの手紙のなかで、ポランニーは次のように述べている。

私たちは、権力と物質的価値の現実を理解することによって、幻想的な自由を求めたり他者の生活を妨げたり他者の意味を奪ったりすることなく、世界を充たす存在として自由をふたたび創造していくのです。権力や物質的価値を創出する私たちの機能の分析はまた、自由を創造する私たちの能力についての分析でもあります。（59-2:1）

『大転換』でポランニーが明示したように、人間の自由の問題は、市場と人間生活との緊張関係や、市場と社会との緊張関係、市場経済と民主主義との緊張関係、市場システムの機能不全がもたらす国際関係の悪化といった状況のなかで鋭く問われるものである（第4章参照）。言い換えれば、ポランニーのいう人間の自由の問題とは、個人の願望や意志の行為の結果ではない（望ましからぬ）社会的現実に遭遇せざるをえない、社会的存在としての人間に突きつけられている問題なのである。自由な人間は、社会的現実に積極的に係わる行為を選び取ることによって、有限な個体として、人格的存在として、社会的存在として、既存の社会の限界を超える制度転換の過程に関与する。自由な人間は、市場システムのヴェールが隠している産業社会の害悪に自分から係わり、「良き生活」を追求していく社会的存在である（第6章参照）。社会の限界を直視したうえでの人間の自由という考えは、ポランニー社会哲学の中心に位置づけられるのである。

4　ポランニーの最後の仕事——多様な民主主義の共存

第3〜4章で見てきたように、ヴェルサイユ条約と国際連盟を批判し市場社会の変質とファシズムの動向を国際的な視点で考察した一九三〇年代の論考や、ナチス・ドイツを国際システムとの関連で分析した『大転換』などのポランニーの市場社会分析は、国際的な次元で展開されている。金融的利権を優先させたヴェルサイユ体制が国際連盟に平和のための実行力を持たせなかったことを批判し続けたポランニーは、第二次世界大戦後の国際組織や秩序構想がどのようになるか、その経緯を見守っていた。一九四〇年代半ばの国際問題に関するポランニーの中心的な関心は、アメリカ、イギリス、フランス、そしてソヴィエト・ロシアなどの大国が平和の意識的構築という課題にどれほど貢献しようとしているか、その評価に関連していた。

金融大国やハイ・ファイナンス、シティやウォール街の意向に主導される国際協調の枠組みでは、社会保障や雇用や通貨に関する経済政策の選択肢ばかりか、平和に貢献する方法や手段も大きく制約される。第二次世界大戦直後のポランニーには、労働市場と農作物についての管理貿易や管理通貨制度の導入は、市場社会によってもたらされたそのような制約を突破する有効な手段となりうる、という期待があった。「議会制民主主義の意味」（一九四五）や「普遍的資本主義か地域的計画か」（一九四五）といった草稿のなかには、大西洋憲章（一九四一年八月）やブレトンウッズ会議（一九四四年七月）などのアメリカとイギリスとの戦後秩序をめぐる駆け引き（象徴的には一九四五年一二月の米英金融・通商会議）や、アメリカの「普遍主義」が戦後秩序を主導してゆく動向——その結果、避けられないものとなった、ソヴィエト・ロシアとの緊張関係——を、国際連合構想の動向に注視しながらアクチュアルに分析したものがある。

ポランニーは草稿「議会制民主主義の意味」のなかで、第二次世界大戦後の国際的緊張を激化させる要因の一つに、アメリカとイギリスの対ソヴィエト・ロシアへの攻撃的なイデオロギーとして「民主主義」というコンセプトが使われていることに注目している。そして、「議会制民主主義」を持たない国々に対する当時のイギリスの外交戦略と世論の不寛容な態度を戒めている。イギリスが「民主主義」というコンセプトを画一的に使用することは、ソヴィエト・ロシアを攻撃して国際的緊張を煽り、ひいては不寛容な国際政治の要因を生み出すことになる、とポランニーは分析していた。

イギリス革命は自由至上主義的《リバタリアン》であり、平等という概念にはいかなる余地も与えなかった。フランス革命は平等主義的で、イギリス革命とは比較にならないほど個人の自由という理想に重きを置かなかった。アメリカ革命もフランス革命と同様に自由主義的だったが、ただし、アメリカ人にとって自由は自由主義的資本主義を意味していた。ロシア革命は、選挙権や市民の自由ではなく、都市や村落で働く人びとの日常生活の形態に係わる自由を求める、という点で本質的に他の革命と異なっている。それは、自由や平等の概念よりもむしろ、協同作業や人間的友愛の理想を実施することに集中する。だからこそ、自由は社会主義の同義語であって、資本主義を意味しなかったのである。（19-8:7）

このように「民主主義の意味には驚くほどの違いがある」と示唆するポランニーは、アメリカともイギリスとも異なるソヴィエト・ロシアの民主主義の意味を支持している。それは、ナチス・ドイツの敗退にともなう第三帝国崩壊後の中・東欧諸国の民族的・政治的安定にとってソヴィエト・ロシアが果たしうる役割が大きい、と判断してのことであった。というのも、ポランニーは当時、オーストリア、ポーランド、チェコスロバキア、ユーゴスラビア、ハンガリーなど中・東欧の国々におけるそれぞれの「人民民主主義」の具体化をアメリカやイギリスが邪魔するのではないか、と憂慮していたからである。

第二次世界大戦後の世界秩序に関連した平和の意識的構築と多様な民主主義の共存へのポランニーの関心は、約一〇年に及ぶ中断を経て、最晩年に水脈のように湧き上がる。それは、「新しい西洋のために（For the New West）」という研究テーマで、一九五八～五九年にかけて弟子のポール・メドウ（Paul Medow：一九二六～二〇〇五）と企画した研究会において発表された（37-12a; 37-12b; 38-2）。その成果は、『共存——変化する世界における経済学、社会学、政治学の比較研究誌』の発行というポランニーの人生の最後の企画に引き継がれた（メドウ・室田 1998a; 1998b）。

最晩年のポランニーは、アメリカ、ヨーロッパ、そしてソヴィエト・ロシアを含む「西洋」が高度大衆消費社会への道に突き進んだことによって、アジアやアフリカなどの後進国に西洋的な産業生活の様式が強制されるのではないか、と憂慮していた（Polanyi-Levitt 1990:253-258）。一九六三年一一月に訪れた母国ハンガリーのブダペストにある科学アカデミーでの講演で、彼はロストウの経済発展論を「アメリカのテクノクラート的なイデオロギー」として批判的に紹介している。アメリカでの「経営者革命」によって生まれた産業的・商業的・金融的・学術的諸領域を支配するテクノクラートに対抗するためには、旧来のマルクス主義では不十分である、と警告した（30-7）。さらにポランニーは、自身が係わってきた経済人類学や経済社会学や初期社会の経済制度の研究史をそうした戦後のイデオロギーとの重要な知的格闘の舞台と位置づけたうえで、国際平和と人間の自由の拡大に貢献するという社会科学の課題にリアルタイムで関与するよう、母国の社会主義者たちに呼びかけている（30-1a; 30-7）。

『共存』は、ロストウの経済発展論のような「経済的決定論」の刷新版に抗って、アジアやアフリカ諸国が「開発」や「発展」の名のもとに西欧諸国から新しい支配を受けることを拒む重要さについて議論する知的空間を提供しようと、ポランニーが企図した雑誌であった（44-2）。「人生の終局を見据えたポランニーは、冷戦のただなかにおいて、東西対立の問題に真正面から向き合う時期が来た、と決断した。教師として書き手として、ポランニーは新しい雑誌『共存』の設立に着手した。ポランニーは、地球のあらゆる地域に呼びかけてスポンサーと共同編集者を募集した」（Zaisel 1990:244）、とハンガリー時代からのポランニーの親しい知人は当時の記憶について述べている。ポランニーが病を押して、妻のイロナやラトガス大学に職を得たメドウと共に依頼したり呼びかけたりすることで、イギリスの経済学者ジョーン・ロビンソン（ケンブリッジ大学）のほか、グラスゴウ大学で『ソヴィエト研究』の編集をしていたルドルフ・シュレジンガーを共同編集者に迎えることができた。ようやく刊行のための財政的めどがついたのは、ポランニーの死の前年であった。インドやハンガリーや中南米、そして南アメリカ出身の経済学者が寄稿した『共存』第一巻の刊行を待つことなく、ポランニーは一九六四年四月二三日に世を去った。

5　本書のポランニー像

最後に諸章を総括する。これまでの諸章を通じて、社会哲学（社会的自由論と死の認識・自由の認識・社会の認識からなる人間の意識改革）を拠りどころに、独自の経済学（機能的社会主義、経済史、経済人類学、経済社会学）を切り拓くことで経済的自由主義と闘い続けたポランニーの生涯が見えてきたのではないだろうか。

ポランニーの社会哲学の要をなす自由論は、『大転換』最終章の完成より二〇年近くも前の早い時期に、第一次世界大戦後の赤いウィーンで構想された（第2章を参照）。「社会的客体化、透明化、社会的自由」の概念をコアとする独自の社会主義論と自由論とを手がかりにして、ポランニーはその後、何度も自分自身をつくり変え、思考の枠組みを変化させていった。彼の社会哲学のもう一つの要である「死の認識・自由の認識・社会の認識からなる人間の意識改革」は、言論統制の厳しくなったウィーンを逃れてイギリスに移住した一九三〇年代に、政治的破局と経済的危機をともなう社会的転換の時代に生きるキリスト教徒の課題を明確にすべく、聖書とマルクスの著作のテキスト解読を行った経験から生まれたものである。ポランニーの社会哲学は、この時点でほぼ確定したといえる（第3章参照）。

経済史や経済人類学や経済社会学の諸領域は、ポランニーの社会哲学を表現するためのさまざまな舞台やテーマ設定の尽きることのない源泉を提供し続けた、といえるかもしれない。というのも、イギリスの産業革命史や救貧法史、古典派経済学とオーウェンの社会改良的取り組みとの対抗を吸収したことによって二重運動の概念が得られたし、マリノフスキーやトゥルンヴァルトの人類学やウェーバーの一般経済史的な知的背景をフルに活かすことで、市場社会の興隆と崩壊という『大転換』の壮大な舞台を練り上げることに成功したからである（第4章を参照）。

『大転換』を刊行したときポランニーの年齢は五〇代の後半に達していたが、その後も彼は前進することをやめなかった。第二次世界大戦後に、ウェーバーの著作の英訳に向き合い、ロビンズやナイトやハイエクなどの経済的自由主義者との闘いの場を経済社会学と経済人類学の領域に見出したとき、彼は六〇歳を超えていた。新古典派経済学が歴史分野に適用されて以降の、初期社会における非市場的な経済制度の運用に関するさまざまな史実が描かれなくなった状況を、ポランニーは「市場経済学の不当な一般化」と糾弾した。

またポランニーは、シュンペーターをはじめとする権威ある経済学者たちが一致してアリストテレスの経済学への貢献を非難する現象を重視した。アリストテレスの目的論を批判する第二次世界大戦後の知的傾向のなかに、戦後のアメリカの市場社会にとってアリストテレスが都合の悪い邪魔な哲学者として評価されることの重要性を見出したポランニーは、古代アテネの民主主義と経済制度との分かちがたい関連を解明する研究へと乗り出していく。ウェーバーの提起した形式的合理性と実質的合理性という二つの合理性の問題や、メンガーが初版から大幅に書き換えたけれども遺稿となってしまった『経済学原理』の第二版、そしてアリストテレスの政治学や経済学には、市場社会の経済制度を相対化する視座が埋め込まれている。そうであるからこそ、経済的自由主義者がそれらの知的遺産を懸命に葬り去ろうとしている。こう認識したポランニーは、経済社会学や古代社会における経済制度の研究のなかに、ウェーバー、アリストテレス、メンガーの洞察を意識的に盛り込んだのだった（第5章参照）。

最晩年のポランニーは、一九二〇年代および三〇年代に到達した社会哲学——社会的自由論や人間の意識改革——を、第二次世界大戦後のアメリカでの社会的現実を舞台にした自由論として再展開することに挑戦した。技術文明に依存した豊かな社会に忍び寄る「順応主義」の問題は、権力と自由についての人間の意識改革を要請している。ポランニーはこのような問題関心から、「自由と技術」という研究プロジェクトを立ち上げたのであった。第6章で見てきたように、彼の死によって未完の企画として中断した「自由と技術」に関連する多数の草稿や「ウィークエンド・ノート」には、『大転換』最終章の「死の認識・自由の認識・社会の認識」という人間の意識改革に関する哲学的命題、経済を社会のなかに埋め込むという命題、そして産業文明の順応主義的傾向や全体主義的傾向のなかで個人の自由をどのように保障するかという「ルソー・パラドックス」が描かれている。それらは、アリストテレスと同様にルソーが批判され嫌悪される戦後の思想的状況を逆手にとって、制度的調整の自由のさまざまな可能性や民主主義の新しい定義をルソーの思想のなかに探っていたポランニーの姿を映し出す手がかりでもある。彼は、経済を社会のなかに埋め込む「民衆の文化」というコンセプトをルソーの思想のなかに発見し、ルソーの社会哲学を産業社会における自由の制度化のロジックへと再構築していく可能性について検討していた。産業社会における自由の可能性を問うポランニーにとって、ルソーはアリストテレスと並んで希望の源泉であった（第6章を参照）。

死を予感した頃に親しい友人に宛てて書いた手紙のなかで「私の人生は世界の人生でした」と表現したポランニーは、第二次世界大戦後の世界の暗い現実を放置することなく、そうした現実に対する責任を自らの側に人間が取り戻すための知的格闘を、死の直前まで続けたのだった。娘カリに宛てた手紙のなかで、「啓示された死の現実は、空虚な生を免れる唯一の源泉です。創造的な人間の応答は、仕事や成就を死ぬまで継続することによって、その空虚さを充たすことです。そのことが、芸術、詩、科学、哲学、真の魂の唯一の自己献身を生み出すのです」(59-2:1)、と書いている。諸個人の意図的行為の非意図的な帰結や望ましからぬ社会的影響に対して人間がまったく無力である、と予断する社会科学——社会法則、経済法則、さまざまな経済的自由主義者たちの論説、経済合理主義、経済決定論、テクノクラートのイデオロギー——と闘い続けた彼の生涯は、創造的人間の応答だったのである。

あとがき

本書は、博士課程に進学して以来十数年にわたる、カール・ポランニーについての私の研究成果をまとめたものである。ポランニーの研究に本格的に着手する道のりにはいくつもの躓きや回り道があり、本書が刊行されるまでに、実に多くの方々からのご指導と励ましがあった。

学部時代を過ごした大阪市立大学経済学部では、いくつもの圧倒される講義内容に刺激を受け、気がつけば、迷惑も省みずに先生方の研究室の扉を叩いて回っていた。メキシコの経済発展と南北問題（中岡哲郎先生）、在日を通した他者やマイノリティの視座（朴一先生）、市場社会のダイナミズムの底に蠢くさまざまな思想の危うさや伝統の裂け目（佐藤光先生）、経済行為の複雑さ（塩沢由典先生、現在は中央大学）、制度の経済学（海老塚明先生）、飢餓と飢饉の概念的区別にこだわったアマルティア・センの福祉思想とロールズの正義論（脇村孝平先生）、冷戦終結後のマルクスの遺産（正木八郎先生）。ノートをとって読書をする習慣を身につけたばかりの私は、「卒業論文のテーマに」と脇村先生が貸してくださった、センの経済思想についての論文や書物に惹かれたことをきっかけに、その後、経済思想史を研究するために大学院進学を決めた。

大学院を過ごした東京大学大学院経済学研究科では、故杉浦克己先生、柴田徳太郎先生、丸山真人先生が開講された経済学方法論という講義でハイエクとポランニーへの関心を育み、修士論文「ハイエクとポランニーにおける『複雑な社会における自由』の問題」を執筆した。三人の先生方からご指導をいただく過程で、ポランニー国際会議やカール・

ポランニー政治経済研究所の存在を知った。

博士課程に進学した夏にモントリオールに飛び、カール・ポランニー政治経済研究所を訪れた。所長のメンデル先生（コンコーディア大学）とカール・ポランニーが実父であるカリ・ポランニー＝レヴィット先生（当時マギル大学）にお会いし、秘書のアナ・ゴメッツさんに案内されてポランニー・アーカイブをはじめて目にしたときの感動を今でも忘れることができないが、そのときの私は、「アーカイブを使っていったいどのような新しいポランニー研究を切り拓くことができるのか」という、その後に続く長い試練の道のりをまだ知る由もなかった。最初の訪問で手に入れた念願の資料は、最晩年のポランニーの社会哲学、「自由と技術」の構想に関するものだった。

杉浦先生は、修士論文の指導に引き続いて、第2回進化経済学会、第7回ポランニー国際会議、そして経済理論史研究会での私の報告準備を励ましてくださった。退官後、ご病気であるにもかかわらず渾身の力を振り絞って『多元的経済社会の構想』（杉浦克己・柴田徳太郎・丸山真人編著、日本評論社）の刊行に尽力されたが、先生はそこに収められた私の論文の最初の理解者だった。私が研究者として大学院の外に向けて踏み出すことができたのは、杉浦先生の最後の日々にまで及ぶご指導と励ましのおかげである。柴田先生は、制度派経済学者とポランニーとの関連や理論的相違を研究するよう、助言してくださった。丸山先生と室田武先生（同志社大学）が『経済セミナー』で組まれた特集〈ポランニー再発見〉の企画では、「『大転換』の改訂構想のアウトライン」というアーカイブを紹介する機会をいただいた（一九九九年）。それが決定的な転機となり、経済学史学会が組織する全国大会や研究会、若手研究者育成プログラムにおける発表の諸機会を通じて、また、経済学史学会という学術コミュニティでのいくつもの出会いに導かれながら、「ポランニーを経済学史、あるいは経済思想史としていかに研究するか」という課題に正面から取り組む研究生活が始動した。

本書第6章でとりあげた「自由と技術」という最晩年のポランニーの未完の構想を、アーカイブの紹介と内容の再構成に基づいて報告した経済学史学会第六三回大会（於熊本学園大学一九九九年）は、「ポランニーを経済学史、あるいは経済思想史としていかに研究するか」という課題の難しさを認識する貴重な機会となった。八木紀一郎先生（当時は京都大学、現在は摂南大学）、深貝保則先生（当時は東京都立大学、現在は横浜国立大学）、新村聡先生（岡山大学）、高哲男先生（九州産業大学）、姫野順一先生（長崎大学）、出雲雅志先生（神奈川大学）、若田部昌澄先生（早稲田大学）、大田一廣先生（阪南大学）は、アーカイブの研究に意味を持たせるためにも、ポランニーが生前に自分の手で完成させた主著『大転換』の経済思想史的解読にしっかりと取り組むことが重要だ、と教えてくださった。経済理論史研究会の報告（一九九九年九月）では、『大転換』の訳者である野口建彦先生（日本大学）から厳しくもたいへんていねいなコメントを頂戴した。

本書第4章で扱った『大転換』の経済思想史的解読は、主として、経済学史学会第六五回大会での報告「カール・ポランニーにおけるポリティカル・エコノミーとユートピア」（於関西学院大学、二〇〇一年）、北米経済思想史学会での報告'Karl Polanyi's Image of Political Economy'（Wake Forest University、二〇〇一年）、「カール・ポランニーの『二重運動』と自由――『大転換』最終章の歴史的位相」（『経済学史学会年報』第39号、二〇〇一年）、「古典派経済学における富裕と人口」（研究課題番号 12630013、研究代表者：深貝保則、二〇〇〇～二〇〇二年）の研究分担者として取り組んだ「マルサスとオウエンにおけるインダストリーと救貧観」（二〇〇二年）、「カール・ポランニー――社会の現実・二重運動・人間の自由」（橋本努編著『20世紀の経済学の諸潮流』二〇〇六年、日本経済評論社）、「生産と分配の経済思想史研究会」（早稲田大学、渡会勝義先生）での特別研究員としての研究成果に由来している。

また、ベヴァリッジとケインズの研究者である小峯敦先生（龍谷大学）が組織された『福祉の経済思想家たち』（初版二〇〇七年、ナカニシヤ出版）の企画では、ミュルダール研究者の藤田菜々子氏（名古屋市立大学）、アメリカ経済思想研究者の佐藤方宣氏（大東文化大学）、ピグー研究者の本郷亮氏（弘前学院大学）をはじめとする多くの優秀な若手研究者との知的交流に恵まれた。また、思想史研究の現代的な意義に日々挑戦されている橋本努先生（北海道大学）、バーク研究者の中澤信彦氏（関西大学）、現代イギリス経済学者の研究を続けておられる木村雄一氏（埼玉大学）、ステュアート研究者の古谷豊氏（東北大学）は、ポランニーの研究をまとめる仕事に筆者が専念するよう助言してくださった。感謝を申し上げる。

平井俊顕先生（上智大学）主宰のケインズ国際シンポジウム、そして西沢保先生（一橋大学）が組織された国際シンポジウムでは、ケインズ、マーシャル、シュンペーター、歴史学派、制度主義のさまざまな経済学者に関する経済学史・思想史的研究の国際的な研究動向の最前線に触れる機会をいただいた。これらのシンポジウムに参加された海外からの研究者たちによる、日本の若手研究者に対する研究指導（二〇〇八年三月）にも恵まれ、その縁からイタリア政治経済学会主催の若手研究者国際育成プログラムに参加し、経済思想史研究のテーマや方法や国際的な学史研究の動向を学びながら、ポランニー研究について有益な助言を得ることができた。

本書第5章でとりあげたポランニーの経済社会学は、経済学史学会第七二回大会（於愛媛大学二〇〇八年五月）での報告「カール・ポランニーにおける『経済と社会』」の内容を発展させたものである。経済史と経済思想史の境界に位置するポランニーの魅力を教えてくださった雨宮昭彦先生（首都大学東京）と、ウェーバー研究者の小林純先生（立教大学）の助言のおかげで、『初期帝国における交易と市場』や『人間の経済』などのポランニーの仕事を、ウェーバー的な問題圏のなかで考察し意味づけるという、新しいポランニー研究の方向性に向かって前進することができた。学会報告の場で江里口拓氏（西南学院大学）は有益なコメントをくださり、関源太郎先生（九州大学）と堂目卓生先生（大阪大学）は、第5章の原型となった論文「カール・ポランニーの『経済社会学』の誕生」（二〇一〇年一月）をていねいに読んで多くの表現を訂正してくださった。また、塩野谷祐一先生の経済哲学や経済倫理についてのご研究には、ポランニーの経済思想を現代的に理解する多くのヒントが埋め込まれていた。紙面の制約から、私が受けた学恩のすべてに言及することはできないが、心より感謝を申し上げたい。

こうして、ポランニーを経済思想史として研究するという課題を自分なりに理解し始めた頃、根井雅弘先生（京都大学）が主宰された経済学勉強会でポランニーについて報告する機会をいただき（二〇〇九年四月）、そのご縁から本書を刊行する運びとなった。本書の原稿をほぼ書き上げた頃に、ポランニーの論文集（大月書店、二〇一二年刊行予定）

を出版することが決まったが、翻訳者の一人である植村邦彦先生（関西大学）は、ポランニーの「自由論」や「ファシズムの精神的前提」などの訳稿を筆者が利用することを許可してくださった。本書第2〜3章の理論的骨格となっている、ポランニーにおけるマルクスとキリスト教をつなぐ太い輪を提示してくれた父・若森章孝、アーカイブのドイツ語訳とフランス語訳を対照し異同を確認してくれた母・若森文子。学恩の導きに従って生きることを許し、躓きや回り道も含めて伴走し、ときにコーチ役を務め支えてくれた両親に感謝している。

筆者は東京都立大学から首都大学東京への移行期に在職してきたが、ポランニーの研究をここにまとめることができたのは、安定した教育・研究環境を守ろうと尽力された職場の教職員の方々のおかげである。感謝申し上げたい。

論文を書くことと本を書くこととの違いをなかなか理解できなかった筆者を温かく見守ってくださったNTT出版の今井章博氏、根気強く何度も原稿に目を通してコメントを作成してくださった永田透氏の助力により本書を完成させることができた。深謝する次第である。

本書には残された課題がたくさんある。その最大のものは、ポランニーの研究を二〇世紀の社会科学のなかに位置づけるという仕事である。例えば、ポランニーの思想をマルクス（主義）、ヴェブレン、ホブソン、ケインズ、ピグー、ミーゼス、ハイエク、シュンペーター、アーレント、フロム、そしてバーリンなどと比較する視座が、本書では欠けている。また、近年の国際的な研究のなかでは、モクランがポランニーの古代社会における貨幣論の現代的な意義を明らかにしようと努めているが、ポランニーの経済制度主義的な人類学的アプローチについての本書の取り扱いは不十分である。社会的存在としての人間の「互酬性」という、ポランニーの命題の現代的意義を探る研究も残されている。

本書は、首都大学東京から交付された研究費のほか、下記の科学研究費補助金の助成を受けて行った研究による成果の一部である。
・カール・ポランニーにおける市場社会と民主主義――『大転換』の知的・思想的源泉（研究課題番号：22730173 研究代表者 二〇一〇〜二〇一一年度）
・カール・ポランニーの社会経済思想（研究課題番号：18730139 研究代表者 二〇〇六〜二〇〇八年度）
・一九世紀末〜二〇世紀前半英米における産業社会思想（研究課題番号：15730096 研究代表者 二〇〇三〜二〇〇五年度）
・古典派経済学における富裕と人口――知性史的アプローチ（研究課題番号：12630013 研究分担者 二〇〇〇〜二〇〇二年度）

二〇一一年九月

若森みどり

山口定(1975)『ファシズム』有斐閣.
吉沢英成(1974)「カール・ポラニーにおける市場・経済・社会」『甲南大経済論集』15(2).
吉田民人(1991)『主体性と所有構造の理論』東京大学出版会.
米川紀生(1983)「オットー・バウァー『社会主義への道』における若干の問題」, 新潟大学経済学部編『新潟大学経済学年報』8.
米川紀生(1985)「今一つの『アウストロ・マルキスムス』」, 新潟大学経済学部編『新潟大学経済学部年報』10.
ラスキ, H. (1957[1933])『危機にたつ民主主義』岡田良夫訳, ミネルヴァ書房.
ルカーチ, J. (2010[1988])『ブダペストの世紀末』白水社.
ルソー, J. J. (1986a[1762])『社会契約論』作田啓一訳, 白水社.
ルソー, J. J. (1986b[1755])『政治経済論』阪上孝訳, 白水社.
ロビンズ, L. (2009[1971])『経済学者の自伝』田中秀夫監訳, ミネルヴァ書房.
若森みどり(1999)「《続『大転換』の構想》と晩年のポランニー」『経済セミナー』529, 日本評論社.
若森みどり(2001a)「〈市場 対 計画〉の終焉と『大転換』」, 杉浦克己・柴田徳太郎・丸山真人編『多元的経済社会の構想』日本評論社.
若森みどり(2001b)「カール・ポランニーの『二重運動』と自由――『大転換』最終章の歴史的位相」, 経済学史学会編『経済学史学会年報』39.
若森みどり(2006)「K・ポランニー――社会の現実・二重運動・人間の自由」, 橋本努編『経済思想8　20世紀の経済学の諸潮流』日本経済評論社.
若森みどり(2008)「カール・ポランニーにおける『経済と社会』」『経済学史学会大会報告集』第72回全国大会, 経済学史学会.
若森みどり(2009)「カール・ポランニーと社会に埋め込まれた経済」『創文』9, 創文社.
若森みどり(2010a)「カール・ポランニーの『経済社会学』の誕生――『大転換』から『人間の経済』へ」, 経済学史学会編『経済学史研究』51(2).
若森みどり(2010b[2007])「カール・ポランニー――社会の自己防衛から福祉国家の哲学へ」, 小峯敦編『福祉の経済思想家たち(増補改訂版)』ナカニシヤ出版.
若森みどり(2010c)「カール・ポランニーにおける市場社会と民主主義」, 安孫子誠男・水島治郎編『労働』勁草書房.
渡辺深(2002)『経済社会学のすすめ』八千代出版.
渡会勝義(1999)「古典派経済学と貧困問題」, 西沢保・服部正治・栗田啓子編『経済政策思想史』有斐閣.

福地潮人 (2002)「古典的アソシエーショナリズムの現代的再生――ハーストのコール解釈をめぐって」『立命館産業社会論集』37(4).
フーコー , M. (2008[1978-79])『生政治の誕生』慎改康之訳, 筑摩書房.
藤田菜々子 (2010)『ミュルダールの経済学』NTT出版.
フィンレー , M. (1989[1963])『古代ギリシア人』山形和美訳, 法政大学出版局.
フィンレー , M. (1991[1973])『民主主義――古代と近代』柴田平三郎訳, 刀水書房.
プィヨン , F. (1984)編著『経済人類学の現在』山内昶訳, 法政大学出版局.
ブリュレ , P. (1997[1977])『都市国家アテネ――ペリクレスと繁栄の時代』創元社.
フレーデン , B. (2003[1998])『ルソーの経済哲学』鈴木信雄・八幡清文・佐藤有史訳, 日本経済評論社.
ポイカート , D. (1993[1987])『ワイマール共和国――古典的近代の危機』小野清美・田村栄子・原田一美訳, 名古屋大学出版会.
ホジソン , J. (2004[1999])『経済学とユートピア――社会経済システムの制度分析』若森章孝・小池渺・森岡孝二訳, ミネルヴァ書房.
ホブズボーム , E. J. (1968[1962])『市民革命と産業革命』安川悦子・水田洋訳、岩波書店.
ポランニー , K. (2003[1975])『経済の文明史』玉野井芳郎編訳・石井溥・長尾史郎・平野健一郎・木畑洋一・吉沢英成訳, 筑摩書房.
ポランニー , K. (2004[1975])『経済と文明』栗本慎一郎・端信行訳, 筑摩書房.
ポランニー＝レヴィット , K.・M. メンデレ (1986)「カール・ポランニーの思想と人生（I・II)」駒井洋・奥山真知訳,『経済評論』7-8, 日本評論社.
前田芳人 (2006)『国際分業論と現代世界』ミネルヴァ書房.
間宮陽介 (2006[1989])『増補 ケインズとハイエク』筑摩書房.
丸山武志 (1999)『オウエンのユートピアと共生社会』ミネルヴァ書房.
丸山真人 (1998)「経済人類学の現代的意義」『経済セミナー』519, 日本評論社.
丸山真人 (2006)「カール・ポランニー」『新版　経済思想史』名古屋大学出版会.
馬渡尚憲 (1990)『経済学のメソドロジー』日本評論社.
マンハイム , K. (1962[1940])『変革期における人間と社会』福永直訳, みすず書房.
マンハイム , K. (2000[1951])『自由・権力・民主的計画』池田秀男訳, 未來社.
三苫民雄 (2000)「ピクレルの社会理論――一九～二〇世紀転換期におけるブダペスト思想界の一段面」, 北海道大学スラブ研究センター編『スラヴ研究』47.
南塚信吾編 (1999)『ドナウ・ヨーロッパ史』山川出版社.
美馬孝人 (2000)『イギリス社会政策の展開』日本経済評論社.
村松恵二 (2006)『カトリック政治思想とファシズム』創文社.
メドウ , P.・室田武 (1998a)「コロンビア大学とピッカリングのポランニー」『経済セミナー』520, 日本評論社.
メドウ , P.・室田武 (1998b)「ポランニーの遺産と未解決の課題」『経済セミナー』523, 日本評論社.
森岡真史 (1995)「ミーゼスの市場理論の転換と矛盾」『比較経済体制研究』2.
森下宏美 (2001)『マルサス人口論争と「改革の時代」』日本経済評論社.
八木紀一郎 (1988)『オーストリア経済思想史研究』名古屋大学出版会.
八木紀一郎 (2004)『ウィーンの経済思想』ミネルヴァ書房.
八木紀一郎 (2006)「序文」, 八木紀一郎編『経済思想7　経済思想のドイツ的伝統』日本経済評論社.
八木紀一郎 (2009)「オーストリア学派」, 田村信一・原田哲史編『ドイツ経済思想史』八千代出版.
柳沢哲哉 (2003)「タウンゼンドの救貧法批判」, 永井義雄・柳田芳伸・中沢信彦編『マルサス理論の歴史的形成』昭和堂.

塩野谷祐一 (1995)『シュンペーター的思考』東洋経済新報社.
塩野谷祐一 (2009)『経済哲学原理』東京大学出版会.
清水嘉治 (1998)『改革の経済思想』白桃書房.
シュタイナー , R. (1991[1919])『現代と未来を生きるのに必要な社会問題の核心』高橋巌訳，イザラ書房.
シュムペーター , J. (1986[1908])『理論経済学の本質と主要内容（下巻）』大野忠男・木村健康・安井琢磨訳，岩波書店.
杉浦克己・柴田徳太郎・丸山真人編著 (2001)『多元的経済社会の構想』日本評論社.
高城和義 (2003)『パーソンズとウェーバー』岩波書店.
田中敏弘 (2002)『アメリカの経済思想』名古屋大学出版会.
玉野井芳郎 (1979)「経済の二つの意味」，同著『市場志向からの脱出』ミネルヴァ書房.
タロシュ , E.・ノイゲバウァー , W. (1996[1988])『オーストリア・ファシズム』田中浩・村松恵二訳，未來社.
寺島俊穂(2004)『市民的不服従』風行社.
永井義雄 (1962)『イギリス急進主義の研究』御茶の水書房.
中澤信彦 (2009)『イギリス保守主義の政治経済学――バークとマルサス』ミネルヴァ書房.
中谷巌 (2008)『資本主義は自壊したのか』集英社.
中村達也(1988)『ガルブレイスを読む』岩波書店.
中山智香子 (1998)「ファシズム思想における「合理性」――ポランニーのファシズム分析をめぐって」，熊本大学文学会編『文学部論叢』61.
中山智香子 (2010)『経済戦争の理論』勁草書房.
鳴子博子 (2001)『ルソーにおける正義と歴史』中央大学出版部.
西部忠 (1996)『市場像の系譜学――「経済計算論争」をめぐるヴィジョン』東洋経済新報社.
西沢保 (2007)『マーシャルと歴史学派の経済思想』岩波書店.
根井雅弘 (1995)『ガルブレイス』丸善ライブラリー.
根岸毅宏 (2006)『アメリカの福祉改革』日本経済評論社.
野口建彦 (1995)「カール・ポラニー再考――市場経済社会の起源」『思想』6月号，岩波書店.
野口建彦 (2011)『K･ポラニー――市場自由主義の根源的批判者』文眞堂.
ハイエク , F. A. von (1992[1944])『隷属への道』西山千明訳，春秋社.
バウアー , O. (1982[1919])『社会主義への道』米川紀生訳，新潟大学『経済論集』3-4.
バウアー , O. (1989[1923])『オーストリア革命』酒井晨史訳，早稲田大学出版部.
バウアー , O. (1992[1936])『二つの大戦のはざまで』酒井晨史訳，早稲田大学出版部.
橋本努 (1994)『自由の論法――ポッパー・ミーゼス・ハイエク』創文社.
八田幸二(2007)「古典的自由主義の修正と資本主義分析――グリーンとホブソン」，平井俊顕編著『市場社会とは何か』上智大学出版会.
ハーヴェイ , D. (2007[2006])『新自由主義』渡辺治監訳，作品社.
土方直史 (2003)『ロバート・オウエン』研究社.
平井俊顕 (2000)『ケインズ・シュンペーター・ハイエク――市場社会像を求めて』ミネルヴァ書房.
姫野順一 (2010)『J. A. ホブソン 人間福祉の経済学』昭和堂.
廣川洋一 (1975)『ヘシオドス研究序説』未來社.
ファイス，H. (1992[1930])『帝国主義外交と国際金融――1870 ～ 1914』柴田匡平訳，筑摩書房.
深貝保則 (1992)「商業社会把握の政治的インプリケーション――マルサスの周辺」，経済学史学会編『経済学史学会年報』30.

越後和典 (2003)『新オーストリア学派の思想と理論』ミネルヴァ書房.
江里口拓 (2008)『福祉国家の効率と制御——ウェッブ夫妻の経済思想』昭和堂.
大塚久雄 (1968[1955])『共同体の基礎理論』岩波書店.
岡崎晴輝 (2004)『与えあいのデモクラシー——ホネットからフロムへ』勁草書房.
岡田与好 (1987)『経済的自由主義——資本主義と自由』東京大学出版会.
カイエ, A.・J. L. ラヴィーユ (2011[2008])「カール・ポラニーの現代性——『ポラニー論集』へのあとがき」藤岡俊博訳, 西谷修編『"経済"を審問する』せりか書房.
春日直樹 (1998)「ポランニーの『ハムレット』」『経済セミナー』522, 日本評論社.
金子晃之 (1999)『ロバアト・オウエンの社会編成原理における隣人愛とコミュニティー』一橋大学社会学研究科学位（博士号）取得論文.
金子勝 (1997)『市場と制度の政治経済学』東京大学出版会.
上条勇 (1991)「オーストロ・マルクス主義とファシズム——オットー・バウアーの1934年」『金沢大学教養部論集　人文科学篇』29(2).
上条勇 (1993)「オットー・バウアーのファシズム論」『金沢大学教養部論集　人文科学篇』30(1).
川合清隆 (2007)『ルソーとジュネーブ共和国』名古屋大学出版会.
川島武宜 (1982[1973])「権利の社会学的分析——Max Weberの"Appropriation"の理論を中心として」『川島武宜著作集　第2巻』岩波書店.
ガンジィ, P. (1998[1988])『古代ギリシア・ローマの飢饉と食糧供給』松本宣郎・阪本浩訳, 白水社.
カンジャーニ, M.・C. トマスベルガー (2009)「カール・ポランニー 1920 − 1947」中山智香子訳,『現代思想』37(10), 青土社.
木村雄一 (2004)「ライオネル・ロビンズの効用と個人間比較」, 京都大学経済学会編『経済論叢』173(2).
伝　クセノポン (2001)『アテーナイ人の国制』真下英信訳, 慶應義塾大学出版会.
倉田稔 (1999)「オーストリアのファシズム時代について」,『小樽商科大学 商学討究』49(4).
栗本慎一郎 (1977)『経済人類学』東洋経済新報社.
栗本慎一郎 (1982)『ブダペスト物語』晶文社.
経済学史学会編 (2000)『経済思想史辞典』丸善.
小峯敦 (2006)『福祉国家の経済思想——自由と統制の統合』ナカニシヤ出版.
小峯敦 (2007)「『連邦主義』にみる自由主義——ロビンズとベヴァリッジ」, 平井俊顕編著『市場社会とは何か』上智大学出版会.
小峯敦 (2008)『ベヴァリッジの経済思想』昭和堂.
小林純 (2001)「マックス・ヴェーバー研究の現在」『経済学史学会年報』40.
小林純 (2006)「M. ヴェーバー」, 八木紀一郎編『経済思想7　経済思想のドイツ的伝統』日本経済評論社.
小林純 (2010)『ヴェーバー経済社会学への接近』日本経済評論社.
権上康男 (2006)「新自由主義の誕生（一九三八〜四七）」, 同著編『新自由主義と戦後資本主義』日本経済評論社.
齋藤純一 (2000)『公共性』岩波書店.
佐伯啓思 (2009)『大転換』NTT出版.
佐藤光 (2006)『カール・ポランニーの社会哲学』ミネルヴァ書房.
佐藤光 (2010)『マイケル・ポランニー——「暗黙知」と自由の哲学』講談社.
佐藤方宣 (2007)「『自由主義』の変容——クラークとナイト」, 平井俊顕編著『市場社会とは何か』上智大学出版会.

Vernon, J. (2007) *Hunger*, The Belknap Press of Harvard University Press.

Wakamori, M. (2009) "Karl Polanyi's Research Program toward *The Livelihood of Man*: From Weber to Polanyi", The revised Version of the Paper presented at the 11th International Karl Polanyi Conference.

Waterman, A. M .C. (1991) *Revolution, Economics and Religion: Christian Political Economy:1798~1833*, Cambridge University Press.

Weber, M. (1947[1922]) *The Theory of Social and Economic Organization,* translated from the German by A. R. Henderson and Talcott Parsons, Revised and Edited, with an Introduction by T. Parsons, London: William Hodge and Company Ltd. (第1部第1章: 阿閉吉男・内藤莞爾訳『社会学の基礎概念』恒星社厚生閣, 1987年. 第1部第2章: 富永健一訳「経済行為の社会学的基礎範疇」, 尾高邦雄編『世界の名著 マックス・ウェーバー』中央公論社, 1975年. 第1部第3-4章: 世良晃志訳『支配の諸類型』第3-4章, 創文社, 1974年).

Weber, M. (1927[1923]) *The General Economic History,* translated by F. Knight, London: George Allen & Unwin Ltd. (黒正巌・青山秀夫訳『一般社会経済史要論』上・下巻, 岩波書店, 1954-1955年).

Winch, D. (1998) "Poverty and Pauperism: From Smith to Malthus", 熊本学園大学経済学会編『経済論集』第4巻第3・4合併号.

Zatiel, H. (1990) "In Memory", in Kari Polanyi-Levitt, ed., *The Life and Work of Karl Polanyi*, Black Rose Books.

(4) **日本語文献**

アドラー, M. (1929[1922])『マルキシズム国家論』山本琴訳, 改造出版社.

アドラー, M. (1931[1925])『カントとマルクス主義』井原糺訳, 春秋社.

アドラー, M. (1932[1926])『政治的民主主義と社会的民主主義』田畑忍訳, 政経書院.

アドラー, M. (1932・復刊1977[1904])『マルキシズム方法論』福田次郎訳, 改造出版社.

雨宮昭彦 (2005)『競争秩序のポリティクス』東京大学出版会.

雨宮昭彦 (2010a)「〈ポスト大転換システム〉の歴史的考察」, 安孫子誠男・水島治郎編『労働』勁草書房.

雨宮昭彦 (2010b, c)「システム論で読むナチズム――ポランニー的課題とポスト大転換システム(上・下)」『UP』東京大学出版会.

雨宮昭彦・若森みどり (2011)「[訳者解説] ヴェブレンが捉えた〈冷戦の起源〉に学ぶ――ヴェルサイユ条約批判と世界戦争への透視」, 首都大学東京社会科学研究科経営学会編『経営と制度』9.

アリストテレス (1961)『政治学』山本光雄訳, 岩波書店.

アリストテレス (1973)『ニコマコス倫理学』高田三郎訳, 岩波書店.

石田真人 (2000)『ドイツ歴史学派経済学研究――カール・ビュヒャーを中心として』(非売品).

出雲雅志 (2006)「ジェイン・マーセットと経済学の大衆化」, 飯田裕康・出雲雅志・柳田芳伸編著『マルサスと同時代人』日本経済評論社.

井上彰 (1998)「社会学者としてのポッパーから学ぶもの」, 日本ポッパー哲学研究会編『Popper Letters』10(1).

ウェーバー, M. (1975[1921])「都市」(倉沢進訳『経済と社会』第2部第9章), 尾高邦雄編『世界の名著 マックス・ウェーバー』中央公論社.

ウェーバー, M. (1975[1922])「経済と社会集団」(厚東洋輔訳『経済と社会』第2部第1, 2, 3章), 尾高邦雄編『世界の名著 マックス・ウェーバー』中央公論社.

Rotstein, A. (1990) "The Reality of Society", in K. Polanyi-Levitt, ed., 1990.

Rotstein, A. (1994) "Weekend Notes", in K. McRobbie, ed., *Humanity, Society, and Commitment*, Black Rose Books.

Russell, B. (1919) *Proposed Roads to Freedom*, Henry Holt and Company（栗原猛男訳『自由への道』角川書店，1953年）.

Schaffer, F. (2006[1964-1966]) "Vorgartenstrasse 203: Extracts from a Memoir", in K. McRobbie and Polanyi- Levitt, K., eds., *Karl Polanyi in Vienna*, Black Rose Books.

Scott, T. W. and M. Moleski (2005) *Michael Polanyi*, Oxford: Oxford University Press.

Shionoya, Y. (2005) "Getting Back to Max Weber from Sociology to Economics", *The Soul of the German Historical School*, Springer.

Shionoya, Y. (2008) "Schumpeter and Evolution: an ontological exploration", in Y. Shionoya and Nishizawa, T., eds., *Marshall and Schumpeter on Evolution*, Edward Elgar UK.

Sivers, A. M. (1949) *Has Market Collapsed?* , Columbia University Press.

Slatkin, L. (2004) "Measuring Authority, Authoritative Measures: Hesiod's *Works and Days*", in Daston, L. and F. Vidal, eds., *The Moral Authority of Nature*, The University of Chicago Press.

Somers, M. (1990) "Karl Polanyi's Intellectual Legacy", in K. Polanyi-Levitt, ed., *The Life and Work of Karl Polanyi.*

Stanfield, J. R. (1986) *The Economic Thought of Karl Polanyi*, St. Martin's Press.

Stanfield, J. R. (1995) *Economics, Power and Culture*, Macmillan Press.

Stedman, G. J. (2004) *An End to Poverty ?,* New York: Columbia University Press.

Stiglitz, J. (2001) "Foreword" in Polanyi (2001) *The Great Transformation*, Beacon Press (「序文」，野口建彦・栖原学吉訳『[新訳] 大転換』東洋経済新報社，2009年).

Striker, B. (2006) "This is the Voice of Radio Shutzbund", in K. McRobbie and Polanyi- Levitt, K., eds., *Karl Polanyi in Vienna*, Black Rose Books.

Swedberg, R. (1998) *Max Weber and the Idea of Economic Sociology*, Princeton University Press.

Tawney, R. H. (1922) *The Acquisitive Society* (山口重一訳，抄訳『獲得社会』，『世界の思想17 イギリス社会主義思想』河出書房，1966年).

Tawney, R. H. (1926) *Religion and The Rise of Capitalism*, London (出口勇蔵・越智武臣訳『宗教と資本主義の興隆』上・下巻，岩波文庫，1959年).

Thomasberger, C. (2003) "Freedom and Responsibility", Paper presented at the 9th International Karl Polanyi Conference.

Thomasberger, C. (2005a) "The Polarity of Human Freedom and the Self-Regulating Market", paper presented at the 10th International Karl Polanyi Conference.

Thomasberger, C. (2005b) "Human Freedom and the "Reality of Society": Origins and Development of Karl Polanyi's Ideas during the Inter-war Period", 経済学史学会編『経済学史研究』47(2).

Tiran, A. (1994) "Freedom, Society, and the Individual in Karl Polanyi's Work", paper presented at the 5th International Karl Polanyi Conference.

United States Congress House of Representatives (1997) *To Make Technical Amendments Relating to The Personal Responsibility and Work Opportunity Reconciliation Act of 1996*, The Biblio Gov Project of United States Congress House of Representatives.

Veblen, T. (1920) Review: *The Economic Consequence of the Peace* (雨宮昭彦・若森みどり・凌霄霞訳「ケインズ『平和の経済的帰結を読む』」，首都大学東京社会科学研究科経営学会編『経営と制度』9，2011年).

Neoclassicism, Duke University Press.

Nagy, Endre J. (1994) "After Brotherhood's Golden Age: Karl and Michael Polanyi", in K. McRobbie, ed., *Humanity and Commitment*, Black Rose Books.

North, D. (1977) "Market and Other Allocation Systems in History: The Challenge of Karl Polanyi", *The Journal of European Economic History*, 6(3).

Owen, R. (1927[1813-1814]) *A New View of Society and Other Writings*, edited by G. D. H. Cole, Everyman's Library(楊井克己訳『新社会観』岩波書店，1954年).

Ozël, H. (1997) *Reclaiming Humanity*, UMI Dissertation Services.

Ozël, H. (2001) "The Consciousness of Death", paper presented at the 8th International Karl Polanyi Conference.

Parsons, T. (1934) "Some Reflections on the Nature and Significance of Economics", *The Quarterly Journal of Economics*, vol. xlviii.

Parsons, T. (1940) "Reply to Professor Knight", *Canadian Journal of Economics and Political Science* 6.

Parsons, T. (1947) " Introduction", in Weber 1947[1922].

Parsons, T. and N. J. Smelser (1956) *Economy and Society*, London: Kegan Paul Ltd. (富永健一訳『経済と社会』I・II巻，岩波書店，1958-1959年).

Pearson, H. (1977) " Editor's Introduction", in K. Polanyi 1977 (「編者序文」，玉野井芳郎・栗本慎一郎訳『人間の経済』第I巻，岩波書店，1980年).

Pfabigan, A. (2006) "Ilona Duczynska and Austro-Marxism", in K. McRobbie and Polanyi-Levitt, K., eds., *Karl Polanyi in Vienna*, Black Rose Books.

Polanyi, Ilona Duczynska (2006[1971]) "I first met Karl Polanyi in 1920", in K. McRobbie and Polanyi-Levitt, K., eds., *Karl Polanyi in Vienna*, Black Rose Books.

Polanyi-Levitt, K. (1990a) "Origins and Significance of *The Great Transformation*", in K. Polanyi-Levitt, ed., *The Life and Work of Karl Polanyi*, Black Rose Books.

Polanyi-Levitt, K. (1990b)"Karl Polanyi and *Co-Existence*", in K . Polanyi-Levitt, ed., *The Life and Work of Karl Polanyi*, Black Rose Books.

Polanyi-Levitt, K., ed. (1990) *The Life and Work of Karl Polanyi*, Black Rose Books.

Polanyi-Levitt, K. (1994) "Karl Polanyi as Socialist", in K. McRobbie, ed., *Humanity and Commitment*, Black Rose Books.

Polanyi-Levitt, K. (2006[2000]) "The Great Transformation from the 1920s to the 1990s", K. McRobbie and Polanyi-Levitt, K., eds., *Karl Polanyi in Vienna*, Black Rose Books.

Polanyi-Levitt, K. (2003) "The English Experience in the Life and Work of Karl Polanyi", Paper for Conference on "Polanyian Perspectives on Instituted Economic Processes, Development and Transformation", University of Manchester, October 23-25, 2003.

Polanyi-Levitt, K. and M. Mendell (1987) "Karl Polanyi: His Life and Times", *Studies in Political Economy* 22, Spring.

Popper, K. (1952[1945]) *The Open Society and its Enemies*, Volume II, Routeledge & Kegan Paul (内田詔夫・小笠原誠訳『開かれた社会とその敵』第2部，未來社，1980年).

Popper, K. (1960[1957]) The Poverty of Historicism, Rutledge and Kegan Paul Ltd. (久野収・市野三郎訳『歴史主義の貧困』中央公論新社，1961年).

Robbins, L. (1952 [1932]) *An Essay on the Nature and Significance of Economics*, Macmillan (中山伊知郎監修，辻六兵衛訳『経済学の本質と意義(第2版)』東洋経済新報社，1960年).

Rotstein, A. (1973) "Voices of Wisdom: Robert Owen", in *The Precarious Homestead*, New Press Toronto.

Eichengreen, B (1996) *Globalizing Capital*, Princeton U. P.（高屋定美訳『グローバル資本と国際通貨システム』ミネルヴァ書房，1999年）.

Emmett, R. (2009) "Frank Knight, Max Weber, Chicago Economics, and Institutionalism", in *Frank Knight and the Chicago School in American Economics*, Routledge, 2009.

Fleming, B. (2001) "Three Years in Vermont", paper presented at the 8th International Karl Polanyi Conference.

Gábor, É. (2006) "The Early Formation of Karl Polanyi's Ideas", in K. McRobbie and K. Polanyi- Levitt, eds., *Karl Polanyi in Vienna*, Black Rose Books.

Galbraith, G. K. (1998[1958]) *The Affluent Society*, 4th Edition, Mariner Books (鈴木哲太郎訳『ゆたかな社会』岩波書店，1960年).

Galbraith, G. K. (1996) *The Good Society*, Mariner Books.

Harvey, M., R. Ramlogan, and S. Randlesm, eds. (2007) *Karl Polanyi: New Perspectives on the Place of Economy in Society*, Manchester University Press.

Hirst, P (1994) *Associative Democracy: New Forms of Economic and Social Governance*, Polity Press.

Hodgson,G. M. (1992) "Karl Polanyi (1886-1964)", in Arestis, P. and M. Sawer, eds., *A Biographical Dictionary of Dissenting Economics*, Second Edition, Edward Elgar.

Hong, G.(2002) "Young Marx's 'Paris Writings' and Polanyi", in F. Adman and Devine, P., eds., *Economy and Society*, Black Rose Books.

Humphreys, S. C. (1969) "History, Economics, and Anthropology: The Work of Karl Polanyi", *History and Theory* 8.

Joerges, C., B. Ståth and P. Wagner (2005) *The Economy as a Polity*, UCL Press.

Knight, F. (1940) "The Motivation of Economic Activities", *Canadian Journal of Economics and Political Science* 6.

Konrád, G. (2006) "From Girl Revolutionary to Old Dissident", in K. McRobbie and K. Polanyi- Levitt, eds., *Karl Polanyi in Vienna*, Black Rose Books.

Lippmann, W. (1944[1938]) *The Good Society*, London: George Allen & Unwin Ltd.

Litván, G. (1991) "Democratic and Socialist Values in Karl Polanyi's Thought", in M. Mendell and Salée, D. , eds., *The Legacy of Karl Polanyi*, Macmillan Academic and Professional.

McRobbie, K., ed. (1994) *Humanity, Society, and Commitment*, Black Rose Books.

McRobbie, K. (2006a) "Ilona Duczynska: Sovereign Revolutionary", in K. McRobbie and K. Polanyi- Levitt, eds., *Karl Polanyi in Vienna*, Black Rose Books.

McRobbie, K. (2006b) "Old, Badly Peeled, Half-raw Potatoes" and Peter F. Drucker's Other Myths about Karl Polanyi", in K. McRobbie and K. Polanyi- Levitt, eds., *Karl Polanyi in Vienna*, Black Rose Books.

McRobbie, K. and K. Polanyi- Levitt, eds. (2006) *Polanyi in Vienna*, Black Rose Books.

Maucourant, J. (2005) *Avez-vous lu Polanyi?*, La Dispute.

Mendell, M. (1990) "Karl Polanyi and Feasible Socialism", in Kari Polanyi-Levitt, ed., *The Life of Karl Polanyi*, Black Rose Books.

Mendell, M. (1994) "Karl Polanyi and Socialist Education", in K. McRobbie, ed., *Humanity, Society and Commitment*, Black Rose Books.

Mendell, M. and Salée, D., eds. (1991) *The Legacy of Karl Polanyi*, Macmillan Academic and Professional.

Mirowski, P. and D. Plehwe, eds. (2009) *The Road From Montpelerin*, Harvard University Press.

Mises L. von (1981[1922]) *Socialism: an Economic and Sociological Analysis*, Liberty Classics.

Morgan, M. and M. Rutherford (1998) "American Economics", in *From Interwar Pluralism to Postwar*

Block, F. and M. Somers(1984) "Beyond the Economistic Fallacy", in T. Skocpol, ed., *Vision and Method in Historical Sociology*, Cambridge University Press.

Block, F. and M. Somers (2003) "In the Shadow of Speenhamland", *Politics and Society*, 3(2).

Bohannan, P. and G. Dalton (1965) "Karl Polanyi 1886-1964", *American Anthropologist*, 67(6).

Cambell, A. and R. Owen (2010[1839]) *Debate on the Evidences of Christianity, Held Between R. Owen and A. Cambell*, ed. by A. Cambell, Nabu Public Domain Reprint.

Cangiani, M. (1994) "Prelude to *The Great Transformation*", in K. McRobbie, ed., *Humanity and Commitment*, Black Rose Books.

Cangiani, M. (2006a) "From Menger to Polanyi: Toward the Substantive Economy", 経済学史学会編『経済学史研究』48(1).

Cangiani, M. (2006b) "Freedom to Plan: On Kapp's Institutional Outlook, in Elsner, W., P. Frigato, and P. Ramazzotti, eds., *Social Costs and Public Action in Modern Capitalism*, Routledge.

Cangiani, M. (2007) "The Forgotten Institutions", in Harvey M, Ramlogan R, and S. Randlesm, eds., *Karl Polanyi*, Manchester University Press.

Cangiani, M.(2008) "Karl Polanyi's Institutional Theory of the Market System", unpublished.

Cangiani, M. et J. Maucourant (2008) "Introduction ", in Cangiani, M. et J. Maucourant, eds., *Essais de Karl Polanyi*, Éditions du Seuil.

Cangiani, M. und C.Thomasberger (2002) "Marktgesellschaft und Demokratie: die Perspektive der menschlichen Freiheit: Karl Polanyis Arbeiten von 1920 bis 1945", in M. Cangiani und C. Thomasberger Hrsg., *Chronik der großen Transformation*, Band 1, Metropolis, 2002.

Cangiani, M., K. Polanyi-Levitt, und C. Thomasberger (2005) "Die Polarität: Menschliche Freiheit-marktwirtschaftliche Institutionen: Zu den Grundlagen von Karl Polanyis Denken", in M. Cangiani, K. Polanyi-Levitt, und C. Thomasberger Hrsg., *Chronik der großen Transformation*, Band 3, Metropolis, 2005.

Cole (1917) *Self-Government in Industry*, Bell and Sons（谷島勝太郎・黒田礼二訳『産業自治とギルド社会主義』国文堂，1920年）.

Cole(1920) *Guild Socialism Re-stated*, London: Leonard Parsons（白川威海訳『ギルド社会主義の理論と政策』内外出版株式会社，1923年）.

Cole (1920) *Social Theory*, London: Methuen & co. Ltd.（野田福雄訳，抄訳『社会理論』『世界の思想17 イギリス社会主義思想』河出書房，1966年）.

Cole, G. D. H. (1921[1919]) *Guild Socialism Re-stated*, Leonard Parsons（白川威海訳『ギルド社会主義の理論と政策』内外出版株式会社，1923年).

Cole, G. D. H. (1956) *The Second International 1889-1914*, Macmillan & Co ltd.

Congdon, L. (1990) "The Sovereignty of Society", in K. Polanyi-Levitt, ed., *The Life and Work of Karl Polanyi*, Black Rose Books.

Czjzek, E., Er. Vezéz, and G. Litván (2006) "From Central Europe, Three Friends Remember", in K. McRobbie and K. Polanyi- Levitt, eds., *Karl Polanyi in Vienna*, Black Rose Books,2006.

Dale, G. (2009) "Karl Polanyi in Budapest: On His Political and Intellectual Formation", Archives Européennes de Sociologe, 50(1).

Dale, G. (2010) *Karl Polanyi*, Polity Press.

Drucker, P. (1995[1939]) *The End of Economic Man*, The John Day Company（上田惇生訳『経済人の終わり』ダイヤモンド社，2007年).

Drucker, P. (1995[1942])*The Future of Industrial Man*, The John Day Company（上田惇生訳『産業人の未来』ダイヤモンド社，1998年).

Chronik der großen Transformation, Band 1, Metropolis.
Polanyi, K. (2002e[1933]) "Hitler und die Wirtschaft", M. Cangiani und C. Thomasberger Hrsg., *Chronik der großen Transformation*, Band 1, Metropolis.
Polanyi, K. (2002f[1934]) "Gewerkschaftstagung in Weymouth", in M. Cangiani und C. Thomasberger Hrsg., *Chronik der großen Transformation*, Band 1, Metropolis.
Polanyi, K. (2003) *Chronik der großen Transformation*, Band 2, Cangiani, M. und Thomasberger, C. Hrsg., Metropolice.
Polanyi, K. (2005a[1920-22]) "Wissenschaft und Sittlichkeit", in M. Cangiani, K. Polanyi-Levitt, und C. Thomasberger Hrsg., *Chronik der großen Transformation*, Band 3, Metropolis.
Polanyi, K. (2005b [1920-22]) "Sein und Denken", in M. Cangiani, K. Polanyi-Levitt, und C. Thomasberger Hrsg., *Chronik der großen Transformation*, Band 3, Metropolis.
Polanyi, K. (2005c[1920-22]) "Die Wissenschaft von der Zukunft", in M. Cangiani, K. Polanyi-Levitt, und C. Thomasberger Hrsg., *Chronik der großen Transformation*, Band 3, Metropolis.
Polanyi, K. (2005d[1922]) "Sozialistische Rechnungslegung", in M. Cangiani, K. Polanyi-Levitt, und C. Thomasberger Hrsg., *Chronik der großen Transformation*, Band 3, Metropolis (「社会主義経済計算」第I章については，橋本剛訳，村岡到編『原典 社会主義経済計算論争』ロゴス社，1996年がある).
Polanyi, K. (2005e[1925]) "Neue Erwägungen zu unserer Theorie und Praxis", in M. Cangiani, K. Polanyi-Levitt, and C. Thomasberger Hrsg., *Chronik der großen Transformation*, Band 3, Metropolis.
Polanyi, K. (2005f[1920s]) "Sozialisierungsfrage", in M. Cangiani, K. Polanyi-Levitt, und C. Thomasberger Hrsg., *Chronik der großen Transformation*, Band 3, Metropolis.
Polanyi, K. (2005g[1927]) " Über die Freiheit", in M. Cangiani, K. Polanyi-Levitt, und C. Thomasberger Hrsg., *Chronik der großen Transformation*, Band 3, Metropolis.
Polanyi, K. (2005h[1933]) "Die geistigen Voraussetzungen des Fascisumus", in M. Cangiani, K. Polanyi-Levitt, und C. Thomasberger Hrsg., *Chronik der großen Transformation*, Band 3, Metropolis.
Polanyi , K. (2005i[1937-38]) "Die Reform des menschliche Bewusstsein in unserer Epoche", Christian Left Group: Bulletin, no. 1, in M. Cangiani, K. Polanyi-Levitt, und C. Thomasberger Hrsg., *Chronik der großen Transformation*, Band3, Metropolis.
Polanyi, K. (2008) *Essais de Karl Polanyi,* M. Cangiani et J. Maucourant, eds., Éditions du Seuil.

共著

Arensberg, C., K. Polanyi, and H. Pearson, eds. (1957) *Trade and Market in the Early Empires*, Illinois: The Free Press.

(3) 外国語文献

Anderson, M. (1978) *Welfare: The Political Economy of Welfare Reform in the United States*, Hoover Institution and Stanford University.
Baum, G. (1996) *Karl Polanyi on Ethics and Economics*, Montreal & Kingston: McGill-Queen's University Press.
Bishop, J. (1994) "Karl Polanyi and Christian Socialism", in K. McRobbie, ed., *Humanity, Society, and Commitment*, Black Rose Books.
Block, F. (2001) "Introduction", in Polanyi, K. (2001) *The Great Transformation*, Beacon Press (「紹介」，野口建彦・栖原学吉訳『[新訳] 大転換』東洋経済新報社，2009年).
Block, F. (2003) "Karl Polanyi and the Writing of *The Great Transformation*", *Theory and Society* 32.

Polanyi, K. (1945b) "Universal Capitalism or Regional Planning?", *The London Quarterly of World Affairs*, 10(3).

Polanyi, K. (1947a) "On Belief in Economic Determinism", *The Sociological Review*, vol. xxxix.

Polanyi, K. (1947b) "Our Obsolete Market Mentality", *Commentary*, Feb. 3, in Polanyi 1968（「時代遅れの市場志向」，玉野井芳郎・平野健一郎編訳『経済の文明史』筑摩書房，2003年）.

Polanyi, K. (1947c) "Polanyi's Mimeographed Notes", in Polanyi 1968（「補遺」玉野井芳郎・中野忠訳『人間の経済』II巻，1980年）.

Polanyi, K. (1954) "Hamlet", *The Yale Review*, 43(3).

Polanyi, K. (1957a) "The Economy as Instituted Process", in C. Arensberg, K. Polanyi, and H. Pearson, eds., *Trade and Market in the Early Empires*, The Free Press（「制度化された過程としての経済」，玉野井芳郎・平野健一郎編訳『経済の文明史』筑摩書房，2003年）.

Polanyi, K. (1957b) "Aristotle Discovers Economy", in C. Arensberg, K. Polanyi, and H. Pearson, eds., *Trade and Market in the Early Empires*, The Free Press（「アリストテレスによる経済の発見」，玉野井芳郎・平野健一郎編訳『経済の文明史』筑摩書房，2003年）.

Polanyi, K. (1957c) *The Great Transformation: The Political and Economic Origins of Our Time*, Boston: Beacon Press（吉沢英成・野口建彦・長尾史郎・杉村芳美訳『大転換――市場社会の形成と崩壊』東洋経済新報社，1975年）.

Polanyi, K. (1966) *Dahomey and the Slave Trade: An Analysis of Archaic Economy*（栗本慎一郎・端信行訳『経済と文明――ダホメの経済人類学的分析』筑摩書房，2004年）

Polanyi, K.(1968) *Primitive, Archaic, and Modern Economies,* edited by G. Dalton, Beacon Press.

Polanyi, K. (1971) "The Two Meanings of 'economic'", *Studied in Economic Anthropology*, AS 7:16(24)（「メンガーにおける『経済的』の二つの意味」玉野井芳郎訳『現代思想』5 (11)，青土社）.

Polanyi, K. (1977) *The Livelihood of Man*, eds. by H. Pearson, Academic Press（玉野井芳郎・栗本慎一郎訳『人間の経済I――市場社会の虚構性』と玉野井芳郎・中野忠訳『人間の経済II――交易・貨幣・および市場の出現』の全二巻から成る．岩波書店，1980年）.

Polanyi, K. (1979a[1924]) "Die funktionelle Theorie der Gesellschaft und das Problem der Sozialistischen Rechnungslegung", in H. Jelinek Hrsg., *Ökonomie und Gesellschaft*, Suhrkamp（長尾史郎訳「機能的社会理論と社会主義の計算問題」，玉野井芳郎・平野健一郎編訳『経済の文明史』筑摩書房，2003年）.

Polanyi, K. (1979b[1933]) "Der Mechanisumus der Weltwirtschaftskrise", in H. Jelinek Hrsg., *Ökonomie und Gesellschaft*, Suhrkamp（「世界経済恐慌のメカニズム」，玉野井芳郎・平野健一郎編訳『経済の文明史』筑摩書房，2003年）.

Polanyi 1990[1930s] "Marxisme et Christianisme", in L. Beaudry, C. Deblock et J. J. Gislain, eds., *Un Siècle de Marxisme*, Presses de l'Université du Quebec.

Polanyi, K. (2000[1925]) "Letter to a Friend", in K. McRobbie and K. Polanyi- Levitt, eds., *Karl Polanyi in Vienna*, Black Rose Books.

Polanyi, K. (2001) *The Great Transformation: The Political and Economic Origins of Our Time*, Boston: Beacon Press（野口建彦・栖原学吉訳『[新訳] 大転換』東洋経済新報社，2009年）.

Polanyi, K. (2002a[1926]) "Der englische Generalstreik", in M. Cangiani und C. Thomasberger Hrsg., *Chronik der großen Transformation*, Band 1, Metropolis.

Polanyi K. (2002b[1926]) "Probleme des englischen Generalstreiks", in M. Cangiani und C. Thomasberger Hrsg., *Chronik der großen Transformation*, Band 1, Metropolis.

Polanyi, K. (2002c[1931]) "Demokratie und Währung in England", in M. Cangiani und C. Thomasberger Hrsg., *Chronik der großen Transformation*, Band 1, Metropolis.

Polanyi, K. (2002d[1932]) "Wirtschaft und Demokratie", in M. Cangiani und C. Thomasberger Hrsg.,

Socialist, Humanist".
45-2 (February 25, 1956) Rotstein, A., "Notes of Weekend I with Karl Polanyi".
45-3 (May 5, 1956) Rotstein, A., "Notes of Weekend II with Karl Polanyi".
45-4 (July 14, 1956) Rotstein, A., "Notes of Weekend III with Karl Polanyi".
45-5 (August 25, 1956) Rotstein, A., "Notes of Weekend IV with Karl Polanyi".
45-6 (April 6, 1957) Rotstein, A., "Notes of Weekend IX with Karl Polanyi".
45-7 (May 25, 1957) Rotstein, A., "Notes of Weekend XI with Karl Polanyi".
45-8 (June 22, 1957) Rotstein, A., "Notes of Weekend XII with Karl Polanyi".
45-9 (July 20, 1957) Rotstein, A., "Notes of Weekend XIII with Karl Polanyi".
45-10 (August 24, 1957) Rotstein, A., "Notes of Weekend XIV with Karl Polanyi".
45-11 (September 14, 1957) Rotstein, A., "Notes of Weekend XV with Karl Polanyi".
45-12 (October 12, 1957) Rotstein, A., "Notes of Weekend XVII with Karl Polanyi".
45-13 (November 2, 1957) Rotstein, A., "Notes of Weekend XVIII with Karl Polanyi".
45-14 (December 21, 1957) Rotstein, A., "Notes of Weekend XIX with Karl Polanyi".
45-15 (from February 28 to April 25, 1957) Rotstein, A., "Notes on "Freedom and Technology", General Comment".
45-16 (February 15, 1958) Rotstein, A., "Notes of Weekend XX with Karl Polanyi".
45-17 (March 29, 1958) Rotstein, A., "Notes of Weekend XXI with Karl Polanyi".
45-18 (February 15, 1958) Rotstein, A., "Notes of Weekend XXII with Karl Polanyi".
45-19 (June 30, August 10, 1958) Rotstein, A., "Notes of Weekend XXIII with Karl Polanyi".
45-20 (August 23, 1958) Rotstein, A., "Notes of Weekend XXIV with Karl Polanyi".
59-2 (1960) "Notes on Premature Resignation" by Karl Polanyi, Written to His Daughter Kari in a Form of Letter.

(2) カール・ポランニー公刊文献

単著

Polanyi, K. (1934a), "What Three-fold State?", *New Britain*, 2(43).
Polanyi, K. (1934b) "Rudolf Steiner's Economics", *New Britain*, 3(63).
Polanyi, K. (1934c) "Corporative Austria? : A Functional Society?", *New Britain*, 2 (51).
Polanyi, K. (1934d) "Othmar Spann, the Philosopher of Fascism", *New Britain*, 3(53).
Polanyi, K. (1934e) "Spann's Fascist Utopia", *New Britain*, 3(55).
Polanyi, K. (1934f) "Fascism and Marxian Terminology", *New Britain*, June 20.
Polanyi (1934g) "Marxism Re-stated (1)", *New Britain*, June 27.
Polanyi, K (1934h) "Marxism Re-stated (2)", *New Britain*, July 4.
Polanyi, K. (1935) "The Essence of Fascism", K. Polanyi and D. Kitchen, eds., *Christianity and the Social Revolution, London: Victor Gollancz*（「ファシズムの本質」，玉野井芳郎・平野健一郎編訳『経済の文明史』筑摩書房，2003年）.
Polanyi, K. (1937) *Europe Today*, with Preface by G. D. H. Cole, The Worker's Educational Trade Union Committee, London.
Polanyi, K. (1944) *The Great Transformation*, Rinehert New York.
Polanyi, K. (1945a) *The Origins of Our Time*, Victor Gollancz Ltd.

K. Polanyi-Levitt, und C. Thomasberger Hrsg., *Chronik der großen Transformation*, Band 3, Metropolis 2005 に所収）.

21-22 (1937) Karl Polanyi with Christian Left Circle, "Community and Society. The Christian Criticism of Our Social Order" (仏訳がM. Cangiani et J. Maucourant, eds., *Essais de Karl Polanyi*, Éditions du Seuil 2008に所収).

29-10 (1973-1974) Schafer, F., " Karl Polanyi's Life in Vienne: Memoirs".

30-1a (1962) "Biographical Notes".

30-1b (n.d.) "On Freedom".

30-7 (1963) "A Hungarian Lecture on Rostow", translated by Ilona Duczynska.

31-1a (1947-1953) "Tool box of Institutional Analysis" .

31-1b "Report on term paper no. 2".

33-7a (1958) "Remarks on Social Cost", in "Economic Aspects of Institutional Growth", Continuing Group of the Interdisciplinary Project, Resume of session no. 2.

33-7b (1958) "Memo on Galbraith".

33-7c (Nov. 1958) "Interdisciplinary Project: Economic Aspects of Institutional Growth" - Continuing Group of the Interdisciplinary-Resume of session no. 2.

33-8a (Dec. 1958) "Galbraith. The Affluent Society".

33-8b (Dec. 1958)"Interdisciplinary Project: Economic Aspects of Institutional Growth" - Continuing Group of the Interdisciplinary-Resume of session no. 3.

33-9 (Jan. 1959) "Interdisciplinary Project: Economic Aspects of Institutional Growth" - Continuing Group of the Interdisciplinary-Resume of session no. 4.

33-10 (Feb. 1959) "Interdisciplinary Project: Economic Aspects of Institutional Growth" - Continuing Group of the Interdisciplinary-Resume of session no. 5.

33-11 (March 1959) "Interdisciplinary Project: Economic Aspects of Institutional Growth" - Continuing Group of the Interdisciplinary-Resume of session no. 6.

36-9 (1955) "Freedom and Technology"(仏訳がM. Cangiani et J. Maucourant, eds., *Essais de Karl Polanyi*, Éditons du Seuilに所収).

37-1 (1957) "A Hungarian Lesson".

37-3 (1957) "Freedom in a Complex Society".

37-4 (n.d.) "Economics and freedom to Shape our Social Destiny".

37-6 (1957) "The Machine and the Discovery of Society".

37-7 (1958) Karl Polanyi with Abraham Rotstein, "Not by Organization Alone".

37-11a (Jan. 15, 1959) "Galbraith's Farewell to Poverty".

37-11b (Feb. 7, 1959) "Aristotle and Galbraith on Affluence".

37-11c (March 13, 1959) "Aristotle on an Affluent Society".

37-12a (1956-1962) "For a New West".

37-12b (1956-1962) "New West".

38-2 (1961-1962) "Soviet Thought in Transition".

38-12 (1954) "Outline for a Revision of *The Great Transformation*", Feb.24.

38-14 (1961) Karl Polanyi and Ilona Duczynska Polanyi, "The Hungarian Populists".

42-13 (n.d.) "The Good Life in an Industrial Society".

44-2 (1964) Rudolf Schlesinger, ed., *Co-existence*, 2.

45-1 (1972-1974) Kari Polanyi-Levitt and Ilona Duczynska Polanyi, "The Social Philosophy of Karl Polanyi:

参考文献

(1) カール・ポランニー・アーカイブ

(Karl Polanyi Archive: Karl Polanyi Institute of Political Economy, Concordia University, Montréal, Canada)

* カール・ポランニー・アーカイブとは，カナダ・モントリオールのコンコーディア大学に付属するカール・ポランニー政治経済研究所が保管する資料のことで，ポランニーの草稿，読書ノートや講義ノート，シラバス，研究会での報告レジュメや講演用の原稿，家族や友人への手紙，大学院生や研究者との交流の記録，研究計画書などのほか，現在では入手しにくい原典が保管されている．

** アーカイブは計59のコンテナーに分類され，さらにファイルへと区分されて収められている．以下では，同研究所が刊行したカタログ表記に従って，コンテナーとファイル番号を記す．例えば「1-26」(1918) の場合，コンテナー 1のファイル26に収められた1918年に作成された資料であることを示す．

*** 特に名前を表記していない場合，ポランニーの著作を示す．

1-26 (1918) "The Calling of Our Generation", English Translation (1970) by Ilona Duczynska Polanyi from *Szapadgondolat*, June 1918.

15-4 (1936-1940) "Contemporary Problems and Social and Political Theory", University of London, Morley College, Notes and syllabus.

16-10(1937) 'Conflicting philosophies in Europe' .

17-1 (1938-1939) "Democracy and Culture in England, America and on the European Continent", Oxford University, Canterbury, Workers' Educational Association, Syllabus and notes.

18-8 (1940s) "The Fascist Virus" (独訳がM. Cangiani, K. Polanyi-Levitt, und C. Thomasberger Hrsg., *Chronik der großen Transformation*, Band 3, Metropolis 2005に所収).

18-23(1943) "Why Make Russia Run Amok?", *Harper's Magazine*, vol. 186, no. 1114, March.

18-24a (1943) "Jean Jacques Rousseau, or Is a Free Society Possible? " (ベニントン大学での講演用草稿).

18-24 b (1950s) "Jean Jacques Rousseau, or Is a Free Society Possible?", 16p. (1950年代後半にコロンビア大学で書かれた草稿で，1943年に書かれたベニントン大学での講演用草稿と内容が異なる．独訳がM. Cangiani, K. Polanyi-Levitt, und C. Thomasberger Hrsg., *Chronik der großen Transformation*, Band 3, Metropolisに所収).

18-24c (1950s) "Jean Jacques Rousseau, or Is a Free Society Possible? ", 13p. (8節構成の18-24 bとほぼ同じ文章から構成されているが，節の構成が未完成であり，18-24 bよりも先に書かれた草稿と思われる).

19-8 (1945) "The Meaning of Parliamentary Democracy" (独訳がM. Cangiani, K. Polanyi-Levitt, und C. Thomasberger Hrsg., *Chronik der großen Transformation*, Band 3, Metropolis 2005に所収).

19-11 (1934) "Marx on Corporatism" (独訳がM. Cangiani, K. Polanyi-Levitt, und C. Thomasberger Hrsg., *Chronik der großen Transformation*, Band 3, Metropolis 2005に所収).

19-22 (1937と推定) "Christianity and Economic Life" (独訳がM. Cangiani, K. Polanyi-Levitt, und C. Thomasberger Hrsg., *Chronik der großen Transformation*, Band 3, Metropolis 2005に所収) .

20-11 (1936-38) "Trotzkyism. Earlier Works of Marx" and "Marx on Self-Estrangement" (独訳がM. Cangiani,

索引

「n」は脚注に,「p」は図表に記載されていることを示す.

人名

あ行

か行

さ行

た行

な行

は行

ま行

事項

さ行

た行

な行

は行

ま行

や行

わ行

著者略歴

若森 みどり（Wakamori Midori）

大阪市立大学経済学部卒業、東京大学大学院経済学研究科博士課程単位取得退学。現在、首都大学東京・社会科学研究科・経営学専攻准教授。社会・経済思想、経済思想史専攻。主論文に、「カール・ポランニーにおける市場社会と民主主義」（共著『労働』勁草書房、二〇一〇年）、「カール・ポランニーの『経済社会学』の誕生――『大転換』から『人間の経済』へ」（経済学史学会編『経済学史研究』五一巻二号、二〇一〇年）、「K.ポランニー――社会の現実・二重運動・人間の自由」（共著『経済思想8 20世紀の経済学の諸潮流』日本経済評論社、二〇〇六年）など。

カール・ポランニー――市場社会・民主主義・人間の自由

二〇一一年一月一八日 初版第一刷発行
二〇一二年三月一四日 初版第四刷発行

著者 若森みどり

発行者 軸屋真司
発行所 NTT出版株式会社
〒一四一-八六五四 東京都品川区上大崎三-一-一 JR東急目黒ビル
営業本部 TEL 〇三-五四三四-一〇一〇
FAX 〇三-五四三四-一〇〇八
出版本部 TEL 〇三-五四三四-一〇〇一
http://www.nttpub.co.jp

装丁 間村俊一
制作協力 高田明
印刷・製本 図書印刷株式会社

Printed in Japan
ISBN 978-4-7571-2285-7 C3033